Human–Computer
Interaction Design for
Intelligent Connected Vehicles

U0314380

谭征宇　戴宁一　著

智能网联汽车
人机交互设计

化学工业出版社
·北京·

内容简介

《智能网联汽车人机交互设计》专注于智能网联汽车发展的核心领域——人机交互设计。本书将智能网联汽车作为话语主体，针对当前人机交互设计著作存在的领域单一、对象泛化、方法模糊等问题，围绕理论、方法、实践三条路径展开深入讨论，特色在于跨学科的理论框架、创新的设计方法和实践案例的深度分析。本书融合设计学、艺术学、计算机科学、心理学等多学科知识，构建了一套创新的设计方法体系，涵盖场景信息化、功能个性化、服务互联化和体验娱乐化等方面，既提供了智能网联汽车人机交互设计的理论指导，也通过丰富的设计实践案例帮助读者深入理解设计方法的应用。

本书实现了理论与实践的结合，可供智能汽车领域的研发人员参考阅读，也可作为高等院校汽车、设计类专业的教学参考用书。

图书在版编目（CIP）数据

智能网联汽车人机交互设计 / 谭征宇，戴宁一著. 北京 ： 化学工业出版社，2025. 2. -- ISBN 978-7-122 -47021-8

Ⅰ. U463. 67

中国国家版本馆 CIP 数据核字第 20251EE920 号

责任编辑：张海丽　　　　　　　　　　文字编辑：张　琳
责任校对：李雨晴　　　　　　　　　　装帧设计：刘丽华

出版发行：化学工业出版社
　　　　　（北京市东城区青年湖南街13号　邮政编码100011）
印　　装：北京缤索印刷有限公司
787mm×1092mm　1/16　印张12½　字数296千字　2025年3月北京第1版第1次印刷
购书咨询：010-64518888　　　　　　售后服务：010-64518899
网　　址：http://www.cip.com.cn
凡购买本书，如有缺损质量问题，本社销售中心负责调换。

定　　价：88.00元

前言

FOREWORD

发展智能汽车是我国从汽车大国迈向汽车强国的必由之路。2020 年 2 月 10 日，国家发展改革委等十一部委联合印发《智能汽车创新发展战略》，明确提出建设智能汽车强国。当前，智能网联汽车的技术链、产业链和价值链正在我国快速构建，并且处于世界前沿。同时，智能网联汽车人机交互设计正不断颠覆传统的设计模式和知识边界。同时，智能网联汽车人机交互设计正不断颠覆传统的设计模式和知识边界，因此本书从理论、方法、实践三条路径对智能网联汽车的人机交互展开讨论。

（1）理论：本书采用"多学科，多路径，多视域"策略，深入研究智能网联汽车人机交互设计的基础理论，融合设计学、艺术学、人类学、社会学、认知心理学、计算机科学等相关学科知识，尝试定义多学科的智能网联汽车人机交互设计理论，构建跨学科跨领域理论框架。

（2）方法：以创新路径的多样性为导向，以人机交互设计的场景信息化、功能个性化、服务互联化和体验娱乐化等为基本特征，构建智能网联汽车人机交互设计方法体系。

（3）实践：基于大量设计实践研究，实现方法论与设计实践的统一。采用设计实践案例分析方法，通过宏观结合微观、理论结合实际的多重视域，顺应国家政策与前沿技术，探讨未来设计发展方向。

"学科集群与文理融合"是"设计"的本质特征和发展动力，并逐渐成为多学科交叉的设计研究新范式。本书帮助广大读者了解智能网联汽车人机交互设计的结构特征与发展态势，有益于构建创新设计方法论和前沿领域总体图景。

本书在智能网联汽车人机交互设计研究过程中，得到了教育部人文社会科学研究规划基金项目（21YJA760059）、岳麓山工业创新中心建设专项的支持，其中一些学术研究成果和案例已陆续在国内外重要学术期刊上发表。同时，书中的实践案例部分来源于本研究团队在教学和研究过程中与广汽研究院、德赛西威等企业的产学研合作探索，是面向具体问题的研究、探索和实践，且部分成果已在企业内部完成转化。

本书由谭征宇、戴宁一负责提出核心思想和整体框架，并且参与了写作、整理和最终的统稿工作。在这本书的编写过程中，金奕、段宇洁、王晶、刘晓茜、蒋静姝、艾胜子、林泽敏、张瑞佛、罗培文、纪雅欣、李炎妍、何芷璠、高翔和万利影等，凭借他们的专业背景和独到见解，为书中的内容增添了深度和多样性。此外，许多同行专家和学者在审阅过程中提供了反馈和建议，这对于提高本书的质量和学术水平起到了关键作用。

本书在编写过程中可能存在不足之处，我们诚恳地希望读者能够提出宝贵的意见和建议。您的反馈对我们至关重要，将指导我们不断提高学术水平。我们期待并感谢您的支持与理解。

著者

2024 年 8 月

目录

CONTENTS

上篇　理论与基础

第 3 章 / 智能网联汽车人为因素及其设计

中篇 方法与实践

第 4 章 / 智能网联汽车人机交互个性化设计

第 5 章 / 基于场景的智能网联汽车信息娱乐设计

第 **6** 章 ╱ 智能网联汽车
互联服务设计

下篇 研究与前沿

第7章 智能网联汽车人机交互的质量评估研究

第8章 智能网联汽车人机界面技术的研究与应用

第 **9** 章 ╱ 智能网联汽车人机界面
　　　　　　研究的挑战与机遇

理论与基础

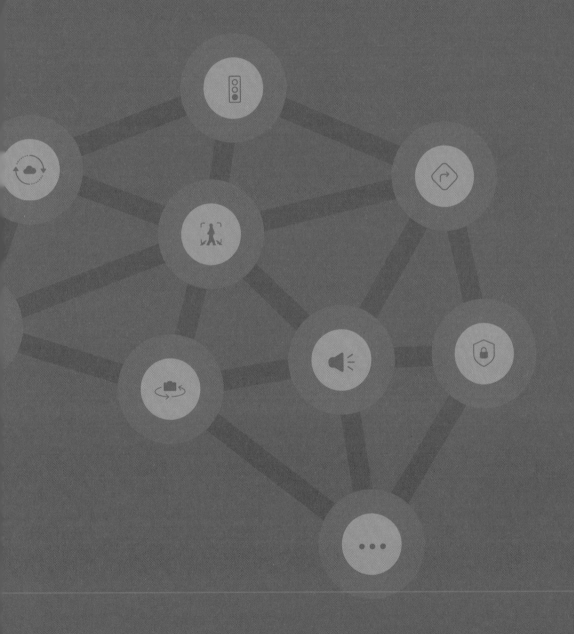

第1章
智能网联汽车的基本认识

汽车工业在人类社会发展中扮演着至关重要的角色，并持续推动人类文明向更加光明的未来迈进。自1885年德国工程师卡尔·本茨制造出世界上第一辆汽车以来，汽车行业经历了一系列技术革新，包括内燃机、电力驱动、柴油发动机以及自动驾驶技术，这些革新在半个多世纪的时间里推动了汽车行业的巨大进步。近年来，智能汽车的出现标志着传统以燃油发动机和驾驶员手动控制为主的汽车形态正在发生重大变革。得益于计算机科学、人工智能和自动化技术的飞速发展，智能汽车不仅实现了自动化驾驶、智能化导航和智能化交互等丰富功能，而且通过信息与通信技术的融合，催生了智能网联汽车（intelligent and connected vehicles，ICV）。这些车辆不仅能够在车辆之间，也能够在车辆与路边设施之间实时共享信息，使得"人-车"交互和"车-车""车-路"之间的决策变得更加便捷。智能网联汽车作为智能交通系统建设的关键组成部分，不仅极大地提升了人们的出行体验，保障了交通安全，还为城市的可持续发展提供了强有力的支撑。

1.1 智能网联汽车的基本概念

1.1.1 智能网联汽车定义

智能交通系统（intelligent transportation systems，ITS）显著提升了传统交通系统的效率和可靠性，同时对城市可持续发展和环境保护作出了重要贡献。未来，智能交通将演进为一个复杂的生态系统和分布式服务体系，由多种交通工具构成。通过应用最新的汽车传感器、控制器、执行器以及其他相关科学技术，我们能够实现对周围环境的精确感知、智能决策和协同控制。这些技术进步将有效提升交通的安全性、可靠性、便捷性和经济性。在这一愿景中，智能网联汽车扮演着核心角色。它们不仅是智能交通系统中实现车、路、人、云之间信息交换和共享的基本行动单元，而且具备必要的计算和通信能力，为实现更高效、更环保的交通模式提供了技术基础。通过智能网联汽车的应用，智能交通系统将不断优化交通流，减少拥堵，提高能源利用效率，并最终实现更加智能化和自动化的交通管理。

《中国制造 2025》首次将智能网联汽车作为一种新兴的概念。智能网联汽车搭载先进的车载传感器、控制器、执行器等装置，融合现代通信与网络技术，可实现车辆与车辆、道路、行人、云端等智能信息交换和共享，具备复杂环境感知、智能决策、协同控制等功能，从而能够实现安全、高效、舒适、节能的行驶模式。最终，它将成为一种能够替代人工操作的新型汽车[1]。智能网联汽车是未来出行方式的国际公认发展方向和热点，它将提供更加安全、节能、环保、便捷的出行模式。图 1-1 清晰地展示了智能网联汽车、智能汽车与车联网、智能交通等概念间的相互关系。智能汽车属于智能交通系统下的一部分，而智能网联汽车则是智能汽车与车联网交汇处的产物[1]。

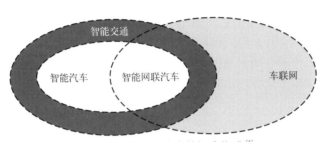

图 1-1 智能网联汽车的概念构成[1]

智能网联汽车的发展可划分为 4 个阶段：自主式驾驶辅助、网联式驾驶辅助、人机共驾、高度自动 / 无人驾驶，如图 1-2 所示。在我国，网联式与自主式相结合是智能网联汽车发展的主流模式。

图 1-2 智能网联汽车发展的 4 个阶段

(1) 自主式驾驶辅助（ADAS）

自主式驾驶辅助系统（advanced driving assistance systems，ADAS）又称高级驾驶辅助系统，是指利用车载传感器进行环境感知，并对驾驶员提供驾驶操作辅助的系统。目前，ADAS 已经得到了大规模产业化发展，并广泛应用于智能网联汽车中。ADAS 包含了网联式驾驶辅助系统。根据其功能，ADAS 可以分为预警系统与控制系统两类[2]。ADAS 中，常见的预警系统包括前向碰撞预警（forward collision warning，FCW）、车道偏离预警（lane departure warning，LDW)、盲区检测（blind spot detection，BSD)、驾驶员疲劳预警（driver fatigue warning，DFW)、全景环视以及胎压监测系统（tire pressure monitoring system，TPMS)。常见的控制系统包括车道保持系统（lane keeping system，LKS)、自动泊车系统（auto parking system，APS)、自动紧急制动（autonomous emergency braking，AEB）系统以及自适应巡航控制（adaptive cruise control，ACC）系统等。

(2) 网联式驾驶辅助

网联式驾驶辅助系统是指利用信息通信技术（information communication technology，ICT）对车辆周围环境进行实时感知，并预测周边车辆未来的运动，从而对驾驶员提供驾驶操作辅助的系统[3]。随着现代通信与网络技术的快速发展，行人、道路、汽车等交通参与者已转变为智能交通系统中的信息节点，共同促进了更智能、更高效的交通出行方式的实现。在美国、欧洲和日本等汽车产业较为发达的国家和地区，基于车辆间通信（vehicle-to-vehicle，V2V）❶和车辆与基础设施通信（vehicle-to-infrastructure，V2I）的联网驾驶辅助系统正在积极开展实用性技术开发和大规模试验场测试，这将进一步推动智能交通系统的发展。

(3) 人机共驾

人机共驾技术致力于实现智能汽车的智能化驾驶，通过智能系统与驾驶员的协同工作共同完成驾驶任务，其核心特点在于控制双方的交互耦合，使得状态转移能够相互制约，形成一个双环并行的控制结构，有效提升了智能汽车的智能化水平。这种系统不仅能更好地理解驾驶员的意图，还能更有效地控制车辆行为，减轻驾驶员的操作负担。广义上的人机共驾系统由感知层、决策层和控制层构成，其中感知层通过超声波雷达、摄像头等多种传感器和技术，增强驾驶员对座舱内外环境的感知能力。例如，采用方向盘的力反馈技术，在协助驾驶员保持车道的同时，既能减轻驾驶负担，又提高了车辆的安全性[4]。决策层包括驾驶意图识别、车道引导等技术。目前大多数传统汽车制造商仍在沿着渐进式的发展道路，智能汽车技术公司则在积极推广高度自动化的辅助驾驶系统，以实现真正的人机共驾[1]。

(4) 高度自动 / 无人驾驶

智能汽车在高度自动化或无人驾驶阶段展现出显著的能力，它们能够在各种工况下自主行驶，甚至在没有驾驶员参与的情况下也能轻松应对各种驾驶挑战。特别是在 SAE（Society of Automotive Engineers，美国汽车工程师学会）分级中的 L4 级别自动驾驶中，系统能够在遇到无法解决的驾驶问题时向驾驶员发出接管提醒；如果驾驶员未能响应，智能汽车将采取保守措施，如靠边停车，以确保安全。随着 SAE 分级 L5 级别的实现，无人驾驶将完全消除对驾驶员的需求。因此，在无人驾驶系统中，确保安全的同时完成各种驾驶任务变得至关重要。

1.1.2 智能网联汽车的发展现状

目前智能网联汽车的发展，主要受限于 ADAS 以及车联网两项关键技术。

ADAS 技术已成为提高汽车安全性能的重要手段，其常见子系统已被美国、日本、欧洲等发达国家和地区纳入新车评价体系中。例如，自 2011 年起，美国新车评估程序（new car assessment program，NCAP）的评价规程引入了前向碰撞预警（forward collision warn-

---

❶ 车辆间通信也称为车对车通信或车辆对车辆通信。

ing，FCW）和车道偏离预警（lane departure warning，LDW）测试作为加分项。自 2013 年起，公路安全保险协会（Insurance Institute for Highway Safety，IIHS）将 FCW 系统纳入评价指标之一。欧洲新车评估程序（European new car assessment program，E-NCAP）自 2014 年起开始评价自动紧急制动（autonomous emergency braking，AEB）与车道偏离预警 / 车道保持辅助（lane departure warning/lane keeping assist，LDW/LKA）系统，并在 2016 年加入了行人防撞 AEB 测试，之后增加自动车防撞 AEB 测试。欧洲新车评估程序（E-NCAP）的四星或五星评价所需的驾驶辅助技术已成为获取高评价的必要条件。中国新车评估程序（China new car assessment program，C-NCAP）也已将 AEB、LDW、FCW 等驾驶辅助系统纳入评价体系。

车联网技术作为近年来备受关注的领域，已经在全球范围内得到各国的积极研究和应用示范。中国从 "863" 计划开始提供持续的资金支持，积极推动车路协同技术的发展。同济大学、清华大学等多所知名大学和长安汽车等科技机构合作，共同探索车路协同技术的实际运用，并进行了大量实验和验证。随着科技的不断进步，中国的智慧交通系统正在迅速崛起，大唐、华为等公司已经推出了相关系统，不仅拥有长期演进车辆（long term evolution for vehicle，LTE-V）通信系统的功能，而且还得到了第五代（5th generation，5G）移动通信技术的支持。这些系统的灵活连接为中国的智慧交通系统提供了强大的支撑，并在国际市场上占据了较大的份额。同时，其他企业与研究机构正在加强与国际机构的协同配合，以加快网联式驾驶辅助系统的研究与应用，力争达到更高的技术水平。美国在密歇根州安娜堡地区实施的安全试点模型部署（safety pilot model deployment，SPMD）工程，得到了美国交通运输部、密歇根大学以及其他相关部门的大力支持，最终证实采用车联网技术可以显著降低交通事故发生率，为美国联邦政府提供了有力的安全保障。德国的安全智能交通 - 德国试验场项目，作为世界上第一个车对 X 通信（car-to-X communication，C2X）技术的户外实战测试，其结果表明汽车连接技术的应用可以显著改善交通状况，实现更高的安全性。同时，日本推出的 Smartway 技术及基于路况协同的汽车维修技术，为汽车的行驶、维护、保养、检测、报警、停放、维修等各个环节提供了管理、监控、报警等功能。

1.2　智能网联汽车的技术路径

包含了车辆网联化和智能化这两个紧密相关特征的智能网联汽车，是全球业界公认的重大机遇和发展方向。如图 1-3 所示，网联式智能汽车主要靠网络系统来感知周边的环境，实现决策控制和非自主式自动驾驶；而自主式智能汽车自动驾驶功能的实现，主要来自车载控制系统和车载传感器对实时环境的感知并快速做出相应的决策[1]。利用先进的互联互通技术，不管是新能源汽车还是常规车辆，它们均能够有效地连接到周围的环境，从而发挥出它们的潜力。值得一提的是，新能源汽车是智能网联技术的最佳载体，而燃油车应该通过对电子电气架构升级，向网联化和智能化方向迈进。

1.2.1　汽车的智能化路径

单车自动化技术，作为高级驾驶辅助系统（ADAS）发展的必然趋势，正迅速成为汽车行业的重要方向[5]。随着汽车安全标准的日益严格和人们对驾驶安全性及舒适性需求的不断增长，ADAS 作为减少车辆事故和保障行车安全的重要手段，其发展速度日益加快，ADAS 也被视为实现无人驾驶的关键过渡技术。尽管自动驾驶汽车能够利用车内传感器和控制系统实现环境感知、决策控制和自动驾驶，但它们的视野仍受限于传感器的探测范围，难以准确感知如道路拐角、物体后方或传感器覆盖范围之外的场景。因此，除了自动驾驶技术的发展，汽车产业界也在积极关注人机交互、产品载体的升级、端到端（端管云）的整合以及外部生态系统的智能化，这些领域将成为未来汽车产品竞争力的核心组成部分。

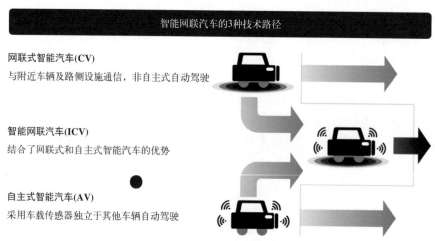

图 1-3　智能网联汽车的技术路径

我国已经正式推出了自己的自动驾驶汽车分级标准——《汽车驾驶自动化分级》（GB/T 40429—2021），该标准自 2022 年 3 月 1 日起正式实施 [6]。《汽车驾驶自动化分级》推荐性国家标准对驾驶自动化相关的术语进行了明确的定义，涵盖了驾驶自动化系统、驾驶自动化功能、车辆横向运动控制、目标和事件探测与响应等关键概念。此外，该标准还详细阐述了驾驶自动化分级的原则、等级划分要素、各等级的定义、划分流程及判定方法以及各等级的技术要求等具体内容。这些明确的规范为我国未来制定自动驾驶相关的法律法规和标准提供了坚实的基础。《汽车驾驶自动化分级》采用 0 至 5 级的划分方式来表示驾驶自动化的程度，依据是系统在执行动态驾驶任务中的角色分配以及是否有设计运行条件的限制。驾驶自动化等级与划分要素的关系如表 1-1 所示。具体来说：

· 0 级代表系统不能持续执行动态驾驶任务的车辆横向或纵向运动控制，但具备部分目标和事件探测与响应的能力。

· 1 级代表系统能够持续执行车辆横向或纵向运动控制，并具备相应的目标和事件探测与响应能力。

· 2 级代表系统能够持续执行车辆的横向和纵向运动控制，并具备相应的目标和事件探测与响应能力。

· 3 级代表系统能够持续执行全部动态驾驶任务。

· 4 级代表系统能够在设计条件下持续执行全部动态驾驶任务，并能够进行接管。

· 5 级代表系统可在任何可行驶条件下持续执行全部动态驾驶任务，并能够进行接管。

表1-1 驾驶自动化等级与划分要素的关系

分级	名称	车辆横向和纵向运动控制	目标和事件探测与响应	动态驾驶任务接管	设计运行条件
0级	应急辅助	驾驶员	驾驶员及系统	驾驶员	有限制
1级	部分驾驶辅助	驾驶员和系统	驾驶员及系统	驾驶员	有限制
2级	组合驾驶辅助	系统	驾驶员及系统	驾驶员	有限制
3级	有条件自动驾驶	系统	系统	动态驾驶任务接管用户（接管后成为驾驶员）	有限制
4级	高度自动驾驶	系统	系统	系统	有限制
5级	完全自动驾驶	系统	系统	系统	无限制[①]

① 排除商业和法规因素等限制。

1.2.2 汽车的网联化路径

随着网联化技术的快速发展，车辆与外界的交流变得更加便捷。这一进步使得车辆能够通过端设备、管控系统和云服务等手段，成功实现"云-端"一体化融合计算和服务，打通了座舱内外的界限。智能网联汽车作为车联网体系中的关键组成部分，配备车载信息终端，实现与车、路、行人和业务平台之间的无线通信和信息交换[5]。技术的进步和产业的持续发展，让智能网联汽车在推进车联网发展中扮演着越来越重要的角色。未来，智能网联汽车将与车联网并行推进，协同发展。其技术创新和互联网连接功能，将实现多种方式的信息交互与共享，从而提高道路行驶安全性。此外，车辆与人、其他车辆、基础设施、智能硬件以及各种服务设施的联通，为未来出行提供了更多可能性，并开启了新的商业模式和发展空间。汽车网联化的最终目标是建立一个更加完善、互联互通的交通系统，为汽车提供更加智能化的信息服务。作为智能交通体系的重要构件，智能网联汽车旨在最大限度地推广无人驾驶技术的应用，实现汽车智能化与车联网的完美结合。车联网系统是实现智能汽车的关键，它不仅可以提供更高效的服务，还可以通过不断的技术创新，实现更加完善的智能化和互联化[3]。

1.2.3 智网融合：汽车的智能网联化路径

智能网联汽车，相较于传统汽车，通过先进的网络系统实现对周围环境的感知，执行自动驾驶和决策控制。这种汽车利用 V2V、V2I 以及智能基础设施，如交通控制系统，实现与周围环境的无缝连接，为汽车提供了超越传感器感知范围的全面视野，收集行驶数据，从而实现车连万物的通信。智能化是智能网联汽车发展的终极目标，而网联化是实现这一目标的核心手段。这两者之间的关系是密不可分、互为支撑的，如图 1-4 所示。智能网联汽车的主流发展模式正是自动驾驶汽车与网联汽车的优势互补结合，这一模式正推动着整个交通生态系统的发展。要充分发挥智能网联汽车的智能作用，依赖于先进的网联技术，这种技术不仅能够提升汽车的智能水平，还能确保汽车在未来能够更聪明地服务于人类，更好地理解、解放人类。这不仅是智能网联汽车发展的方向，也是其发展的终极诉求。

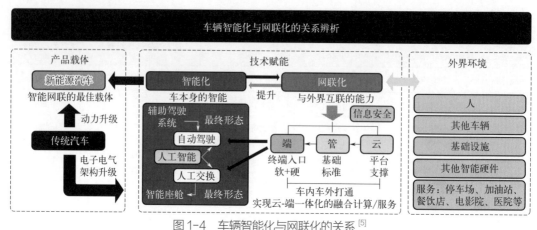

图1-4　车辆智能化与网联化的关系 [5]

1.3　智能网联汽车的发展机遇与挑战

新一轮科技革命，以互联网、大数据、云计算、人工智能等技术为代表，已经引发了全球制造业的深刻变革。汽车产业，作为传统制造业的重要组成部分，正处于一个前所未有的变革期。这一变革期的特点是有大数据公司、科技公司以及新型模式运营公司的外部力量介入，以及传统零部件企业和整车企业的优化升级，这些因素共同快速推动了汽车产业的转型与升级。2020年，国家发展改革委发布了《智能汽车创新发展战略》，该战略规划了到2050年的智能汽车创新发展的愿景时间表。这一规划不仅标志着汽车产业的结构发生巨大转变，而且预示着汽车行业将与信息技术等行业实现前所未有的融合，对能源、环保、交通等领域产生深远影响。根据战略规划，到2025年，中国标准智能汽车的技术创新、产业生态、基础设施、法规标准、产品监管和网络安全体系将基本形成。2035到2050年，中国标准智能汽车体系全面建成、更加完善，实现"安全、高效、绿色、文明"的智能汽车强国愿景。这一转型期将对车、车与人、车与车以及车与环境间的固有发展模式与生态结构带来巨变，从而重塑我们的交通系统和出行方式。

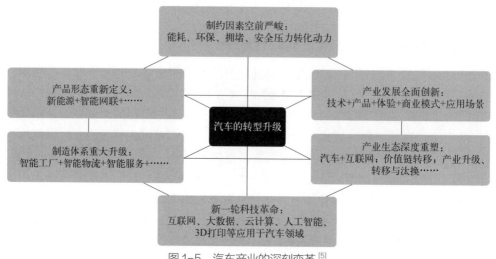

图1-5　汽车产业的深刻变革 [5]

当前汽车产业正在经历一场深刻的变革，这场变革是由科技革命和制约因素的相互作用所驱动的，其影响和特征如图1-5所示。新一轮科技革命的代表技术，包括互联网、大数据、云计算、人工智能等，将在汽车领域得到广泛应用，为产业升级提供强有力的科技支撑。这些技术的应用将加速行业发展，推动创新，并提高市场竞争力。然而，与此同时，汽车产业正面临着能源消耗、环境保护、交通拥堵和行车安全的四大挑战。面对这些挑战，产业可持续发展的压力日益增加，汽车产业必须克服困难，将这些压力转化为动力，创造性地提出解决方案[5]。正是这些挑战和需求，推动了汽车产业的全面转型升级。因此，这一轮变革的特征表现为对产品形态的重新定义、产业发展的全面创新、制造体系的重大升级以及产业生态的深度重塑。这些转型措施旨在应对挑战，实现可持续发展，并在变革中寻找新的增长点和市场机会。

1.3.1 智能网联汽车的应用场景

中国自动驾驶技术的产业化发展已然进入稳定的阶段，这得益于百度、图森未来、华为等企业的积极参与，它们推动了自动驾驶技术从理论研究向实际应用的转变。然而，尽管技术发展迅速，智能网联汽车在实际应用场景中仍面临多种制约因素，如供应链完善程度不足和法规不完备等，这些因素影响了人们对自动驾驶技术的接受度，导致其在现有驾驶场景中尚未得到广泛应用。我们旨在分析高等级自动驾驶技术的应用现状，并展望未来智能网联汽车的潜在应用场景，以促进技术的发展和应用。智能网联汽车的应用场景根据道路开放程度可分为限定场景和非限定场景。限定场景包括停车场、园区、机场、港口、矿区等，而非限定场景主要包括城市道路和高速公路。不同场景具有不同的特点，并要求自动驾驶车辆具备相应的技术特性，如表1-2所示。随着企业对自动驾驶领域的关注不断加深，并共同探索技术在实际应用中的路径，智能网联汽车技术的发展和市场普及将进一步被推动。

表1-2 智能网联汽车的应用场景

项目	限定场景	非限定场景
具体场景	园区、机场、矿区、停车场、港口等	城市道路与高速公路等
特点	1. 车辆、行人种类和数量少 2. 车辆行驶速度低 3. 场景具有地理约束性	1. 车辆、行人种类和数量多 2. 车辆行驶速度快 3. 场景无地理约束限制 4. 配有驾驶位并加装多种高性能传感器
自动驾驶车辆类型	无人行李车、无人配送车、无人清扫车、无人接驳车、自动驾驶公交车、自动驾驶宽体自卸车、自动驾驶矿卡、具有AVP（自动代客泊车）功能的乘用车等	自动驾驶出租车（RoboTaxi）和自动驾驶卡车等

（1）智能网联汽车的限定场景

"限定场景"指的是一些具有地理约束的特定区域，包括机场、园区、矿区、停车场和港口。相较于开放道路场景，限定场景具有独特的三大特点，如图1-6所示。这些特点使得限定场景成为智能网联技术发展和测试的理想场所。在这些限定场景下，智能网联汽车的类型也相当多样化，涵盖了智能网联（无人）行李车、智能网联配送车、智能网联清扫车、智能网联接驳车等专用车辆，以及智能网联（自动驾驶）公交车、智能网联宽体自卸车、智能网联矿卡，还有具备自主代客泊车功能的智能网联乘用车等。这样的多样性展示了智能网联技术在特定应用领域的巨大潜力。限定场景的应用对于推进智能网联技术的发展和商业化应用具有重要意义。在这些限定场景中进行测试和应用，可以为未来实现规模化商用打下坚实的基础，同时也为技术改进和优化提供了实践场景。

图 1-6　智能网联汽车限定场景特征

国内法规为了确保安全并便于推广应用，特别要求在矿区、港口等场景使用的智能网联汽车必须配备安全员。比如停车场作为限定场景之一，其内部主要涉及乘用车辆，与个人的生命安全紧密相关。随着适用于停车场的智能网联技术解决方案的陆续开发，相关法规正在授权并逐步完善配套措施，以促进智能网联技术的试点和广泛应用。智能网联汽车在限定场景下的具体应用案例如图 1-7 所示。

图 1-7　智能网联汽车限定场景举例

① 市政环卫。智能网联技术在市政环卫场景下的应用主要体现在自动化的道路清洁任务上，包括自动（智能网联）清扫车和自动垃圾回收车等，这些车辆能够进行道路清扫和维护、垃圾收集等任务。通过使用预先规划的路线和结合高精度传感器与计算机视觉技

术，它们能够实现全程自动化控制，无须人工干预。与传统的人力清洁车相比，智能网联清扫车不仅能更准确地完成复杂城市道路的高精度地图绘制，还能有效减少人工成本，提升清洁效率。此外，智能网联清扫车通过实时数据分析和路况监测技术，进一步提高了车队的运营效率和服务质量。智能网联汽车在市政环卫场景下的具体应用案例如图 1-8 所示。

　　② 矿区。在矿区等封闭场景中，智能网联技术发挥着至关重要的作用，主要应用于智能网联重卡、智能网联矿卡等运输任务，具体案例如图 1-9 所示。这些车辆利用高精度传感器、智能网联技术和数据分析，克服了特殊气候环境和司机人手短缺等挑战，在可控区域内稳定行驶。通过对运营过程进行实时监测和分析，智能网联技术进一步提高了整个运输系统的效率和准确性，同时显著减少了危险事故的发生。

图 1-8　2023 年深圳市投放的示范性智能环卫车　　图 1-9　希迪推出的无人驾驶纯电矿卡

　　③ 接驳车。智能网联接驳车，作为基于人工智能和先进感知技术的交通工具，不仅具备自动驾驶和联网功能，还能够实现智能化的路线规划、车辆控制和乘客服务。2024 年年初，北京已经在示范区至大兴机场之间实现了智能网联接驳服务，如图 1-10 所示，并为副中心三大文化建筑周边提供了短途接驳服务。大兴机场的智能网联接驳开放，标志着全球首都城市机场中首次开放智能网联接驳载人示范，为智能网联汽车提供了全新的落地场景。展望未来，北京计划逐步开放更多场站，实现"五站两场"的开放接驳，以打造更多智能网联应用场景的标杆案例。这一发展策略不仅展示了智能网联接驳车技术的实际应用潜力，也为未来智能网联技术的推广和应用奠定了坚实的基础。

　　④ 物流园区。智能网联汽车在物流园区中的应用，主要包括智能网联技术和物流信息管理。自动驾驶技术的应用，通过解决道路以及外部干扰等问题，实现了无人化配送。这不仅显著减少了人类驾驶者的失误和疲劳，而且极大地提升了运输的效率和安全性。此外，这也有助于降低运营成本和减少环境污染。同时，网联化的物流信息管理系统通过合理的调度、管理和实时的分析监测，能够优化订单配送路径，提高配送的效率和准确度，进一步提升服务的满意度。园区物流车的应用实例如图 1-11 所示，展示了智能网联技术在实际场景中的具体运用，凸显了智能网联汽车在提高物流配送效率和服务质量方面的潜力。

　　总体来说，智能网联汽车的应用预示着物流行业将变得更加智能化、高效化和绿色化。汽车的智能化和网联化改造有效应对了运输车辆运行时间增长的需求，并已经能够高效处理"最后一公里"的配送任务。这些技术不仅可以缩短运输周期，减少道路拥堵，降低对非机动车道的影响，还可以保护消费者的隐私。展望未来，物流行业的竞争优势将越来越多地依赖于算法的完善程度和技术的规模化生产能力。谁掌握了这些优势，谁就能更好地满足矿区、物流园区和港口等关键区域的需求。

图 1-10　北京大兴机场的智能网联接驳车

图 1-11　园区无人零售车

(2)　智能网联汽车的非限定场景

在非限定场景中，智能网联技术面临的挑战尤为严峻，这一领域中的商业化进程将受到严重的限制。如图 1-12 所示，该场景具有以下四大特征：首先，行人和车辆数量庞大，行为复杂，不可控性极强，这更容易发生边角案例（corner case），从而对自动驾驶汽车技术提出更高的要求；其次，由于车辆行驶速度快，在紧急情况下进行制动难度大，这会降低安全性；然后，由于不存在地理约束限制，智能网联汽车需要装备多种高性能传感器以确保人身安全，这导致整体成本增加和量产难度加大；最后，在这种情况下，大多数汽车为配备了驾驶位的乘用车和商用车，因此在当前阶段，安全员的作用是不可或缺的。总而言之，开放道路是自动驾驶技术发展的重要环节。由于涉及人类的生命安全，智能网联汽车必须满足更高的安全标准。鉴于此，仍有许多改进空间，需要不断加以完善。

图 1-12　智能网联汽车非限定场景特征

城市道路和高速公路作为最常见的开放道路场景，常见车型包括具有智驾功能的乘用车、自动驾驶出租车（RoboTaxi）和自动驾驶卡车。城市 NOA（Navigate on Autopilot）是针对城市交通环境开发的智能驾驶辅助系统，通过车载系统内的数据处理元件、雷达、摄像头、GPS（全球定位系统）导航等控制模块协作，实现实时路径规划，并能自动泊车、定点停车、智能跟车等，以适应城市各类环境和交通状况。2024 年 1 ～ 2 月，全球新能源乘用车城市 NOA 功能的搭载率达到了 11.31%。在中国，小鹏汽车、理想汽车、华为系（问界、阿维塔等）汽车、蔚来汽车、智己汽车等都推出了城市 NOA 功能，致力于实现基于高速和城市场景的落地应用。

如图 1-13 所示为非限定场景下的两类典型案例。非限定场景下的自动驾驶出租车提供一种基于网约车和私家车的出行服务，用户通过在平台上预约无人驾驶车辆完成出行体验。该服务在系统性协调下能够提高效率，使成本、效率和安全性方面均优于传统网约车服务。RoboTaxi 服务的落地依赖于高级别自动驾驶技术的开发和硬件设施的配套，政策、法规的支持与规范也是影响其落地的重要因素。非限定场景下的另一个代表是自动驾驶卡车。自动驾驶卡车借助尖端的传感器、摄像头、雷达、激光雷达、AI（人工智能）算法和机器学习技术，正在全球范围内逐步商业化，尤其在我国，这一技术的发展尤为迅猛。我国的图森未来（TuSimple）是该领域的先行者之一，专注于开发用于长途货运的自动驾驶卡车，并已在国内外开展了 L4 级别自动驾驶的测试和商业化运营。该公司的技术使卡车能够在高速公路上实现完全自主行驶，显著提升物流运输的效率、安全性，并降低运营成本。此外，百度、阿里巴巴、京东等中国企业也在自动驾驶卡车领域进行了积极的探索和投资。

图 1-13　自动驾驶出租车和自动驾驶卡车

1.3.2　智能网联汽车的发展前景

智能网联汽车的发展标志着汽车工业向高效、绿色、智能方向的转型，并有助于推动人类社会的可持续发展。随着汽车产业的持续发展，智能网联汽车已经成为汽车企业和科技巨头共同关注的核心技术和发展方向。在此过程中，产品属性和企业战略两个维度展现出重要的发展机遇。为了抓住这些机遇，我们需要从价值链、产品属性和企业战略 3 个维度出发，探讨智能网联汽车的发展机遇及应对策略。

① 价值链维度下的发展机遇。随着时代的发展，传统的"制造"价值链模式已不能满足当今汽车行业的需求，未来的汽车产业价值链将转变为"制造＋服务"的集成模式[7]。这一转变预示着"总量上升、重心后移"的总体趋势。其中，"总量上升"意味着汽车产业的整体价值体量将增加[8]，为行业创造更多商机和价值；"重心后移"表明汽车产业的价值内涵将向服务方向转移，尤其是在出行领域的深度扩展。这一转移不仅为汽车企业提供了广阔的商业发展空间，也为它们拓展服务领域、创造更多商业机会提供了可能。因此，未来汽车产业的价值链将不再仅仅聚焦于制造环节，而是将涵盖服务等各个环节，推动汽车服务体系的升级与扩展[9]。同时，自动驾驶技术的普及将进一步推动汽车共享程度的提升，并在汽车的使用、管理、服务以及回收等方面产生重大变革。为了应对这些变化，各类企业必须注重汽车全产业链数据的打通和价值深度挖掘。汽车企业应加快数字化、信息化和智能化升级，以提高企业运营效率和创造新的商业价值。此外，信息通信技术企业也应抓住机遇，专注于探索云平台、大数据、人工智能等信息技术在汽车产业中的系统化应

用，以实现战略性地推进产业发展 [10]。

② 产品属性维度下的发展机遇。随着汽车产业向电子产品的转变，软件在汽车中的重要性日益增加，这正逐渐改变产品属性和品牌定义。目前，汽车产品主要通过硬件性能来区分品牌，但未来软件将通过迭代开发和 OTA（空中激活）在线升级，更灵活地满足用户体验需求，这对中国汽车产业提出了新的挑战。为了应对这一挑战，需要准确预测软硬件发展趋势，并在产品设计初期就考虑性价比。一些企业已经开始采用可拓展模块化设计，以实现硬件升级。未来汽车设计需融合硬件的持续升级和软件的灵活开发，要求设计师在实现功能时"软硬并重"，在发挥性能时"软硬融合"，在解决开发差异时"软硬分离"，并在优化性价比时保持"软硬平衡"，确保工程师团队的紧密合作是成功开发未来汽车的关键 [5]。

③ 企业战略维度下的发展机遇。自 2016 年起，我国汽车公司（如上汽集团、长安汽车、北汽集团等）都推出了智能化战略，将智能网联汽车作为推动汽车产业向价值链高端延伸的重要途径。这一战略的实施，不仅促进了各大车企对智能网联汽车的创新投入，而且吸引了信息通信技术企业的加入，如百度的 Apollo 平台、阿里巴巴的城市大脑、华为的 5G 技术和智能汽车融合等。发展智能网联汽车的核心任务是加快新一代信息技术与汽车产业的深度融合，充分把握"中国制造 2025""互联网＋"等政策的优势，积极探索和开拓新的应用领域。通过促进信息技术和汽车行业的有效整合，构建具有自主 IP 的高端服务体系。智能网联汽车的发展将为汽车产业带来革命性的变革，实现从弱到强的重大突破。

以上发展机遇要求各方充分发挥国家战略驱动、合作创新和自主产业链等方面的优势，共同推进智能网联汽车产业的转型升级。

① 国家战略驱动：系统顶层设计。以能源利用、制造强国、人工智能、信息安全等方面的国家战略为导向，我国充分发挥新能源汽车产业、通信产业和互联网产业的优势，这些优势包括用户规模大、关键技术自主可控、具备全球标准话语权等。我们将以新能源汽车为载体，集聚相关行业和领域的资源，重点突破智能网联汽车的关键技术、基础支撑技术、信息通信技术、大数据应用平台技术、综合交通管理技术等自主系统核心技术。通过实施制造业强基工程、产业集群建设工程、基础设施信息化建设工程、跨行业大数据管运平台建设工程等重点任务，我们将建立完善的工程化实现体系，大力推进智能网联汽车产业化体系构建、智能交通系统建设及车联网产业应用。通过顶层统筹规划和系列化的实施策略，我们旨在实现汽车产业的转型升级，达到以"新能源＋智能化＋网联化＋系统自主"为特征的发展目标。同时，我们也致力于建立一个新型汽车社会生态，其特征为"泛在互联＋智能交通＋智慧城市＋共享经济模式" [11]。

② 合作创新：跨界融合协同。智能网联汽车的发展是一个涉及多个产业和技术领域的复杂系统工程，要求建立跨界融合的技术创新体系，并有效协调资源以形成协同创新的合力。面对智能网联汽车发展中的挑战，例如道路基础设施与车辆协同发展的不足、缺乏顶层设计的合作模式、中国道路环境的复杂性以及关键核心技术的缺失等 [12]，多方合作显得尤为重要。例如，上汽与阿里巴巴、北汽与乐视、富士康与腾讯的合作，这些合作展示了在智能网联汽车领域多方合作的显著特征。为应对这些挑战，一系列策略被提出，包括政产学研的协同创新、加快车联网和车路协同技术的应用推广，以及利用新技术和新服务推动产业和资本的结合。自主化突破智能汽车的关键技术，不仅可以推动产业链的布局，还

能促进传感器、车载终端和操作系统的研发与产业化应用。采取市场化机制，将研发成果转化和扩散，有助于自主品牌企业在全球竞争中占据技术制高点。这些措施将打通技术研发、转移扩散和产业化的链条，从而推动智能网联汽车的快速发展和广泛应用。

③ 自主产业链：构建发展优势。我国智能网联汽车产业目前面临一些挑战，尤其是对部分零部件、系统（如车载传感器、高级处理芯片、车载计算平台及操作系统等）进口有一定的依赖性。尽管中国企业在车载嵌入式系统、高精度导航平台、车联网通信和车载电子装备等领域已积累了一定的技术和产业基础，并构建了较为完整的产业链，但仍需继续发展更多具有全球影响力的整车品牌。为应对这些挑战，政府已经充分发挥引领职能，通过规划、引导和提供公共服务等手段，促进产业环境发展。政府正努力整合汽车、交通、互联网和通信等产业，利用我国在互联网创新和汽车规模方面的优势，快速实现信息技术与汽车工业的融合，并推广商业化应用，探索具有中国特色的"互联网＋汽车"发展之路[11]。同时，在执行新能源汽车战略的基础上，以电动汽车为突破口，加快智能网联汽车的快速发展，并结合北斗卫星定位系统的优势，开发自主高精度定位与地图系统，推动智能网联汽车产业自主可控的发展。此外，智能网联汽车产业需要技术积累和基础研发能力，业界应当沉下心来做好基础性研究和相关论证，以取得关键技术的突破，并促进配套基础设施及公共服务平台的建设。在这个过程中，需要不断完善政策体系和发展环境，各企业应抓住机遇进行长期布局，探索自己的智能化、数字化主导方式。通过这些措施，可以提升我国智能网联汽车产业的核心竞争力和创新能力。

1.3.3　智能网联汽车的发展瓶颈与挑战

工业和信息化部发布的《关于加强智能网联汽车生产企业及产品准入管理的意见》强调了汽车数据安全、网络安全、软件升级、功能安全和预期功能安全的管控[13]。自21世纪初以来，智能网联汽车已成为新一代智能交通系统的核心，受到各国政府的高度重视。发达国家和地区如美国、欧洲和日本等在智能化和网联化领域拥有数十年的技术积累，尤其在核心芯片、先进传感系统、关键零部件、信息物理融合系统、人工智能技术、研发体系和标准体系等方面具有明显优势。与此同时，我国近年来在智能驾驶辅助技术的产品化应用和高等级自动驾驶技术研发方面也取得了显著进展。与汽车制造强国相比，我国在智能网联汽车领域的核心技术、研发水平和关键零部件系统方面虽然面临挑战，但已经取得了显著进展，并展现出强大的发展潜力。

（1）国家战略与新挑战

我国在智能网联汽车领域的发展迎来前所未有的机遇。这一变革预示着汽车行业、信息通信及相关行业的深刻变革，并将为我国经济的转型升级注入新动力。尽管当前我国在智能网联汽车的制度和标准建设方面尚有提升空间，但我们拥有强大的研发能力和创新精神，有能力在技术、研发水平以及关键零部件系统产业链等方面迎头赶上。通过加强自主零部件企业的自主研发体系，构建政产学研协同创新体系，以及建立有效的协同研发机制，能够形成推动行业发展的强大合力。

（2）协调融合发展的挑战

智能网联汽车作为融合车辆技术、通信技术与安全技术的创新交通产物，成为全球汽车工业变革的关键驱动力。面对这一新兴领域的复杂性和挑战，我国展现出强大的发展潜力和决心，通过跨行业协作和政策支持，积极构建智能网联汽车的未来。

(3) 自主技术和基础设施挑战

在智能网联汽车领域，国外企业在核心技术方面占据主导地位，而我国自主企业在技术积累上存在不足，部分零部件长期依赖进口。然而，这种现状正是我国自主创新能力提升的契机。自主零部件企业正在积极构建可持续的自主研发体系，政产学研协同创新体系逐步成熟，行业协同研发机制也在逐步完善，合力正在形成。智能网联汽车的发展依赖于道路交通、通信和网络基础设施的互联互通。虽然我国智能基础设施建设前期投入较大，回报周期较长，但与发达国家相比，我国智能网联汽车基础设施已经迎头赶上，国家级别的建设规划也在积极制定中，这将为智能网联汽车的大规模应用提供坚实支撑。

智能网联汽车作为一种未来发展战略，已经得到了全球范围内的高度重视，发达国家和地区的全产业链推进机制和显著进展为我们提供了宝贵的经验和启示。我国有信心通过加强制度和标准建设、提升自主技术水平、完善产学研协同创新体系，以及加快智能基础设施建设的步伐，实现跨越式发展。此外，建立跨行业组织管理机构和统筹推进机制，将有助于推动各方资源协同攻关，形成强大的发展合力。智能网联汽车的发展前景广阔，我国有能力在这一领域取得突破，为智能交通的发展做出重要贡献。

参考文献

［1］李克强，戴一凡，李升波，等. 智能网联汽车（ICV）技术的发展现状及趋势［J］. 汽车安全与节能学报，2017，8（1）：1-14.

［2］DANG R，WANG J，LI S E，et al. Coordinated Adaptive Cruise Control System With Lane-Change Assistance［J］. IEEE Transactions on Intelligent Transportation Systems，2015，16（5）：2373-2383.

［3］LI K，CHEN T，LUO Y，et al. Intelligent Environment-Friendly Vehicles：Concept and Case Studies［J］. IEEE Transactions on Intelligent Transportation Systems，2012，13（1）：318-328.

［4］MULDER M，MULDER M，VAN PAASSEN M M，et al. Haptic gas pedal feedback［J］. Ergonomics，2008，51（11）：1710-1720.

［5］赵福全，刘宗巍，郝瀚，等. 汽车产业变革的特征、趋势与机遇［J］. 汽车安全与节能学报，2018，9（3）：233-249.

［6］GB/T 40429—2021. 汽车驾驶自动化分级.

［7］赵福全，刘宗巍. 中国汽车产业技术转化价值链的基本规律与构建战略［J］. 科学学与科学技术管理，2016，37（7）：87-95.

［8］KUANG X，ZHAO F，HAO H，et al. Intelligent connected vehicles：the industrial practices and impacts on automotive value-chains in China［J］. Asia Pacific Business Review，2018，24（1）：1-21.

［9］王笑京，沈鸿飞，汪林. 中国智能交通系统发展战略研究［J］. 交通运输系统工程与信息，2006（4）：9-12.

［10］建投华科投资股份有限公司. 中国智能汽车科技强国之路［M］. 北京：经济管理出版社，2021.

［11］边明远，李克强. 以智能网联汽车为载体的汽车强国战略顶层设计［J］. 中国工程科学，2018，20（1）：52-58.

［12］吴忠泽. 智能汽车发展的现状与挑战［J］. 时代汽车，2015（7）：42-45.

［13］工信部发布《关于加强智能网联汽车生产企业及产品准入管理的意见》［J］. 信息技术与标准化，2021（9）：5.

第2章
智能网联汽车中的人机交互

2.1 汽车人机交互的发展与演变

2.1.1 人机交互简述

人机交互是指人与计算机之间使用某种对话语言，以一定的互动方式完成信息交换的过程。例如，在使用汽车时，通过车载中控屏幕打开音频媒体或导航等操作，就是人机交互的一种呈现形式。早期的人机交互发生在人与以实体化机械为主的机器（machine）之间，因此其英文术语为 human-machine interaction（HMI）。如今，随着科技进步和计算机的出现，人机交互从 human-machine interaction（HMI）向 human-computer interaction（HCI）发展。人机交互（HCI）是一个关注人和机器之间交互模式的跨学科研究领域，涉及计算机科学、人体工程学、认知心理学、人类学和社会学等。人机交互研究重点关注能够改善人机互动的新型界面的设计、实现和评估。这里的改善涉及多个方面，包括可用性、体验与性能感知等。总体上，人机交互研究的目标是实现直观、自然、高效、稳定且可定制的界面，从而明显缩小完成既定任务时人与计算机、机器或机器人之间的隔阂。

随着技术水平的不断提升，实体按钮的设计渐渐消失，取而代之的是数字化的人机交互，输入交互指令和输出交互反馈的方式向着多样化、多模态发展。例如，通过虚拟按键、手势、语音等方式来操控汽车。与此同时，人机交互界面也将随着 AI 技术的发展，从单一的人到车的指令输入，变成人到车、车到人之间的交互。智能化应用将会越来越多，人机交互的设计也会随之变得更智能、更便捷、更个性化。

2.1.2 传统汽车中的人机交互

汽车发展经历了机械时代、电子时代、智能时代，未来将是高度智能时代，其发展脉络及典型代表如图 2-1 所示。

机械时代（1960 年—1990 年）：座舱产品主要包括机械式仪表盘及简单的音频播放设备，功能结构单一，基本都是物理按键形式，仅可提供车速、发动机转速、水温、油耗等基本信息，无中控显示屏。系统集成度较低，无智能化。

1960年—1990年	2000年—2015年	2015年—现在	未来
/机械时代/	/电子时代/	/智能时代/	/高度智能时代/
1995款BMW 3系E36	2005款BMW 3系E90	2022款高合HiPhi Z	Mercedes-Benz VISION EQS

图2-1 不同发展时期的汽车人机交互界面

电子时代（2000年—2015年）：随着汽车电子技术的发展，座舱产品进入电子时代，装置仍以机械仪表为主，但少数小尺寸中控液晶显示屏开始使用，此外也增加了导航系统、影音等功能，为驾驶员提供较多信息。控制方式多为物理按键，极少数为触屏。系统集成度较低，智能化程度低。

智能时代（2015年—现在）：以大尺寸中控液晶屏为代表率先替代传统中控，全液晶仪表开始逐步替代传统仪表，中控屏与仪表盘一体化设计的方案开始出现，部分车型新增HUD（抬头显示）、流媒体后视镜等，人机交互方式多样化。大尺寸屏显示，多联屏出现，信息娱乐系统功能逐渐丰富。系统高度集成化，智能化程度高。

高度智能时代（未来）：随着高级别自动驾驶逐步应用，芯片和算法等性能增加，座舱产品将进一步升级，一芯多屏、多屏互融、立体式虚拟呈现等技术普及，核心技术体现为进一步集成智能驾驶的能力。智能驾驶与虚拟显示结合，使车内交互进一步向场景化发展，且随着AI技术和相关支撑软硬件技术的发展，车内功能进一步丰富。系统高度集成化，智能化程度极高。

汽车HMI开发的历史表明，新的交互式车载功能（例如信息娱乐系统）的开发受到日常生活习惯的变迁以及新技术发展的双重影响。例如，随着收音机在日常生活中的普遍使用，同类技术向车内延伸，第一台配备了车载收音机的汽车于1924年左右被雪佛兰推出；而电话通信不断融入人们的生活，催生出1952年第一台车载电话。在机械时代，汽车人机交互以实体硬件的形式存在，例如，1965年，摩托罗拉和福特联合开发了安装在中控台上的磁带播放器，人们开始可以在汽车上播放自己喜欢的音乐曲目；到1985年，搭载CD播放器的汽车又横空出世，进一步丰富了中控台的功能。如今，进入互联网大数据时代，车联网、智能汽车的概念逐渐被熟知，汽车不再只是一种代步工具，而逐渐变为人们的移动生活空间[1]。如今，对于音频媒体播放的场景而言，完全基于机械交互的播放器已经逐步从车上消失，取而代之的是网联化数字音乐播放，而诸如语音唤醒、语音歌单搜索、智能推荐播放等功能也已经逐步日常化。

2.2 智能网联汽车人机交互

智能网联汽车（ICV）人机交互，作为我国制造业转型升级战略的一部分，已成为适应科技发展的新领域。吴忠泽在2015年"中国汽车高新技术发展国际论坛"上提出，自动泊车技术、自适应巡航技术、智能互联技术、V2X技术（万物互联技术）、HMI技术是智能汽车的核心技术[2]。这些技术的提出，不仅明确了智能汽车的发展方向，也使得智能网联汽车的人机交互成为近年来的研究热点。然而，随着5G、物联网、人工智能等新兴技术的快速发展，智能网联汽车人机交互的内涵、研究进展和发展前景面临着新的挑战和机遇。对此，国内外学者已经开展了大量的人机交互理论研究和应用研究，但仍需进一步深入探讨[3]，以适应技术发展的新趋势。智能网联汽车作为新一代汽车的代表，其人机交互系统的研究和优化，对于提升用户体验、推动汽车产业的创新发展具有重要意义。

与通用计算机使用场景不同，汽车作为人们移动生活空间，其功能强大的车载系统和自动驾驶技术带来了更智能、更复杂的人机交互关系，因此也更需要贴心、便捷、安全的交互设计[1]。例如，在有关智能网联汽车的研究中，智能网联汽车的最终目标是完全替代人类对汽车的控制权。然而，它现在正处于一个过渡阶段，即从人工驾驶到人机共驾的混合交通阶段。在这一阶段，用户期望智能网联汽车的人机界面（人机交互界面）能够满足个人需求、提供良好的用户体验和符合消费偏好，同时也要处理核心技术可靠性问题。虽然自动驾驶研究领域已经进行了大量的智能车辆或网联车辆人机界面的理论和应用研究，但由于缺乏有针对性的总结，从智能车辆人机界面的角度来看，现有的知识仍存在技术、人为因素问题和未来发展机会等方面的差距。因此，有必要明确人机交互在智能网联汽车中的内涵、研究进展和发展前景。

2.2.1　智能网联汽车人机交互系统概述

智能网联汽车的人机交互系统由硬件和软件两部分组成。硬件系统包括方向盘、制动、仪表盘、中控系统等硬件设备及其物理控制按钮。软件系统是各个硬件系统中的嵌入系统，通过人机交互界面（主要是指液晶仪表、中控大屏等设备的交互信息界面）提供车辆信息、实时路况等行车信息，导航、定速巡航、自适应巡航、自动驾驶等辅助驾驶信息，以及音乐、电台等互联娱乐信息[1]。目前，各大车企都在研发自己的车载系统，如比亚迪的DiLink智能网联系统、华为的鸿蒙车机系统、长安的飞鱼OS（操作系统）、吉利的银河OS、宝马的iDrive以及奔驰的MBUX等，这些系统主要可以分为三类：基于QNX系统的前装车载系统、基于Windows CE系统的传统车载系统及基于安卓系统的新型车载系统[1]，如表2-1所示。

现在几乎所有汽车都配备了智能人机交互系统，多功能的人机交互系统已经不再是高档汽车的标志。独立功能组合是当今智能网联汽车人机交互系统的典型特征，主要应用包括驾驶任务相关的导航系统和非驾驶任务相关的信息娱乐系统等。其中，导航系统通过TMC（交通信息通道）技术将实时交通信息直观展示在地图上，辅助驾驶员规划最佳路线。城市NOA（自动导航辅助驾驶）和城市NGP（智能导航辅助驾驶）作为高级驾驶辅助系统的核心，专注于提升城市驾驶的安全性与便捷性。城市NOA提供从起点到终点的全程导航辅助，利用高端传感器和算法优化城市复杂交通场景的应对策略。随着技术的不断进步，这些系统将在未来实现更广泛的部署。此外，为了提升非驾驶任务的体验，人机交互系统在汽车中集成了丰富的信息娱乐功能，如收音机、音乐和视频播放，同时允许驾驶员通过车载界面轻松调节车内温度、座椅设置和照明等。通过蓝牙技术，驾驶员能够实现免提通话和访问手机数据，如通讯录和音乐库，从而在保障安全的同时享受便捷的信息服务[4]。

表 2-1　国内外部分智能网联汽车人机交互系统

人机交互系统	品牌	功能	互联终端
DiLink 智能网联系统	比亚迪	Di 平台：智能自动旋转 Pad（平板电脑）、智能应用适应、移植手机生态；Di 云：云服务、网联应用、数据应用（能排名服务预约功能）；Di 生态：超级汽车生态、手机生态、智能家居生态、Dicall 救援、客户秘书、Di-Band 智能手环钥匙；Di 开放：开放 341 个传感器、66 项控制权	车载、手机、充电桩、智能家居产品、智能可穿产品等
华为鸿蒙车机系统	华为	电源管理、安全管理、图形、窗口管理、硬件驱动管理、语音、视觉、声音分区、音响音效、触控、车载智慧语音助手小艺（多音区智慧感知、连续对话、全界面可视可说、主动建议）	车载、手机、云端
飞鱼 OS	长安	"AI 小安"智能语音、在线导航、车联网、远程控制（车辆中控锁、发动机启动、空调等）、智能化场景推荐、聚媒体、实时且精准的 LBS（基于位置的服务）、全景化的智能行程管理功能、飞鱼课堂	车载、手机、云端
银河 OS	吉利	开放生态体验与多品牌软件兼容、地图导航、吉利自动泊车辅助（手机生态、遥控泊车）、智能语音系统（语音语义的本地优先仲裁、免唤醒的"主驾极客模式"、真人全景语音抓取）、快捷车控	车载、手机
iDrive 系统	宝马	个人智能语音助理、手势控制、肢体语言识别、语音控制、远程通信、交通流量实时监控、道路指引、防盗追踪、定制化显示	车载、手机
MBUX 系统	奔驰	指纹识别、面部识别、增强现实抬头显示（AR-HUD）的导航系统、多模态交互、屏幕内容独享与共享、智能语音交互、手势控制、裸眼 3D 显示、隐私保护、意图识别、零层级交互	车载、云端

　　智能网联汽车的人机交互技术框架由 3 个层级构成：人、机器和环境，如图 2-2 所示。对于人而言，理解环境元素是建立任务目的和目标的前提。此外，认知环境、了解动机和意图则是其理解环境的基础。最后，人还必须理解机器的预测，以便将自己理解的状态与未来的情况进行对应。为了实现以上人机之间的相互理解，车载交互环境通常采用智能体、中控屏和智能方向盘等交互触点来实现目标。智能体可以感知车外环境并执行操作，例如蔚来的 NOMI 可控制车窗升降、天窗开合、播放音乐、讲笑话或进行对话聊天等。但由于技术限制，全自动驾驶目前还无法实现，因此人机共驾将是智能汽车的主要形式。在人机共驾环境中，提高系统透明度可以为人类和智能体建立共享的感知和共享的驾驶意图提供基础。由于驾驶环境的不确定性以及驾驶员对智能体过度依赖，功能误用可能导致人

图 2-2　智能网联汽车人机交互技术框架

机共驾性能下降。因此，在设计交互要素时，系统透明度与功能安全性息息相关。在这方面，通过展示界面上智能体的驾驶意图，可以提高用户的信任感。此外，用户的情绪状态，无论是兴奋还是愤怒，都会影响驾驶表现。因此，智能体在进行适度调节时应考虑用户的情感状态。

2.2.2　智能网联汽车人机交互界面分类

在从单车智能到智能交通系统转变这一阶段中，用户期望在处理核心技术可靠性问题的同时，智能网联汽车人机交互系统中与用户直接关联的人机界面（人机交互界面）也应满足个人需求、提升体验质量和计算消费偏好。除了常见的车内场景下的人车交互，人机界面系统可能还包括车辆与周围用户的外部交互。在未来高度自动化的道路场景中，外部人机界面对于道路安全和效率也很重要[5]。

智能网联汽车人机界面类型及其相互关系如图 2-3 所示，以下将对主要的几种新型汽车人机界面的类型进行详细的介绍。

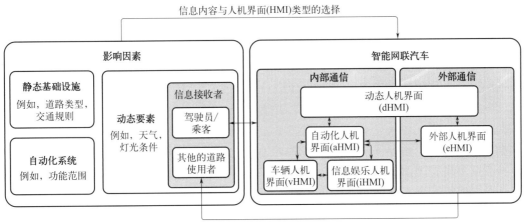

图 2-3　智能网联汽车人机界面类型及其相互关系 [5]

（1）自动化人机界面（automatic human-machine interface，aHMI）

aHMI 包括车辆内部的所有接口，使乘客能够与辅助驾驶系统进行交互。随着自动化水平的提高，自动化系统的范围也会增加，乘客的角色也会发生变化。因此，aHMI 必须将自动化的系统状态透明地传达给乘客，并允许在自动化级别之间安全、高效和舒适地转换。根据自动化水平、交通状况和乘客的不同，乘客在各种驾驶状态（例如疲劳状态）下发生不同的变化，信息需求也存在差异。因此，aHMI 需要同时适应交通环境、乘客状态、信息需求和乘客的个体差异，以确保辅助驾驶系统的安全和乘客对其的信任与接纳。

① 单模态 aHMI 设计。aHMI 中使用的界面元素可以细分为视觉、听觉和触觉元素，其中，单模态 aHMI 设计主要以信息可视化为目标，视觉是主要模态。其中，仪表盘被认为是在自动驾驶中传达系统状态和详细信息的主要交互区域[6]，几乎所有关于自动驾驶的研究都使用了仪表组[7]。此外，抬头显示（HUD）作为传统显示器的扩展，也已被用于自动驾驶，HUD 可以在主视场内通知乘客有关系统状态、新出现的情况和操作的信息，无须乘客眼睛离开道路视野。华为在德国车展 IAA Mobility 2021 上展示了 AR-HUD 方案，将挡

风玻璃变成显示屏，提供道路安全信息和娱乐信息等功能，如图 2-4 所示。此外，挡风玻璃中的 LED（发光二极管）灯带使用颜色编码也可以用来可视化自动化模式[8]。

图 2-4　华为在德国车展 IAA Mobility 2021 上展示的 AR-HUD 方案

② 多模态 aHMI 设计。通过多模态 aHMI 设计能够达成不同的 aHMI 设计目标，例如，视觉 HMI 元素用于监视和传达辅助驾驶系统的状态，而触觉和听觉信号（例如音调）主要用于警告。特别是对于警告（例如在请求干预的情况下），多模态似乎是更有利的，多种感知模式的集成可以使用户拥有更短的反应时间并且更快地感知更多信息[9]。然而由于从触觉或听觉到视觉的交互，信息量是增加的，这使得感知延迟时间也呈增加的趋势。因此，有效的车内多模态 aHMI 设计，需要以人机工程学、心理学等知识为依据，根据车内任务合理选择关联模态，并遵循一定的设计原则。例如，由于警示音能被快速感知，因此在表达请求接管干预时，通常选择采用警示音而非人类自然语言；在要求干预自动驾驶期间的触觉警告主要是通过驾驶员座椅的振动来实现，但是这种警告不是单模态的，大多都集成到了多模态 aHMI 中[10]。在设计和研究中，重要的是要考虑如何将大量不同的 aHMI 交互模态组合成一个整体概念，以满足 SAE 和乘客角色对各种自动化水平的要求。其中，必须特别关注自动化级别 4 和 5，因为迄今为止，针对高级别自动驾驶的研究及界面适配依然不足。在量产车中使用自动驾驶会产生长期影响，要注意 aHMI 的个性化适配，需要随着时间的推移对 aHMI 进行适应乘客个体差异的优化调整[11]。

(2) 车辆人机界面（vehicle human-machine interface，vHMI）

vHMI 是能够显示车辆状况的信息以及进行车辆设置的人机界面。与密切相关于车辆自动驾驶系统的 aHMI 不同，vHMI 代表车辆内部的 HMI，并不依托于车辆的自动化水平。vHMI 需要通过视觉或听觉传达车辆信息：听觉元素主要包括警告音，如胎压下降；视觉元素主要包括位于仪表盘中驾驶员的直接视野中的控制灯，如低燃油容量或发动机故障（如图 2-5 所示）。空调系统等设置位于中控台中，因此前排乘客也可以对其进行操作[12]。新的交互技术，例如手势和语音控制为操作 vHMI 提供了全新的可能性，如图 2-6 所示，但要注意 vHMI 元素的采用，需要满足其法律法规的最低要求。

(3) 信息娱乐人机界面（infotainment human-machine interface，iHMI）

iHMI 旨在实现超越经典信息娱乐产品（收音机和电话）的非驾驶相关活动（non-driving related activities，NDRA），并在使用期间保证驾驶安全[13]。已经有研究表明，乘客希望参与听觉 NDRA（如在自动驾驶期间与乘客交谈、听音乐、打电话），以及视觉 NDRA（如观看周围环境、在平板电脑上观看视频和使用手机进行阅读或写作）。具备更高自动化级别（SAE 3 至 5 级）的智能网联汽车乘客，不再需要对高级驾驶辅助系统（ADAS）进行持续监控，可以参与更多的视觉 NDRA。不仅能通过中控显示屏进行交互，还会引入智能手机和平板电脑等便携式设备作为交互元素。

图 2-5　vHMI 提示低燃油容量或
发动机故障

图 2-6　拜腾概念电动车 CES，通过手势和
语音控制来操作 vHMI

如果将视觉 NDRA 布局在仪表盘或中央控制台（中控）的显示屏上，它们会与 aHMI 争夺空间和演示资源。因此在设计中，必须确保 aHMI 和 iHMI 之间的协调，以便在请求驾驶员干预或驾驶员发起接管后，将乘客舒适、安全地引导回车辆控制回路，并确保可控性。特别需要注意的是，在目前的设计中，由乘客带入车辆的移动设备尚未被视为 HMI 元素，这成为了未来要面临的人机交互设计上的挑战。

（4）外部人机界面（external human-machine interface，eHMI）

eHMI 是安装在车辆外表面或从车辆外表面伸出的人机接口，常见类型有听觉 eHMI 和视觉 eHMI。其中，指示灯和刹车灯是法律要求的 eHMI，并且高度标准化。通过 eHMI，智能网联汽车与其他道路使用者（如行人、自行车等）通信并提供有关自动驾驶状态或其行为的信息。在交通电气化的背景下，尤其是在低速行驶情况下，智能网联汽车基本以混合电动或纯电动汽车的形式出现，其发出的噪声远低于配备内燃机的车辆。由于缺少发动机声音，使得在智能网联汽车接近行人场景中，行人感知到更安静的智能网联汽车比配备内燃机的车辆更晚，形成较差的可感知性，给行人尤其盲人或视力受损的行人，带来更高的碰撞风险。为了解决这一安全问题，听觉 eHMI 通过支持电动 AV（自动驾驶汽车）和 VRU（弱势道路使用者）之间的通信，提供一定的帮助。

目前，eHMI 没有明确的设计标准，还需要回答一些开放性问题，例如：eHMI 应该使用哪种界面？eHMI 应该使用哪种颜色？eHMI 应该安装在哪里？图 2-7 展示了视觉 eHMI 的不同类别，分别为"通过光模式进行通信的灯带""显示文本或符号的显示器"以及"激光投影将 eHMI 的信息投射到街道上"。根据 eHMI 类型，可以向接收者传输不同数量的信息和语义。eHMI 设计可繁可简，简洁化的 eHMI 如图 2-7（a），为通过从灯带的一侧运行到另一侧或通过闪烁进行通信。当要传达高密度的信息，可采用投影和显示器，因为这些界面可以设计得非常详细。如图 2-7（b）为通过 eHMI 将车辆标记为"正在自动驾驶模式中"或"请通行"，传达具体的自动驾驶状态和指示信息。如图 2-7（c）为车辆通过激光投影在地面形成人行斑马线图案，引导行人从智能网联汽车前方通行。

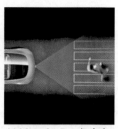

(a) Mercedes-Benz在车上放置青色　　　(b) Smart EQ概念车显示　　　(c) Mercedes-Benz概念车
　　　　　LED灯带　　　　　　　　　　"go ahead"（前进）文本　　　　激光投影人行道

图 2-7　不同类型的视觉 eHMI 案例

通过 eHMI 研究自动驾驶汽车与行人和其他道路使用者的通信，有利于减少道路使用的冲突。人车通信方面，通过 eHMI 进行通信（如 AV 通过 eHMI 显示其让步的意图），提高行人的安全感和过马路时的舒适度。如果自动驾驶汽车放弃通行权，eHMI 可以减少行人过马路的时间。"车 - 车"通信方面，eHMI 已被用于在道路狭窄处协商通行权，增加了交通流量和安全性，例如在窄路场景中自动驾驶汽车和手动汽车司机之间的交互。其他应用场景是自动驾驶汽车已经静止或移动缓慢且无法再通过其动态进行通信的情况（例如窄桥会车），这时也可以通过 eHMI 进行外部通信来解决问题。

（5）动态人机界面（dynamic human-machine interface，dHMI）

dHMI 是一种遵循车辆动力学原理的人机界面，它具备功能性，并用于与道路使用者（如行人、其他车辆等）进行非语言交流。dHMI 描述了智能网联汽车有意识或无意识地向乘客和周围道路使用者传达的车辆动力学信息。这些信息包括车辆的平移动力学（如速度、横向和纵向加速度）以及旋转动力学（如车辆底盘的主动俯仰或侧倾运动）。尽管行人在常见的场景中无须学习就能理解其传达的信息并进行交流，但由于 dHMI 涵盖的车辆动力学信息存在较多复杂情况，因此在设计智能网联汽车时，必须考虑如何有效地表征这些动力学信息。人类驾驶员使用有目的的车辆运动来传达意图，并与他人协商和合作。例如，在窄路场景中，驾驶员使用进攻性和防御性驾驶策略来传达他们的意图，表明是他们先走还是让其他司机通过。此外，行人也会根据车辆的运动来判断驾驶员的情绪和性格。在行人过马路期间，车辆的运动为行人提供了足够的信息来决定是否可以安全过马路。

从智能网联汽车的外部通信角度来看，汽车必须能够清晰地向行人和其他车辆传达其意图，以确保在混合交通环境中实现安全且舒适的交互。然而，在手动或部分自动驾驶中，车辆的意外运动行为可能导致行人和其他道路使用者误判其意图。因此，为了在自动驾驶中替代人类驾驶员的行为，必须设计一个周全的动态人机界面（dHMI），它需要全面考虑车辆运动通信的各个方面，并与现有研究结论相一致。以智能网联汽车的礼让或变道意图为例，不同的运动设计参数及其组合（如速度、减速开始时机和减速率）会影响行人和其他车辆对这些意图的理解时间和接受度[14]。在变道和并道期间，智能网联汽车对人类驾驶员变道提醒的反应以及对合作意愿的感知，受到自动驾驶系统的反应时间和车辆动力学性能（如减速率和减速量）的影响。基于此，智能网联汽车需要清晰地传达其变道意图，并在其他驾驶员想要并入车道时表达合作意愿。

除了外部通信，dHMI 还可以作为将智能网联汽车的意图传达给乘客的新渠道。研究表明，在部分自动驾驶中的车道变换操作中，可以通过主动俯仰和侧倾运动向乘客反馈系统状态和即将进行的行为信息[15]。如果驾驶员不再负责监督系统，dHMI 的接受度可能会降低。因此，乘客对 dHMI 的接受程度取决于他们对驾驶任务的参与程度，这又与自动化系统的功能范围密切相关。

总之，dHMI 是在许多不同情况下与乘客和周围道路使用者进行通信的强大界面。即使智能网联汽车由不同的设计师和工程师设计，其驾驶动态仍然是可交流的。在设计智能网联汽车人机交互策略时考虑 dHMI 是至关重要的，尤其需要考虑驾驶参数与乘客和周围道路使用者的个人因素之间的相互作用。充分发掘 dHMI 在人机交互设计上的潜力，探讨其如何与其他 HMI 结合，例如考虑匹配 dHMI 和视觉 eHMI，有望实现一种整体通信策略。图 2-8 展示了高合 HiPhi X 智能交互灯系统，它将 eHMI 与 dHMI 相结合，以实现与乘客和周围道路使用者的通信。

图 2-8　高合 HiPhi X 智能交互灯系统

2.2.3　智能网联汽车人机交互设计的基本特征

(1) 动态化的任务场景

智能网联汽车作为一种移动交通工具，在使用中始终处于时刻变化的动态环境。因此，智能网联汽车人机交互与其他交互系统的最根本区别在于其动态使用环境会造成交互内容随时变化，导致用户接受信息的流动性和不确定性。例如，汽车进出隧道过程中环境光线发生变化，进入闹市区时声音条件发生变化，这些光线、噪声的变化均会影响人与系统的交互过程。光照强烈时中控屏幕反光现象严重，此时屏幕上按钮触发器的位置识别受到影响；噪声增加时，系统重要声音反馈可能会被环境声音遮盖。此外，路况和路面指示牌的变化也会引起驾驶员与车辆的交互行为的变化。因此，智能网联汽车的人机交互设计应当具有高度适应性，能够适应车载交互的动态化任务场景，或能够在环境发生变化时快速作出调整。

(2) 安全性导向的设计原则

智能网联汽车的交互任务比一般 C 端（个人用户端）产品更为复杂，且交互环境更加立体，这增加了设计难度。并且汽车设备的位置固定，限制了用户的交互半径，因此设计师需要合理规划交互空间，确保设备功能分布得当。因此，确保安全性成为智能网联汽车交互设计的首要原则。在近期研究中，安全性、效率和便利性是有关智能网联汽车的三个关键问题。根据美国国家公路交通安全管理局的报告，2021 年美国有 42915 人在交通事故中丧生，与 2020 年同比上升 10.5%，年增幅指数自 1975 年来最高。根据中国交通运输部发表的数据显示，交通拥堵带来的经济损失占城市人口可支配收入的 20%，相当于每年国内生产总值（GDP）损失 5%～8%，每年达 2500 亿元人民币。此外，日常生活中，路况和风险往往具有不确定性，为了方便车辆驾驶员的驾驶，智能网联汽车需具有长期的高水平策略以及通过交互灵活调整的能力，从而充分利用有限的道路资源，避免驾驶中不合理的争抢或拥堵[16]。

智能网联汽车消费者对新技术和新交互方式的安全性和可靠性抱有合理的顾虑。触屏操作的延迟和漂移、中控屏幕在碰撞中的易碎性，都是技术需要改进的地方。在高级别自动驾驶全面实现之前，驾驶任务仍是主要的注意力焦点，而用户对车机任务的操作只能是有限的和短暂的。因此，智能网联汽车的人机交互设计需要考虑暂态非沉浸式操作的特点，避免次要任务与主要任务的冲突，缩短认知时间，降低学习成本。例如，特斯拉允许在特定条件下（如车速为 0 时）使用某些功能，这体现了对交互设计原则的重视。

以安全性为导向，智能网联汽车的交互设计需要考虑不同场景下的使用需求，尤其是当多个报警信息同时出现时的显示方式和优先级。研究显示，驾驶员在驾驶过程中主要的视觉注意力资源（60% ～ 70%）用于车辆行驶，因此在设计中必须高效管理信息，提高界面易用性，降低用户的认知负荷。设计应避免系统操作过度占用用户的注意力资源，保证驾驶员对意外事件的处理能力，确保行车安全[1]。

(3) 低负荷为目标的交互方式

与其他机器设备不同，智能网联汽车提供了一个多任务并行的用户活动空间，如驾驶、听音乐、调节温度等。为了避免单一通道的认知负荷过载，智能网联汽车通常采用多通道融合的交互方式，使用户能够全方位、立体地感知和操作产品。在设计中，应根据交互任务的优先级顺序分配注意力资源，确保高优先级任务的流畅进行。例如，在驾驶中，道路监控和车道保持任务占用了主要视觉通道资源，此时操作中控屏幕设置导航信息会导致驾驶员视线偏移，影响驾驶表现。眼动、手势和语音交互在不同驾驶场景下对用户交互任务的完成时间、认知负荷、舒适度有不同影响，设计时应尽可能降低用户认知负荷，简化交互过程。

2.2.4 智能网联汽车人机交互设计趋势

(1) 趋势一：个性化

近年来，智能网联汽车的核心技术在可靠性和技术效能方面取得了显著进展，同时，用户的个人需求、体验质量和消费偏好也日益受到关注。智能网联汽车正向个性化交互设计迈进，利用数据分析、AI 和多模态交互技术为用户定制服务。例如，华为鸿蒙车机系统通过多屏控制提供个性化娱乐，比亚迪 DiLink 系统的开放性满足用户个性化应用需求，百度 CarLife 实现跨平台车联网服务，斑马系统整合互联网服务扩展个性化选项，问界系列车型的鸿蒙系统支持智能家居控制，别克 eConnect 3.0 的车载互联和 OTA 升级实现个性化交互。

智能网联汽车的个性化交互发展相对缓慢，主要原因在于汽车行业适应消费电子市场的个性化趋势存在滞后。与智能手机等相比，车辆的 HMI 系统具有更长的使用寿命，这就要求厂商提供更优质的系统升级和售后支持，以适应用户的个性化需求。技术的进步和以用户为中心的解决方案有望推动用户通过个性化系统来表达自我。随着第三方供应商的加入，原始设备制造商可能需要开放系统，共享信号和接口，以增强交互的个性化体验。

智能网联汽车的 HMI 系统正朝着个性化方向发展，数字仪表组的定制和换肤只是基础。当前，个性化 HMI 正在形成，实现了与移动设备和互联网的持续连接，并通过云应用进行功能扩展。HMI系统将具备动态自适应能力，能够根据驾驶员的行为和需求进行个性化调整。同时，随着使用场景的多样化，汽车中的安全功能和自动驾驶技术将变得更加关键。

此外，在实现个性化交互的过程中，数据分析技术和人工智能技术是不可或缺的。通过对用户的行为、偏好、习惯等数据进行分析，可以更好地理解用户的需求，从而提供更加贴心的服务。人工智能技术可以实现对用户需求的智能判断和响应，通过机器学习、深度学习等技术，让车辆更好地理解用户的语音和手势指令，并提供更加便捷的交互方式。同时，多模态交互技术也是实现个性化服务的重要手段，通过语音、手势、触屏等多种方式，让用户与车辆进行更加自然的交互。本书第4章详细介绍了智能网联汽车个性化设计的相关方法和实践案例，有助于加深对此的认识和理解。

(2) **趋势二：信息娱乐**

注重娱乐是未来智能网联汽车交互设计的重要趋势之一。随着这一趋势的发展，用户期望能够超越汽车的物理边界，随时随地与信息娱乐系统交互，例如在度假时通过智能手机检查车辆状态。这种期望促使原始设备制造商朝着信息娱乐方向发展，包括相关的应用程序、网站等，从而为未来用户提供整体品牌体验。为满足这些用户期望，通过实施可下载内容和外观更新的技术，原始设备制造商可以采用一种更注重主要功能的方法，通过直接用户交互来保持最新的对话设计和控制模式。自然语言识别技术的应用使系统设计人员能够创建更自然的"用户-机器"对话，将自然语言语音命令和触摸板手势与系统的连贯视听反馈相结合，从而将汽车中的人机交互提升到一个新的水平。

车载信息娱乐的未来场景已经可以想象，但是与之相关的合法性和责任问题仍然是待解决的，这些问题是实现未来场景的关键障碍。只有明确这些法律基础并解决驾驶员分心问题，才能将新功能集成到信息娱乐系统中。此外，需要明确的法律指令，来准确定义信息娱乐系统的哪些功能在哪些特定驾驶条件下可供哪些车辆乘员使用。本书第5章详细介绍了智能网联汽车信息娱乐设计的相关方法和实践案例，有助于加深对此的认识和理解。

(3) **趋势三：互联服务**

互联服务作为智能网联汽车人机交互设计的重要趋势之一，预示着车辆将不再仅是单纯的交通工具，而是演变为一个高度综合的服务平台。智能网联汽车将深度整合智能导航、在线娱乐、远程控制和车联网等互联服务，为用户提供一个无缝连接的智能出行生态。在这一过程中，交互设计将被赋予前所未有的重视，其核心在于提供方便、快捷且充满人性化的体验。通过集成先进的语音助手、精准的手势识别和直观的触屏显示等技术，智能网联汽车将能够以更自然、更直观的方式与用户进行交流，极大地提升用户的满意度和使用体验。以华为问界M9为例，其搭载的HarmonyOS智能座舱系统不仅实现了与手机、智能家居等设备的无缝互联，还构建了一个丰富的应用生态系统。该系统通过智慧导航、智能语音交互以及安全辅助驾驶功能，为用户提供了全方位的智能出行解决方案。本书第6章将详细介绍智能网联汽车互联服务设计的相关方法和实践案例，有助于读者深入理解互联服务在人机交互设计中的应用。

2.3　多学科交织的智能网联汽车人机交互设计

智能网联汽车人机交互设计是一个多学科交叉的复杂领域，它结合了认知心理学、人因工程学、交通工程学、信息技术、软件工程和工业设计等多个学科的理论和技术。尽管目前智能网联汽车的工程技术研究已相对成熟，但人因工程和用户体验方面的研究仍然处于起步阶段。该领域还缺乏统一的研究和设计标准，设计过程在很大程度上依赖于设计师的个人经验和现有的计算机 / 网页交互设计原则。

为了提升用户体验，智能网联汽车的人机交互设计不仅需关注汽车造型和界面设计，还应综合考虑服务设计等多维度因素。设计师在设计过程中必须考虑用户的感知和认知特性、人的生理和心理特征、交通环境以及车辆的技术特性等多重因素。这要求设计师在多学科的知识背景下，进行综合性的思考和创新，以实现更安全、高效和舒适的智能网联汽车用户体验。下面是智能网联汽车人机交互设计的多学科属性的一些例子：

① 认知心理学：认知心理学在智能网联汽车人机交互设计中的作用主要是帮助设计师理解用户的认知过程和行为模式，从而优化交互设计。例如，通过研究用户的信息处理特点，设计出能够减少用户认知负荷的交互方式；通过研究用户的注意力分配规律，设计出符合用户注意力特点的界面布局。

② 体验心理学：体验心理学在智能网联汽车人机交互设计中发挥着关键作用，它通过深入分析驾驶者的认知、行为和情感需求，指导设计师开发出更安全、高效且具有情感吸引力的交互界面。该领域的研究有助于管理驾驶者的认知负荷、提升操作直观性、增强个性化体验，并确保无障碍使用，从而优化驾驶安全和提升用户满意度。

③ 人类工效学：人类工效学在智能网联汽车人机交互设计中的作用主要是帮助设计师优化人机交互系统，提高用户的工作效率和舒适度。例如，通过研究驾驶员的视觉注意力分布规律，设计出符合驾驶员注意力特点的车载显示器；通过研究驾驶员的视觉跟随特点，设计出能够减少驾驶员视觉疲劳的交互方式。

④ 交通工程学：交通工程学在智能网联汽车人机交互设计中的作用主要是帮助设计师了解道路交通规律和驾驶员行为特征，从而设计出符合交通规律和驾驶员习惯的交互方式。例如，通过研究驾驶员的行为特点，设计出符合驾驶员习惯的交互方式，从而减少驾驶员的注意力分散和疲劳。

⑤ 人因工程学：人因工程学在智能网联汽车人机交互设计中的作用主要是帮助设计师了解人类、机器和环境三个方面之间的协同作用，从而设计出符合人机协同需求的交互方式。例如，通过研究人机协同需求，设计出能够有效支持驾驶员决策和操作的交互方式。

⑥ 信息技术：信息技术在智能网联汽车人机交互设计中的作用主要是帮助设计师了解各种信息技术的应用特点，从而设计出符合技术应用场景的交互方式。例如，通过研究人工智能的应用场景，设计出能够支持智能决策和自动化操作的交互方式。

⑦ 软件工程：软件工程在智能网联汽车人机交互设计中的作用主要是帮助设计师理解软件系统的开发流程和组件间的关系，从而设计出易于开发、维护和扩展的交互系统。例如，通过研究软件系统的开发框架和开发语言，设计出易于集成各种组件和扩展的交互系统。

⑧ 工业设计：工业设计在智能网联汽车人机交互设计中的作用主要是帮助设计师从美学、人机工程学和制造工艺等多个角度考虑产品设计，从而设计出符合美学、人机工程学原理和制造工艺的车载交互系统。例如，通过研究产品的使用场景和用户需求，设计出符合用户偏好和审美的车载交互系统；通过研究产品制造工艺，设计出易于制造和组装的车

载交互组件。

总的来说，认知心理学和体验心理学是智能网联汽车人机交互设计的重要参考学科。设计师需要考虑用户接受度、用户体验、交互质量等因素。例如，设计师需要考虑用户的需求、期望和反应，并基于这些因素设计智能网联汽车的交互界面和交互方式。这些因素与社会学、心理学等学科的相关理论有着密切的关系。同时，设计师还需要考虑交互的自然性、人车协作和态势感知等因素，以衡量交互的质量，这部分的内容与行为学有着较强的关联。关于智能网联汽车人机交互质量的度量维度及方法，在本书第7章有详细阐述。

在实际的设计过程中，控制权限、界面设计、过渡期和策略、驾驶员随时间的表现、次要任务的安全影响、情境意识、驾驶员接受度和信任度、驾驶员培训和系统评估工具等都是需要考虑的具体问题。例如，设计师需要设计出一个易于控制的交互界面，使驾驶员能够更容易地掌握车辆的控制权；需要考虑过渡期和策略的设计，以确保驾驶员在切换模式或控制模式时不会感到困惑或不安；需要考虑如何提高驾驶员对系统的接受度和信任度，以便驾驶员能够更好地使用智能网联汽车系统。其中具体理论及方法在第3章有详细阐述。

因此，智能网联汽车人机交互设计是一个复杂的、跨学科的系统化思维过程。设计师需要结合多个学科领域的基础理论和知识，综合考虑用户需求、系统功能和技术实现等因素，以达到最终的设计目标，即设计出具有高接受度、良好体验、高交互质量的智能网联汽车人机交互系统。其中包含的设计理论与方法，在本书后续第4～6章有详细介绍和阐述。

参考文献

［1］何珂言，郁淑聪，孟健. 智能网联时代的汽车交互设计［J］. 汽车与配件，2019（15）：78-79.

［2］吴忠泽. 智能汽车发展的现状与挑战［J］. 时代汽车，2015（7）：42-45.

［3］YANG L，LIU S. Analysis on the Development Status of ICV［C］//2021 International Wireless Communications and Mobile Computing（IWCMC），2021：2153-2156.

［4］SCHMIDT A，PFLEGING B. Automotive User Interfaces［J］. Information Technology，2012，54（4）：155-156.

［5］TAN Z，DAI N，SU Y，et al. Human–Machine Interaction in Intelligent and Connected Vehicles：A Review of Status Quo，Issues，and Opportunities［J］. IEEE Transactions on Intelligent Transportation Systems，2022，23（9）：13954-13975.

［6］FEIERLE A，BÜCHERL F，HECHT T，et al. Evaluation of Display Concepts for the Instrument Cluster in Urban Automated Driving［C］//Human Systems Engineering and Design Ⅱ. Cham：Springer International Publishing，2020：209-215.

［7］PETERMEIJER S M，DOUBEK F，DE WINTER J C F. Driver response times to auditory，visual，and tactile take-over requests：A simulator study with 101participants［C］//Proceedings of the IEEE International Conference on Systems，Man，and Cybernetics（SMC 2017）. IEEE，2018.

［8］YANG Y，KARAKAYA B，DOMINIONI G C，et al. An HMI Concept to Improve Driver's Visual Behavior and Situation Awareness in Automated Vehicle［C］//2018 21st International Conference on Intelligent Transportation Systems（ITSC），2018：650-655.

［9］SCHMID M，MAIER T. Technisches Interface Design［M］. Heidelberg：Springer，2017.

［10］KALB L，STREIT L，BENGLER K. Multimodal Priming of Drivers for a Cooperative Take-Over［C］//2018 21st International Conference on Intelligent Transportation Systems（ITSC），2018：1029-1034.

［11］ CARSTEN O, MARTENS M H. How can humans understand their automated cars? HMI principles, problems and solutions［J］. Cognition, Technology & Work, 2019, 21 (1): 3-20.

［12］ WINNER H, HAKULI S, LOTZ F, et al. Handbuch Fahrerassistenzsysteme: Grundlagen, Komponenten und Systeme für aktive Sicherheit und Komfort［M］. Wiesbaden: Springer Vieweg, 2015.

［13］ HECHT T, FELDHÜTTER A, DRAEGER K, et al. What Do You Do? An Analysis of Non-driving Related Activities During a 60 Minutes Conditionally Automated Highway Drive［C］//Human Interaction and Emerging Technologies. Cham: Springer International Publishing, 2020: 28-34.

［14］ BEGGIATO M, WITZLACK C, KREMS J F. Gap Acceptance and Time-To-Arrival Estimates as Basis for Informal Communication between Pedestrians and Vehicles［C］//Proceedings of the 9th International Conference on Automotive User Interfaces and Interactive Vehicular Applications. Oldenburg: ACM, 2017: 50-57.

［15］ CRAMER S, KAUP I, SIEDERSBERGER K H. Comprehensibility and Perceptibility of Vehicle Pitch Motions as Feedback for the Driver During Partially Automated Driving［J］. IEEE Transactions on Intelligent Vehicles, 2019, 4 (1): 3-13.

［16］ ZHAO C, LI L, PEI X, et al. A comparative study of state-of-the-art driving strategies for autonomous vehicles［J］. Accident Analysis & Prevention, 2021, 150: 105937.

第3章
智能网联汽车人为因素及其设计

智能网联汽车的人为因素指在人机交互系统设计过程中，应考虑到的驾驶员和乘客的个人特点、需求、行为、认知、情感等因素[1]。为了确保智能网联汽车的交互能够得到用户的认可和接受，并提高自动化信任，人为因素的重要性不可忽视。

3.1 智能网联汽车的人为因素分类及其特征

在智能网联汽车的人机交互设计中，设计师需考虑影响用户体验和交互效果的多种人为因素，如感知、信任和接受度等[1]。这要求设计师不仅充分理解社会行为和心理层面的因素，还要通过差异化设计满足不同用户的需求，以提升使用体验和满意度。此外，设计师应与用户持续互动，收集反馈，不断改进和优化交互体验。

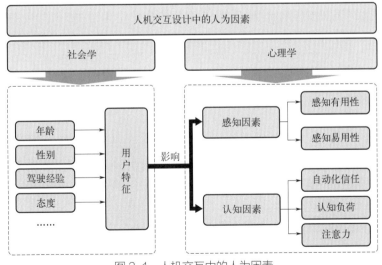

图 3-1　人机交互中的人为因素

人为因素可以从不同学科领域的角度进行分类，包括心理学、社会学、工程学等[2]。

对于智能网联汽车的人机交互而言，人为因素主要源自社会学和心理学[3]。从社会学的角度来看，社会因素主要决定了用户的特征[2]。从心理学的角度来看，人机交互设计中的人为因素可以被分为感知因素和认知因素，如图 3-1 所示。通常认为，认知因素中的社会属性与心理属性之间同样存在作用关系[4]，个体的社会特征很大程度上决定了他们看待和理解世界的方式，而这种方式进一步影响了他们的感知和认知[5]。从社会行为与人类心理两方面出发，人机交互设计中的人为因素可以进一步分为以下几类：

(1) 用户特征

从社会学的角度来看，用户的特征由社会环境和文化背景所决定。社会环境包括家庭、教育、职业、社交圈等因素，这些因素会对个体的认知和行为产生深远的影响。文化背景则涉及个体的语言、宗教信仰等因素，这些因素也会影响个体的价值观、思维方式、行为准则等方面[6]。这些用户特征在一定程度上塑造了用户的感知、认知、行为和偏好。在设计领域中，用户特征具有极为重要的影响，尤其在人机交互设计中，应该充分考虑用户特征，通过了解用户的个性、背景和使用习惯，为用户提供更个性化和人性化的交互界面和功能，设计符合用户需求和习惯的界面和交互方式，提高用户体验和系统的可用性。通过提高用户对智能网联汽车的满意度和信任度，可以提高用户的使用意愿和体验。

(2) 感知因素

感知因素是指影响个体对外界信息感知的各种因素。在心理学中，这个概念涉及多个细分领域，包括生理心理学和社会心理学等[7]。社会心理学研究人类在社会活动中的心理过程和行为，探究人们是如何感知和理解自己以及机器的行为和情感的。这种研究在设计和开发用户友好的人机交互系统中非常重要，因为它可以帮助我们更好地了解用户的需求和期望，从而设计出更符合用户需求的界面、交互方式和功能。感知因素包括个体对外界信息的选择、注意力、记忆、知觉、情感等方面的影响[1]。个体的选择和注意力会影响个体所关注的信息和感知效果；记忆和知觉影响信息的储存和理解；情感则会影响个体对信息的态度和反应。

在设计领域，感知因素主要用于对人机交互界面的视觉、听觉、触觉等主观体验进行评估。这种评估结果直接影响着用户对人机交互的接受程度[7]。目前，相关研究内容主要包括感知易用性和感知有用性等。感知易用性是指用户使用系统的便捷程度和效率，如界面的简洁性、可操作性和反应速度等。感知有用性是指用户对系统的价值和贡献的认知和评估，如功能的完备性、性能的稳定性和准确性等[8]。

(3) 认知因素

认知心理学是心理学的一个具体分支，研究人类感知、处理和利用信息时所涉及的心理过程和机制[9]。从心理学的角度来看，认知因素包括注意力、记忆、理解、推理、解决问题、学习和语言等方面[10]。注意力是指个体能够选择性地关注和集中精力处理重要信息的能力，对于完成复杂任务和提高工作效率至关重要。记忆是指个体对经验和知识的保持和再现能力，包括短期记忆和长期记忆。理解、推理和解决问题是指个体对信息进行加工和分析，从而理解信息的含义、推断未知信息并解决问题的能力。学习是指个体通过经验和知识的积累，逐渐形成新的能力和技能。语言是人类交流的基础，语言理解是指个体通过接收和加工语言信息，理解语言的含义和语境。在人机交互设计领域中，对认知因素的理解和应用十分重要。设计师需要了解用户的认知能力和心理过程，以便设计出更符合用户认知特征的界面和交互方式，提高用户的工作效率和体验。

智能网联汽车人机交互设计领域内的认知因素主要包括认知负荷、注意力和自动化信任等[11]。认知负荷是指用户对智能网联汽车的信息处理和决策需求的认知和压力，受到界面信息的呈现和交互方式的设计等方面影响；注意力是指用户在使用智能网联汽车时的注意力和专注度，可通过避免信息过载和干扰等方式提高；自动化信任是指用户对自动化系统的可靠性、安全性和透明度等方面的信任程度。这些认知因素相互作用，共同影响个体的信息处理、认知和决策过程，对人类行为和决策产生重要影响。设计师需要根据用户的认知能力和习惯，设计合理的信息呈现方式和交互流程，降低用户的认知负荷和注意力分散，同时提高自动化系统的可靠性和透明度，增强用户对系统的信任程度。

3.2 用户特征——智能网联汽车人机交互设计的基础

3.2.1 用户特征的类别与特点

用户特征涵盖用户个人属性以及心理因素的影响，包括年龄、性别、驾驶经验、态度等方面。其作为一种用户信息的标签化，是对目标用户客观特征的描述。用户特征分类如图 3-2 所示，这些特征在一定程度上决定了人们接受智能网联汽车的程度和方式。

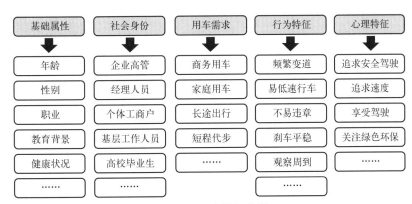

图 3-2　用户特征分类

① 基础属性：用户的基础属性是指用户的年龄、性别、职业、家庭状况、教育背景、健康状况等客观特征。这些特征不受主观情绪的影响，是用户的自然属性和社会属性。基础属性是其他用户特征的影响因素之一，例如性别和年龄特征影响用户的心理和行为特征：大多数男性用户更追求驾驶速度感、控制感，享受驾驶过程，而女性用户则偏向安全的驾驶，往往以更低的速度行车；年轻用户更愿意接受新的驾驶方式，而老年用户则不太愿意接受。基础属性主要用来框选待调研的目标用户范围[12]。

② 社会身份：用户的社会身份是指用户在社会中所扮演的角色，如企业高管、个体工商户、高校毕业生等。在整个社会中，每个人都扮演多重身份，一个人的社会身份随着时间与处境发生变化。用户的社会身份特征会对用户的行为特征和心理特征产生一定的影响，例如用户由于社会身份的改变，会产生不同用车需求，分析用户的社会身份特征可以挖掘出更准确的目标用户。

③ 用车需求：用车需求涵盖了商务用车、家庭用车、长途出行、短程代步等多个方

面。其人机交互设计应关注用户体验、安全性、灵活性，考虑不同交互方式和系统集成，以提升用车体验。例如，商务用车需要高效的导航、通信和办公功能，家庭用车注重舒适性和便利性，长途出行需要舒适的座椅和娱乐设施，短程代步则更注重简洁明了的界面和操作方式。因此，设计应综合考虑用户用车需求，以满足不同用户要求。

④ 行为特征：行为是指受思想控制而表现出来的外在活动。心理学家库尔特·勒温认为人的行为是心理和环境相互作用的结果，并据此提出了行为学公式：$B = f(PE)$。其中 B 代表行为，f 是指函数关系，P 是指个人的心理因素，E 是指全部的对心理场的解释环境[13]。即人的行为特征受人的心理与环境两个因素的影响，因此在分析用户的驾驶特征时也要考虑环境因素的影响。

⑤ 心理特征：心理特征是指在智能网联汽车使用中体现出的个体心理倾向，包括对安全的追求、对速度的追求、对驾驶的享受以及对绿色环保的关注等，它的形成受年龄、性别、职业等很多因素的影响。在感性消费时代，用户更加注重出行过程带来的满足感。不同心理特征的用户在使用智能网联汽车时，对人机交互设计有不同的期望和需求，通过分析目标用户的心理特征可以明确目标用户的需求，设计出符合用户心理预期的汽车。

3.2.2 在设计中应用用户特征

用户特征对智能网联汽车人机交互设计具有重要的影响。根据 3.2.1 节中对于用户特征的描述，基础属性是用户的自然属性和社会属性，对其他用户特征产生一定的影响，例如性别特征影响用户的行为特征和心理特征。社会身份是指用户在社会中所扮演的角色，分析用户的社会身份特征可以挖掘出更多的目标用户。贴合用车需求的设计有利于用户对智能网联汽车消费意愿的增强。行为特征是受思想控制而表现出来的外在活动，分析用户的行为特征时要考虑环境因素的影响。心理特征是用户稳定表现出来的心理特点，它的形成受年龄、性别、职业等很多因素的影响。因此，在进行智能网联汽车设计时，需要充分考虑用户特征对设计的影响，以满足不同用户的需求。

通常情况下，在进行智能网联汽车人机交互设计时，用户特征会是设计者率先考虑的人为因素，以便有效地进行产品设计要素配置，提升用车体验。其中，用户特征属性分析是了解用户需求、用车动机和提高智能网联汽车交互体验的关键环节。

图 3-3 是一种以用户特征分类为基础的智能网联汽车人机交互设计策略。进行有效的

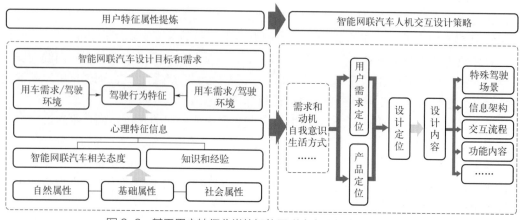

图 3-3　基于用户特征分类的智能网联汽车人机交互设计策略

人机交互设计，需要充分考虑用户的需求和行为特征，通过分析用户的基础属性、使用态度、相关知识经验等因素，以了解用户的需求和行为。在人机交互设计中，通过用户特征属性提炼，可以更准确地分析用户的用车需求和动机，以及用户的自我意识和生活方式等特征，有助于预测特定用户群体的需求定位与智能网联汽车产品定位。根据设计定位，详细分析用户对智能网联汽车功能的目标与需求，进而制订出相应的策略，以此作为提高特征用户智能网联汽车人机交互体验的指导。

3.3 智能网联汽车感知因素及其应用

感知因素在智能网联汽车人机交互系统的研究中占据着核心地位。感知因素指的是驾驶员对人机交互系统的感受和评价，主要包括感知有用性和感知易用性[14]。

感知有用性：指用户对智能网联汽车的交互功能的认知和评估。如今，感知有用性已成为智能网联汽车人机交互领域的关键要素之一。随着智能网联汽车技术的不断发展，越来越多的智能网联汽车上路，有可能彻底改变传统交通方式。但是，智能网联汽车技术的成功实施要取决于公众的接受程度。为了研究公众对智能网联汽车技术的接受程度，研究人员采用了多种方法，如调查、访谈和实验。其中，主观问卷方法最为常见。通过这些问卷，研究人员收集了公众对智能网联汽车技术的态度和看法信息。

感知易用性：是用户体验研究的一个重要方面，它主要关注的是用户在使用产品过程中的便捷程度和效率。研究人员一般会将感知易用性研究与其他相关领域进行整合，如人机交互、认知心理学、工程学等，以提高感知易用性研究的综合性和实用性。感知易用性的研究还与其他用户体验（人为）因素密切相关，如感知有用性和用户特征。这些因素之间的相互作用和影响需要研究者们进一步关注。例如，设计师需要在提高产品易用性的同时，确保其功能性和实用性，以达到一个全面优秀的用户体验。在实际应用中，研究者们应关注用户对智能网联汽车的实际使用场景，以便更好地满足其需求。通过用户调查、实验等手段收集用户在不同场景下的使用需求和感知易用性评价，设计师可以更有针对性地进行产品优化。

3.3.1 常见的感知因素评估模型

（1）Davis 的技术接受度模型（TAM）

感知有用性和感知易用性最初来自 Davis 在 1989 年对信息系统接受度进行研究时所提出的技术接受度模型（technology acceptance model，TAM），如图 3-4 所示。在该模型中，感知有用性和感知易用性是决定性的变量。感知有用性（perceived usefulness，PU）指用户主观上认为通过使用该系统对提高自己的工作业绩的影响程度，即描述了系统有利用价值的

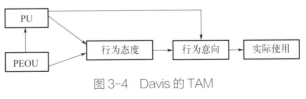

图 3-4 Davis 的 TAM

程度。感知易用性（perceived ease of use，PEOU）指用户认为系统在多大程度上容易使用，即用户对信息系统在使用过程中难易程度的评估。这两个变量可以间接影响和决定用户的行为态度。实际使用行为是由行为意向决定的[15]。

TAM 指出技术接受是一个三阶段过程，在此过程中外部因素触发认知反应，进而形

成情感反应，影响使用。TAM 被公认为解释用户对技术行为方面领先的模型。

（2）技术接受度模型（TAM）扩展研究

有研究者在之后扩展了 TAM，向模型引入许多其他因素，如主观规范、知觉行为控制和自我效能等；也有研究者引入了额外的信念因素，如可试验性、可见性或结果演示性；还有一些研究者将外部变量或调节因素引入两个主要变量（感知有用性和感知易用性）中，例如个性特征和人口统计特征[16]。各种 TAM 的扩展状态如图 3-5 所示。从技术接受度模型的扩展状态，可以清楚地确定感知有用性和感知易用性的核心位置，可以说这些模型的结构促进了技术接受度模型的发展。

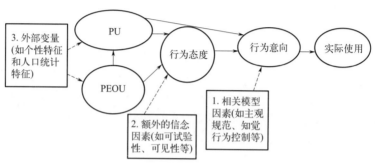

图 3-5　技术接受度模型的扩展[17]

（3）Nielsen 十大可用性原则

由于 HMI 越来越复杂，交互系统界面的可用性已成为一个非常重要的品质因素。自20 世纪 80 年代以来，交互领域已定义相关标准以开发具有高可用性的用户界面。最早的通用模型之一是用户界面参考模型，该模型中，用户界面由输入/输出、对话、功能和通信四个部分构成。同样在 20 世纪 80 年代，随着软件工程的影响越来越大，发明了许多软件架构模型，例如模型-视图-控制器（model-view-controller，MVC）。尼尔森（Nielsen）在 1995 年提出的十大可用性原则，为 Web 和移动界面设计提供了一套全面的用户体验优化框架。这些原则涵盖从界面的直观性、用户的控制自由、一致性与标准化，到预防错误、识别与回忆、灵活性与效率，以及美观与极简设计等方面，如图 3-6 所示。在智能网联汽车领域，遵循这些原则有助于设计出既直观又易用的系统界面，减少误操作，提高驾驶的安全性和用户的满意度。此外，

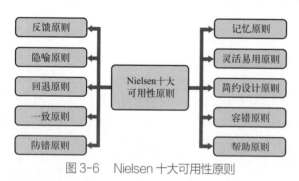

图 3-6　Nielsen 十大可用性原则

尼尔森的理论框架为研究者深入理解感知易用性在人机交互设计中的重要性提供了支持，促进了设计者系统化地思考和提升产品的易用性，以实现更优质的用户体验[18]。

研究者们开发了多种量化和定性评估感知易用性的方法。例如，尼尔森的启发式评估、认知走查、用户测试等方法，这些评估手段能够帮助设计师及时发现和解决易用性问题。通过这些评估手段，设计师们可以了解用户使用产品时遇到的问题，并有针对性地对

产品进行改进，从而提高产品的易用性。通过深入研究感知易用性的理论框架和评估方法，设计师们可以更好地理解用户的需求和满意度，为产品的设计和改进提供有力的支持。这将有助于提高智能网联汽车的用户体验，从而更好地满足公众对智能网联汽车的需求，加速智能网联汽车技术的采用，让我们更接近更加安全、高效的未来交通。

3.3.2 感知因素模型的发展和应用实践

(1) 自动化接受度模型

① 理论研究：自动化接受度模型（automation acceptance model，AAM）综合了技术接受度模型（technology acceptance model，TAM）和自动化的使用，用于描述用户在自动化系统中的接受度变化和影响因素。该模型在 TAM 结构的基础上加入了兼容性，如图 3-7 所示。兼容性是指用户、技术、任务表现和情境之间的匹配程度。更具体来说，兼容性是衡量技术与用户价值观、过去经验和需求的一致性的指标。AAM 还加入了另一个影响因素：信任。在智能时代，信任也被认为是行为意向的直接决定因素，因此它具有非常重要的价值。就像信任强化了人与人之间的关系一样，人们也会倾向于使用他们信赖的系统。不当的信任水平会影响人们对新技术的接受度。当系统自动化程度很高却可靠性不强时，如果用户对系统过度信任，会导致误用，而用户对系统不信任，则会导致弃用。针对新技术的设计应该是可信的，技术上可行并与任务相匹配，容易被理解[19]。

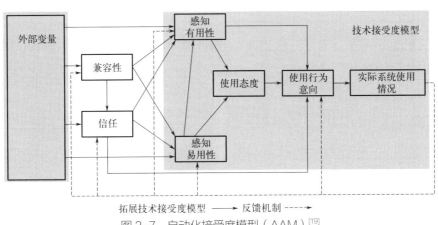

图 3-7 自动化接受度模型（AAM）[19]

② 应用实践：探讨如何从认知接受度提升的角度改善自动驾驶座舱的人机交互，以及如何从接受度模型的核心影响因素的角度分析车外人机交互用户体验问题，能有效支持智能网联汽车的推广和应用。通过分析半封闭场景下车外人机交互的使用场景及行人与无人车交互时的用户行为，可以归纳出行人的行为特征模型。这些特征模型能够帮助我们更好地理解行人的行为，从而更好地为用户设计人机交互策略[19]。

此外结合自动化接受度模型（AAM）的相关研究，从兼容性和信任的角度提高车外交互的有效性和认知接受度，也有助于提升自动化在智能网联汽车中的应用。基于 AAM，可以提出符合行人行为特征和认知的车外人机交互策略，从而提高沟通效率和接受度[19]，如图 3-8 所示。这些策略能够更好地满足用户需求，提高对无人驾驶技术的接受度，并推动该技术在未来得以发展和普及。

(2) 网联汽车接受度模型

① 理论研究：用户对网联汽车（connected vehicles，CV）的接受程度可能与自动驾驶汽车（autonomous vehicles，AV）不同，因为它们存在根本的技术差异。AV 无需驾驶员即可运行，有时也可能不依赖网络连接；而 CV 利用与其他车辆和基础设施的连接来向驾驶员传递信息并与交通应用程序进行数据交换。目前仅针对 AV 接受度的研究比较丰富，因此为了填补 CV 接受度研究的空白，Sailesh Acharya 团队提出了网联汽车接受度模型（connected vehicle acceptance model，CVAM），该模型通过扩展技术接受度模型（technology acceptance model，TAM）来解释 CV 的接受和使用[20]，如图 3-9 所示，其中实线代表原始 TAM，虚线代表新增影响因素。除了原始 TAM 中使用的预测因素之外，信任和数据问题（隐私和安全）也作为接受 CV 的预测因素包含在 CVAM 中。扩展的五个因素包括：感知数据隐私和安全（perceived data privacy and security，PPS）、感知信任（perceived trust，PT）、感知易用性（perceived ease of use，PEOU）、感知有用性（perceived usefulness，PU）和态度行为意图（attitude behavior intentions，ABI）。这些因素都可以用来验证用户对网联汽车（CV）的接受程度。

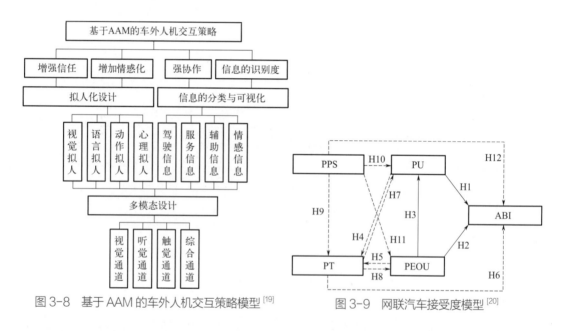

图 3-8　基于 AAM 的车外人机交互策略模型[19]　　　图 3-9　网联汽车接受度模型[20]

② 应用实践：为检验公众对网联汽车（CV）的接受程度，一项基于 CVAM 的使用问卷评估了公众对 CV 数据共享意向和在不久的将来使用 CV 的行为意向[20]。该问卷通过四个部分详细评估了受访者对 CV 技术的认知、对数据隐私和安全的看法、对技术有用性和易用性的评价、对技术的信任感、使用态度以及未来使用 CV 的意向，并收集了他们的社会人口统计特征和驾驶特征信息。该问卷通过扩展技术接受度模型，发现公众对 CV 的接受度受到数据隐私和安全感知、信任以及技术有用性和易用性的影响，同时揭示了不同社会人口统计特征对这些因素影响的异质性，为提高 CV 的接受度提供了策略性见解。

研究发现，对 CV 技术的熟悉度及个人车辆中的连接功能对提升用户在隐私、安全、信任、实用性和态度行为意图方面的积极认知具有显著影响。这种影响可能与技术爱好者对新技术的采纳兴趣相关[21]，预示着随着市场渗透率的提高，CV 的接受度将增长。尽管当前 CV 市场渗透率不高，但通过广告宣传其优势和提供试驾机会等策略，可以有效提升公众对 CV 的认知和接受度。车辆制造商和政策制定者应利用这些发现来促进 CV 技术的普及和应用。

3.4 智能网联汽车认知因素及其应用

智能网联汽车的认知因素是影响用户体验和人机交互效果的重要因素。基于现有的研究，包括自动化信任、认知负荷和注意力在内的认知心理学理论在智能网联汽车人机交互领域得到广泛应用。自动化信任研究关注用户对自动化系统的信任程度，认知负荷研究关注用户在任务执行中的认知负担，注意力研究关注用户在人机交互过程中的注意分配和集中度。这些理论为智能网联汽车的人机交互设计提供了重要的理论基础。

3.4.1 自动化信任的内在机制

信任在自动化接受度模型中被视为是影响人机交互的一个关键因素[22]，包括驾驶员、驾驶情境和自动化系统 3 个信任点。这 3 个信任点可以进一步定义为性格信任、情境信任和学习信任，如图 3-10 所示。

性格信任代表了个人信任自动化的趋势，受个人特征的影响，主要影响因素是文化、年龄、性别和个性[23]。受过高等教育的人、居住在人口稠密地区的人，以及年轻一代更愿意接受智能网联汽车。个性本身具有许多不同的因素，用户的不同个性对自动化的信任产生不同的影响[18]。

情境信任受内部与外部可变性因素影响，包括情境和个体之间的关系[9]。内部可变性涉及个人在任务完成时的自信程度，熟悉任务的人可能不太依赖自动化系统的帮助，但对自动化系统信任较高、自信较低的人可能更频繁地使用自动化系统。外部可变性涉及

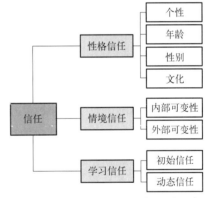

图 3-10　自动化信任层级与影响因素

工作量、系统类型、复杂性和任务等因素，这会影响用户对自动化系统的信任。在工作量繁重的情况下，操作员倾向于更多地使用自动化，从而对自动化系统的信任产生积极影响。

学习信任与期望和当前使用系统的早期经验有关，包含初始信任与动态信任[24]。初始信任是用户早期与自动化的交互以及对系统的应用或理解。曾经使用、了解过自动驾驶的人，比没有接触了解过的人更愿意使用自动驾驶功能[25]。动态信任是在交互过程中建立的，且更依赖于当前自动驾驶系统（自动化系统）的状态，如系统性能和设计特征会影响系统易用性，因此设计特征（如外观、反馈等）在建立信任方面发挥重要作用[26]。

在驾驶过程中，自动化系统的复杂性常使驾驶员处于不当的自动化信任校准状态。要么高估自动化的能力导致过度信任和误用，要么低估自动化的能力导致缺乏信任和停用[27]。

误用和停用都可能导致严重的后果，驾驶员不能正确使用自动化可能会对人机协同控制的有效性和安全性造成巨大损害[28]。因此，充分校准的信任是人车协同的基础之一。信任校准、自动化能力和解析度的关系，如图3-11所示。

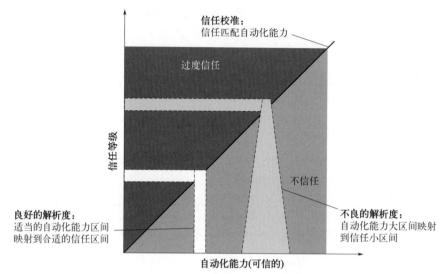

图 3-11　信任校准、自动化能力和解析度之间关系[29]

注：解析度（resolution）是指信任判断区分自动化水平的精确程度。

在智能网联汽车人机交互设计过程中，需着重考虑自动化信任问题，设计具有信任意识的人机系统至关重要，它有助于智能网联汽车最大限度地发挥人与自动化系统的潜力，改善人机协同控制的绩效和安全性[30]。

3.4.2　认知负荷和资源分配

认知负荷理论（cognitive load theory，CLT）是一种解释学习者在学习过程中工作记忆和记忆容量负荷的理论模型[31]。Sweller 等人提出了这一模型，并将工作记忆需求分为3 种类型的负荷：内在认知负荷（intrinsic cognitive load，ICL）、外在认知负荷（extraneous cognitive load，ECL）和相关认知负荷（germane cognitive load，GCL）[32]。内在认知负荷取决于要学习的信息的复杂性和元素之间的交互性[33]。外在认知负荷则是由学习材料的呈现方式或学习任务之外的干扰活动引起的，例如需要整合来自不同空间来源的信息会增加无关的认知负荷[31]。而相关认知负荷则是学习过程中主动构建的，对学习有益。

人机交互中的认知负荷是指用户在执行任务时需要使用的认知资源。在智能网联汽车人机交互设计中，认知负荷的高低直接影响着用户的体验和安全性。因此，在设计中需要考虑如何减轻用户的认知负荷，提高交互的效率和效果。根据现代认知心理学的理论，人类的工作记忆能力有限，同时人类的注意力和认知资源也是有限的[34]。当用户的认知负荷超过其认知资源的能力时，就会出现认知过载的情况。这种情况下，用户会感到疲惫和困惑，难以有效地执行任务，甚至可能导致意外事故的发生[35]。

在智能网联汽车的人机交互设计中，减轻用户的认知负荷是提高效率和安全性的关键。设计师应采用直观易用的界面，提供清晰的操作指引，并限制不必要的信息提示，这些都是减轻用户认知负荷的有效策略。此外，设计中的反馈机制、错误恢复和任务流程的优化同样对减轻用户的认知负荷至关重要。

为了提升智能网联汽车的交互效率和效果，设计师必须细致考虑用户的认知负荷，确保用户能够轻松高效地完成任务。这不仅能够增强用户体验，还能提高驾驶的安全性。

3.4.3　注意力和用户操作效率

注意力指的是在大量信息中选择和集中精力处理某些信息的能力。著名的理论之一是 Broadbent 在 1958 年提出的过滤理论（filter theory），他认为大脑会在感知输入进来之前对输入进行"过滤"，只让与当前任务相关的输入通道通过[36]。在设计人机交互时，设计师需要考虑用户的注意力水平，因为不同的任务和交互可能需要不同的注意力水平，设计师需要根据不同任务的特点和用户的注意力特点，合理地引导和控制用户的注意力。比如用户需要同时处理多个任务，如观察路况、操控车辆、查看导航等，可能会感到注意力疲劳，因此，设计应当简单明了，以降低用户在操作时的认知负荷和注意力分散程度。例如，可以将常用功能放置在易于访问的位置，避免用户需要在屏幕上浏览多个菜单来完成操作，确保用户保持一定程度的注意力，从而能够专注于驾驶中的任务和目标。

在人机交互设计中，注意力的分配和转移也是至关重要的。Kahneman 在其著作 *Attention and Effort* 中提出的注意能量分配理论模型，广泛用于描述大脑如何在不同输入之间进行选择和分配注意力资源的过程[37]，该理论从资源分配的维度体现了注意能量（注意力）有限的理论，把注意力看作一种数量有限的能量或资源，同时用这种能量或资源的分配来解释注意力的机制。在复杂的驾驶环境下，随着驾驶环境的变化，驾驶员注意力需要快速地在车外道路环境与车内交互界面之间切换，因此，在设计多任务交互时，设计师需要考虑如何合理地分配驾驶员的注意力，从而保持其高效性。汽车交互设计需要在驾驶员的视线和操作范围内提供必要的信息和功能，以在最小化注意力转移的同时实现增强驾驶体验，通过将车辆信息、导航指示或驾驶员警告等直观、易读地显示在中控台或仪表盘上，帮助驾驶员更好地分配注意力。例如，使用语音识别和手势控制等技术，可以使驾驶员无需移动手臂和眼睛即可完成车内操作，从而减少驾驶员在驾驶过程中因为寻找信息而分散注意力的情况，提高行车安全性。

除了分配和转移注意力之外，注意力的捕获也是人机交互设计需要考虑的因素。注意力的捕获是指用户对注意力的不自主的分配。设计师需要避免驾驶中不相关的任务或信息引起驾驶员的注意，从而干扰驾驶员的主要任务，降低其工作效率。例如，过于复杂的仪表板、冗长的车内菜单等都可能引起驾驶员的分心，从而影响行车安全，因此，设计师需要遵循"简洁、明了、易用"的原则，同时，避免在不相关的位置闪烁或播放动画，对驾驶员的注意力产生吸引，从而干扰驾驶员的驾驶任务。

注意力在智能网联汽车人机交互设计的认知因素中是一个非常重要的方面，设计师需要考虑驾驶员的注意力特点，以及驾驶任务的注意力要求，合理地引导和控制驾驶员的注意力，在分配、转移和捕获注意力时，注意优化用户的交互体验，从而提高交互效率和用户满意度。

3.5　面向人为因素的智能网联汽车人机交互设计实践

在智能网联汽车人机交互设计领域，用户特征、感知因素以及认知因素的重要性不言而喻：

① 用户特征涵盖个人习惯、驾驶技能和文化背景等诸多方面，有助于为不同用户群体量身打造更贴近需求的设计方案。

② 感知因素是用户对交互界面的直观印象，这决定了用户对产品的接受度。为了提高用户的接受度，设计师需要在交互界面中注重色彩、视觉等感知因素的设计。

③ 认知因素关乎用户在操作过程中的思考和理解，对整体操作体验和效率产生显著影响。设计师应该考虑用户的认知习惯和思维方式，确保用户能够快速有效地完成目标。

在实际设计过程中，设计师需要考虑人为因素的多样性，以确保设计方案能够同时满足不同用户的需求。通过综合运用这 3 类因素，设计师能够呈现出更加人性化、高效且易用的人机交互，满足广大用户的期望并持续提升整体用户满意度。因此，在智能网联汽车人机交互设计中，设计师需要在用户特征、感知因素和认知因素 3 个方面深入挖掘，确保设计方案的可靠性。

3.5.1　面向用户特征的智能网联汽车人机交互设计

用户特征是影响智能网联汽车人机交互设计的重要因素，设计师需要充分考虑不同用户特征，以提供更符合用户需求和习惯的交互设计。随着汽车网络化、智能化、电动化、共享化的发展，整车软件功能越来越多、越来越复杂，智能网联汽车人机交互设计趋向需要满足不同用户的多样化需求。需要注意的是，同样是从用户角度出发，个性化和用户特征在智能网联汽车人机交互设计中有所区别。用户特征更强调某一类用户的习惯、背景等因素对设计的影响，而个性化则是根据用户特征来量身定制的设计方案。用户特征对于智能网联汽车的接受度有着显著的影响，不同的年龄、性别、驾驶经验和技能、信任度、态度和心理状况等因素会影响人们对于智能网联汽车的看法和接受度 [38]。

一些企业已经开始将用户特征作为智能网联汽车设计过程的重要考虑因素，以提高用户对于自动驾驶的接受度。例如，华为问界汽车的用户界面（UI）设计考虑到不同用户群体的需求，特别是老年人和儿童，为此，UI 提供大字体、高对比度的视觉选项，简化的界面布局，以及易于使用的语音控制功能，如图 3-12 所示。此外，包括儿童模式、辅助功

图 3-12　面向不同乘客的华为问界汽车用户界面

能、紧急联系选项和定制化快捷操作等特性，都是为了确保所有用户都能享受到安全、便捷且直观的交互体验而设计。例如，奔驰公司针对不同的用户年龄段和偏好，设计了不同的智能网联汽车交互方式。以奔驰首款纯电 SUV EQC 为例，智能座舱系统能够让任何年龄的用户都可以延续对智能手机、智能家居的操作习惯，车机系统对接用户手机上的历史记录和操作习惯，从而能把汽车这个第三空间迅速改造成用户习惯的生活空间。奔驰的新一代 MBUX 系统支持语音控制和手势控制等多种交互方式，以满足不同用户的需求，如图 3-13 所示。此外，他们还考虑到不同年龄段和技术经验的用户，采用不同的

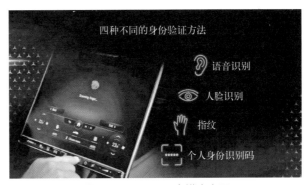

图 3-13　MBUX 多模态交互

交互方式和界面设计，为老年用户提供了更加简单和易用的交互方式，如按键和旋钮等，以提高各年龄层用户的接受度。

　　总的来说，提高智能网联汽车人机交互的用户接受度需要从用户特征角度入手。根据不同的年龄、技术经验、文化背景等因素进行设计，以及利用人工智能和大数据分析等技术，可以帮助企业和组织提高用户的接受度和满意度[39]。针对不同人群特征设置不同交互方式，以便让更多人理解并接受智能网联汽车的优点和不足，有助于进一步提高道路交通的安全性、效率，推动智能交通的建设和发展。为了使智能网联汽车技术得到更广泛的应用和普及，我们需要全面评估和解决不同的群体特征所带来的挑战和问题，同时加强政策、法律和技术方面的支持和规范，以确保智能网联汽车能够发挥出最大的社会和经济效益。

3.5.2　面向感知因素的智能网联汽车人机交互设计

(1) 感知有用性提升

　　通过多模态交互提升感知有用性。研究者们正不断探索和完善各种交互方式，通过语音、手势、触摸等多种方式提高交互效率和灵活性，以满足不同驾驶场景和用户需求。此外，研究者们还在探索将虚拟现实（VR）、增强现实（AR）等技术融入 HMI 系统，以实现更为丰富和直观的交互体验。一些车型已搭载 AR 导航技术，将实时导航信息直接投影到挡风玻璃上，使驾驶员无须分心即可获取导航信息，如图 3-14 所示。

图 3-14　奥迪 Q4 e-tron 2021 AR 实景导航

(2) 感知易用性提升

　　① 自适应界面设计提升感知易用性。针对信息有效性问题，研究者们关注如何根据驾驶员的个人特征和驾驶场景定制化信息推送，确保提供最恰当的信息。例如，某些导航系统可根据驾驶员的行驶习惯推荐最佳路线，避免拥堵和限行区域；同时，通过分析驾驶员的生理和心理特征，如瞳孔大小、面部

表情、心率等指标，系统可判断驾驶员的注意力分散程度，及时提醒驾驶员注意安全。根据驾驶员的习惯、喜好和驾驶场景动态调整界面布局，使用户更容易上手并提高交互效率。例如，华为问界 M5 的仪表盘具备先进的自适应特性，能够根据环境光线、驾驶模式以及用户的个性化设置自动调整显示效果，如图 3-15 所示。它通过智能识别驾驶环境和用户偏好，动态展示关键信息，如导航指引和速度警示，同时在检测到潜在安全问题时，能够优先显示警示信息。此外，仪表盘还能记忆用户的显示偏好，提供多模式选择，并与智能辅助系统整合，实现交互式反馈，增强驾驶的便捷性和安全性。奥迪的 Virtual Cockpit 系统，用户可根据驾驶模式、速度等因素，通过操作方向盘左右键调整仪表盘显示内容，提高信息可读性，如图 3-16 所示。研究者们还在探讨如何利用机器学习算法，分析驾驶员的行为数据，从而为驾驶员提供个性化的界面布局和功能设置，降低驾驶员的学习成本，提高交互效率。

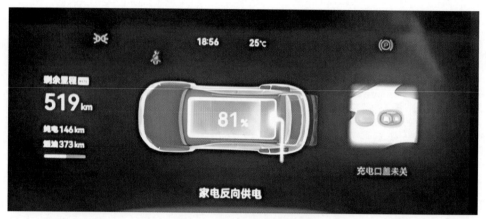

图 3-15　华为问界 M5 仪表盘

图 3-16　奥迪仪表盘信息调整

② 人机协同设计提升感知易用性。通过研究，驾驶员与智能网联汽车的深度融合，使驾驶员能够更自然、更便捷地与车辆进行交互，以提高驾驶体验和安全性。例如沃尔沃的 Pilot Assist 系统，能够识别潜在危险并帮助避免危险，通过与驾驶员的协同操作，实现自动驾驶和人工驾驶之间的无缝切换，从而保护车内乘客和车外行人的安全，如图 3-17 所示。

特斯拉的 Autopilot 系统可实时收集交通信息，并将其与用户需求结合，为驾驶员提供最优的导航建议。通过可视化系统对停车标志和红绿灯标志相关的信号识别，车辆拥有处理复杂的十字路口路况的能力，如图 3-18 所示。此外，车辆与车联网的连接使得实时天气、路况等信息的获取成为可能，有助于提高驾驶安全和舒适度。

图 3-17　沃尔沃 Pilot Assist 系统人机协同

图 3-18　特斯拉 Autopilot 系统识别交通信号

3.5.3　面向认知因素的智能网联汽车人机交互设计

认知因素在智能网联汽车的人机交互设计中占据着举足轻重的地位，它关系到用户对车载系统的理解、操作和信任程度。设计师在设计过程中需要综合考虑认知负荷、注意力分配以及对自动化的信任等要素，确保设计方案能够满足用户的需求并适应其心理特征，从而提供更优质的交互体验。

（1）自动化信任增强

自动化信任对于用户接受和使用智能网联汽车的自动驾驶功能、语音识别等高级功能具有重要意义。为了提高自动化信任，设计师需要关注系统的可靠性、安全性和透明度，提供清晰的功能说明和实时反馈，使用户对系统有更深入的了解和信任。此外，设计师还可以通过模拟驾驶等方法，让用户在安全的环境下体验自动驾驶功能，从而增强用户对系统的信任。例如宝马的 iDrive 系统，在多次迭代中不断优化界面和操作逻辑，使得用户能够更容易地理解和操作系统。同时，它还通过抬头显示、语音识别等方式，降低了用户在行驶过程中的注意力分散，提高了行车安全性。此外，它还提供了丰富的功能说明和反馈，让用户更加信任其自动驾驶等高级功能，如图 3-19 所示。

图 3-19　宝马的 iDrive 系统

（2）认知负荷降低

认知负荷是指用户在使用智能网联汽车时思考和理解过程中所承受的认知压力。一个合理的人机交互设计应该尽量降低用户的认知负荷，使用户能够轻松地理解和操作系统。

早期的某些车载导航系统，由于信息呈现过于复杂，界面设计繁琐，使得用户在行驶过程中难以快速理解和操作，从而增加了认知负荷。为了降低认知负荷，设计师需要关注信息呈现方式和交互流程，合理安排界面布局，以提高用户的操作效率。如今，许多车载系统已经采用了更简洁的界面设计和更直观的操作方式，有效地减轻了用户的认知负荷。例如蔚来（NIO）aspen 3.0 车载系统，提供了简洁明了的界面和直观的操作逻辑，使得用户能够快速上手，降低了认知负荷，如图 3-20 所示。

图 3-20　NIO aspen 3.0 主界面

（3）注意力分配优化

注意力是指用户在使用智能网联汽车时的专注程度。一个好的人机交互设计应该尽量减少对用户注意力的分散，特别是在驾驶过程中。智能网联汽车的车载信息娱乐系统在行驶过程中频繁弹出各种提示信息和广告，导致用户注意力分散，既降低了用户体验，还可能危及行车安全。为了改善这一问题，设计师可以采用语音播报、抬头显示等方式，减少视觉干扰，同时合理安排信息提示的时机和方式，以免分散用户的注意力。例如，华为问界 M9 的 AR-HUD 技术优化了驾驶员的注意力资源分配，通过在视线范围内直观显示信息，减少了驾驶员获取信息时的认知负荷，如图 3-21 所示；与 ADS 2.0 系统的整合，进一步降低了信息处理的复杂性，使驾驶员能够更专注于道路状况；高分辨率和广阔视角的显示，即使在不同光照条件下，也确保了信息的清晰度，提升了驾驶的安全性和效率。奥迪的 Virtual Cockpit 虚拟座舱，将驾驶信息、导航以及其他功能集成在一个高清显示屏幕中，使得驾驶员无须移动视线即可获取所需信息，有效地改善了注意力分配。

图 3-21　汽车 AR-HUD

参考文献

[1] RAHMAN M M, STRAWDERMAN L, LESCH M F, et al. Modelling driver acceptance of driver support systems [J]. Accident Analysis & Prevention, 2018, 121: 134-147.

[2] MEJÍA A, JUÁREZ-RAMÍREZ R, INZUNZA S, et al. Implementing adaptive interfaces: International Information Technology Conference, CUBE 2012 [C] //Proceedings of the CUBE International Information Technology Conference, 2012: 598-604.

[3] NASTJUK I, HERRENKIND B, MARRONE M, et al. What drives the acceptance of autonomous driving? An investigation of acceptance factors from an end-user's perspective [J]. Technological Forecasting and Social Change, 2020, 161: 120319.

[4] ELDARDEER O, GONZALEZ-BILLANDON J, GRASSE L, et al. A Biological Inspired Cognitive Framework for Memory-Based Multi-Sensory Joint Attention in Human-Robot Interactive Tasks [J]. Frontiers in Neurorobotics, 2021, 15: 648595.

[5] FU D, WEBER C, YANG G, et al. What Can Computational Models Learn From Human Selective Attention? A Review From an Audiovisual Unimodal and Crossmodal Perspective [J]. Frontiers in Integrative Neuroscience, 2020, 14: 10.

[6] NOVAKAZI F, JOHANSSON M, STRÖMBERG H, et al. Levels of What? Investigating Drivers' Understanding of Different Levels of Automation in Vehicles [J]. Journal of Cognitive Engineering and Decision Making, 2021, 15 (2/3): 116-132.

[7] HERRENKIND B, BRENDEL A B, NASTJUK I, et al. Investigating end-user acceptance of autonomous electric buses to accelerate diffusion [J]. Transportation Research Part D: Transport and Environment, 2019, 74: 255-276.

[8] IFINEDO P, PYKE J, ANWAR A. Business undergraduates' perceived use outcomes of Moodle in a blended learning environment: The roles of usability factors and external support [J]. Telematics and Informatics, 2018, 1 (35): 93-102.

[9] BUCKLEY L, KAYE S A, PRADHAN A K. Psychosocial factors associated with intended use of automated vehicles: A simulated driving study [J]. Accident Analysis & Prevention, 2018, 115: 202-208.

[10] EVANS D, NORMAN P. Understanding pedestrians' road crossing decisions: an application of the theory of planned behaviour [J]. Health Education Research, 1998, 13 (4): 481-489.

[11] HARTSTEIN A J, VERKUYL M, ZIMNEY K, et al. Virtual Reality Instructional Design in Orthopedic Physical Therapy Education: A Mixed-Methods Usability Test [J]. Simulation & Gaming, 2022, 53 (2): 111-134.

[12] HUANG G, HUNG Y H, PROCTOR R W, et al. Age is more than just a number: The relationship among age, non-chronological age factors, self-perceived driving abilities, and autonomous vehicle acceptance [J]. Accident; Analysis and Prevention, 2022, 178: 106850.

[13] 迈克尔·沃特金斯, 崔卫国, 洪守义. 青年行为学 [M]. 北京: 中国青年出版社, 2004.

[14] ORSOT-DESSI P, ASHTA A, MOR S. The determinants of the intention to use autonomous vehicles [J]. African Journal of Science, Technology, Innovation and Development, 2023, 15 (5): 650-660.

[15] DAVIS F D. Perceived Usefulness, Perceived Ease of Use, and User Acceptance of Information Technology [J]. MIS Quarterly, 1989, 13 (3): 319-340.

[16] MARANGUNIĆ N, GRANIĆ A. Technology acceptance model: a literature review from 1986 to 2013 [J]. Universal Access in the Information Society, 2015, 14 (1): 81-95.

[17] WIXOM B H, TODD P A. A Theoretical Integration of User Satisfaction and Technology Acceptance [J]. Information Systems Research, 2005, 16 (1): 85-102.

[18] WEWERKA J, DAX S, REICHERT M. A User Acceptance Model for Robotic Process Automation [C] //2020 IEEE 24th International Enterprise Distributed Object Computing Conference (EDOC). Eindhoven, IEEE, 2020: 97-106.

[19] 张碧含, 由芳. 基于自动化接受度模型的车外交互研究 [J]. 图学学报, 2020, 41 (6): 1012-1017.

［20］ACHARYA S, MEKKER M. Public acceptance of connected vehicles: An extension of the technology acceptance model ［J］. Transportation Research Part F: Traffic Psychology and Behaviour, 2022, 88: 54-68.

［21］NAZARI F, NORUZOLIAEE M, MOHAMMADIAN A. Shared versus private mobility: Modeling public interest in autonomous vehicles accounting for latent attitudes ［J］. Transportation Research Part C: Emerging Technologies, 2018, 97: 456-477.

［22］DEHAIS F, CAUSSE M, VACHON F, et al. Cognitive conflict in human-automation interactions: A psychophysiological study ［J］. Applied Ergonomics, 2012, 43 (3): 588-595.

［23］NISHIHORI Y, KIMURA K, TANIGUCHI A, et al. What Affects Social Acceptance and Use Intention for Autonomous Vehicles --Benefits, Risk Perception, or Experience? -Meta-Analysis in Japan- ［J］. International Journal of Intelligent Transportation Systems Research, 2020, 18 (1): 22-34.

［24］WU M, WANG N, YUEN K F. Can autonomy level and anthropomorphic characteristics affect public acceptance and trust towards shared autonomous vehicles? ［J］. Technological Forecasting and Social Change, 2023, 189: 122384.

［25］RÖDEL C, STADLER S, MESCHTSCHERJAKOV A, et al. Towards Autonomous Cars: The Effect of Autonomy Levels on Acceptance and User Experience ［C］ //Proceedings of the 6th International Conference on Automotive User Interfaces and Interactive Vehicular Applications. Seattle: Association for Computing Machinery, 2014: 1-8.

［26］LV C, WANG H, CAO D, et al. Characterization of Driver Neuromuscular Dynamics for Human–Automation Collaboration Design of Automated Vehicles ［J］. IEEE/ASME Transactions on Mechatronics, 2018, 23 (6): 2558-2567.

［27］SUN X, LI J, TANG P, et al. Exploring Personalised Autonomous Vehicles to Influence User Trust ［J］. Cognitive Computation, 2020, 12 (6): 1170-1186.

［28］LEBIERE C, BLAHA L M, FALLON C K, et al. Adaptive Cognitive Mechanisms to Maintain Calibrated Trust and Reliance in Automation ［J］. Frontiers in Robotics and AI, 2021, 8: 652776.

［29］XING Y, LV C, CAO D, et al. Toward human-vehicle collaboration: Review and perspectives on human-centered collaborative automated driving ［J］. Transportation Research Part C: Emerging Technologies, 2021, 128: 103199.

［30］董文莉, 方卫宁. 自动化信任的研究综述与展望 ［J］. 自动化学报, 2021, 47 (06): 1-23.

［31］SWELLER J. Implications of Cognitive Load Theory for Multimedia Learning ［M］ //Mayer R. The Cambridge Handbook of Multimedia Learning. Cambridge: Cambridge University Press, 2005: 19-30.

［32］SWELLER J, MERRIENBOER J J G, PAAS F. Cognitive Architecture and Instructional Design ［J］. Educational Psychology Review, 1998, 10 (3): 251-296.

［33］STOICA D, PARAGINA F, PARAGINA S, et al. The interactive whiteboard and the instructional design in teaching physics ［J］. Procedia - Social and Behavioral Sciences, 2011, 15: 3316-3321.

［34］HOLLENDER N, HOFMANN C, DENEKE M, et al. Integrating cognitive load theory and concepts of human-computer interaction ［J］. Computers in Human Behavior, 2010, 26 (6): 1278-1288.

［35］SKULMOWSKI A, XU K M. Understanding Cognitive Load in Digital and Online Learning: A New Perspective on Extraneous Cognitive Load ［J］. Educational Psychology Review, 2022, 34 (1): 171-196.

［36］DRIVER J. A selective review of selective attention research from the past century ［J］. British Journal of Psychology (London, England: 1953), 2001, 92 (Pt 1): 53-78.

［37］KAHNEMAN D. Attention and Effort ［M］. Upper Saddle River: Prentice Hall, 1973.

［38］GOLBABAEI F, YIGITCANLAR T, PAZ A, et al. Individual Predictors of Autonomous Vehicle Public Acceptance and Intention to Use: A Systematic Review of the Literature ［J］. Journal of Open Innovation: Technology, Market, and Complexity, 2020, 6 (4): 106.

［39］CAMPS-ARAGÓ P, TEMMERMAN L, VANOBBERGHEN W, et al. Encouraging the Sustainable Adoption of Autonomous Vehicles for Public Transport in Belgium: Citizen Acceptance, Business Models, and Policy Aspects ［J］. Sustainability, 2022, 14 (2): 921.

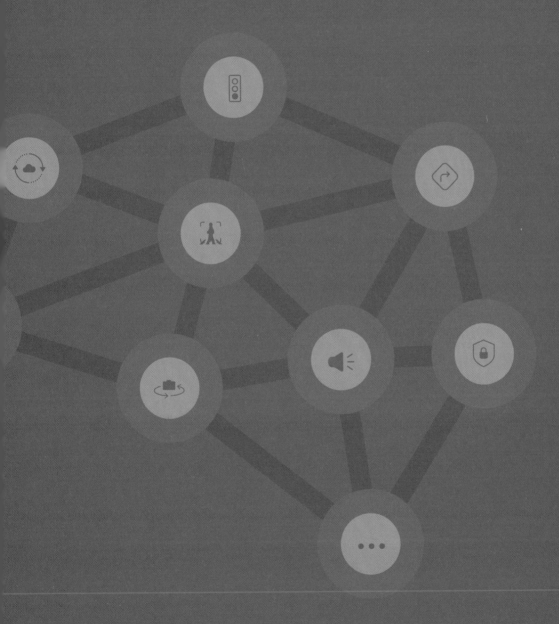

中篇

方法与实践

第4章
智能网联汽车人机交互个性化设计

4.1 解读个性化

近年来，随着智能化和网联化技术的迅猛发展，智能座舱的功能日益丰富，其在车辆设计中的重要性也日益凸显。面对智能座舱功能的复杂性，以及不同用户对同一功能状态的多样化需求，特别是多用户共用车辆的情况，传统的单一设置模式已无法满足个性化需求。因此，在大数据和智能驾驶技术日益普及的背景下，智能座舱的人机交互设计正朝着满足用户个性化需求的方向发展。设计师们通过创新的交互方式和智能化界面设计，努力为用户提供更加个性化和智能化的驾驶体验。这种因人而异的设计不仅能显著提升用户的驾驶体验，还能有效减少误操作，从而提高驾驶的安全性。

个性化来源于心理学领域，指个体在认知、情感和行为模式等方面的独特性，是一个动态的过程[1]。不同领域的学者们结合特定维度的动机构建理论与实践连接的框架，开展了个性化的研究与探索。在人机交互领域，佩蒂（Petty）提出了信息匹配与不匹配的理论框架来解释个性化现象，他认为不同的交互变量，如用户差异、环境差异、要素差异，都会在不同程度上影响用户对信息内容的处理方式和态度[2]。阿尔维斯（Alves）认为，在人机交互中，个性化旨在提升系统特性和用户性能[3]。个性化被认为是智能系统的一个属性[4]，它代表了以用户为中心的设计方法，代表了最高层次的体验偏好。随着生物识别、自动化和大数据等技术的普及与发展，智能汽车设计正逐步将个性化体验作为重要的设计目标[5]。

因此，在当前语境下，智能网联汽车个性化可以被概括为建立在设计要素与用户偏好之间的良好匹配关系。随着用车场景的不断丰富，车载交互系统除了达到可用性目标外，在体验上还应具备美感、愉悦感，并满足用户情感等品质[6]。随着个性化概念的提出，如何适应不同用户在体验上的个性化偏好[7]，成为智能网联汽车人机交互领域的一个关键问题。

4.2 智能网联汽车人机交互个性化设计流程

个性化体验源自动态的人机交互过程，这种需求是传统汽车的静态定制化模式所不能完全满足的。因此，专家学者们围绕实现智能网联汽车的个性化设计，进行了研究与实践，并在智能座舱的个性化显示[8]、会话交互方式[8]等方面取得了一定进展。除了提升体验本身，车内个性化功能还对智能网联汽车技术接受度有促进作用，具有高适应性与个性化定制功能的智能网联汽车，有助于解决目前自动驾驶汽车使用率低的问题[9]。深入研究智能网联汽车的个性化，能够有效应对当前安全性、效率和便利性等关键问题。

4.2.1 智能网联汽车人机交互个性化设计路径

个性化设计的路径是指在设计构思中所采取的一系列步骤和方法，旨在创造出能够满足特定用户或用户群体个性化需求的产品和服务。个性化设计的路径提供了一套系统化的设计思维框架，帮助深入理解从用户研究到产品实现的完整设计流程。它强调了用户中心的设计思维，指导设计师如何将用户需求与技术可行性相结合，创造出既创新又实用的解决方案。具体地，个性化设计路径如图4-1所示，包含了下述三方面内容：

① 主体：即我们将什么作为个性化设计的主要对象，可以是对个性化内容、个性化界面、个性化渠道与个性化功能的设计；

② 服务对象：即个性化所服务的目标群体，可以是个人或是某固定的社会群体，甚至可能是人造物；

③ 设计：即实现个性化设计的主要途径，是设计方向与技术支持相互作用的结果。

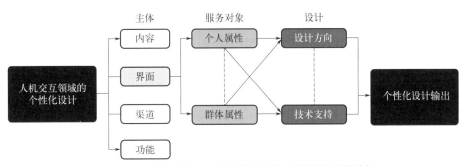

图4-1 人机交互领域内的智能网联汽车个性化设计路径

个性化设计的输出是通过对设计主体的不同维度进行综合考量，并沿着相应的个性化设计路径导向而形成的。以界面维度为例，在明确了设计主体的基础上，设计师需要充分考虑所服务的对象，并结合技术可行性，产出可供有效执行的设计输出。对于智能网联汽车而言，从个人属性的角度看，个性化设计的服务对象可分为驾驶员、副驾驶和乘客等；从群体属性的角度看，个性化设计的服务对象可分为技术接受度高用户、年轻消费者、经济实力强用户、汽车爱好者、便捷安全追求者、发达地区居民、环保意识用户和车载娱乐需求者等。针对服务对象的差异，具体的设计方向主要包括安全驾驶系统（safety driving system, SDS）、驾驶员监控系统（driver monitoring system, DMS）与车载信息系统（in-vehicle information system, IVIS）三方面，如图4-2所示。围绕上述三类设计方向所导向的设计输出有所不同，其中：

① 安全驾驶系统（SDS）主要作用于车辆动力学和控制方面，旨在降低潜在的事故风险，避免碰撞。SDS的典型功能包括自适应巡航控制、防撞保护、车道保持辅助、车道变

换辅助和交叉路口辅助。

② 驾驶员监控系统（DMS）旨在监控驾驶员的状态，以便对异常驾驶行为和认知状态做出警告。DMS 的典型功能包括疲劳分析检测、驾驶风格识别和情感状态识别。

③ 车载信息系统（IVIS）为驾驶员提供及时的信息和服务[10]。IVIS 的典型功能包括路线推荐、娱乐服务推荐、通知服务和交互式协助。

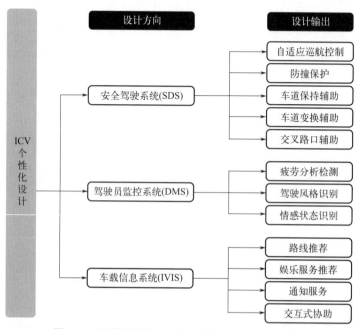

图 4-2　智能网联汽车个性化设计方向与设计输出

4.2.2　不同任务下的智能网联汽车个性化交互设计

智能网联汽车人机交互个性化设计主要面向驾驶任务和非驾驶任务开展。

① 驾驶任务涉及驾驶员在操作和控制车辆时所需完成的一系列活动，要求驾驶员对车辆进行实时的监控、判断和操作，以确保安全、有效地行驶。个性化的驾驶任务设计通常指根据个人驾驶风格调整车辆动力响应、悬挂高度等车辆设置，以优化驾驶体验。

② 非驾驶任务指在驾驶过程中，除了控制车辆行驶之外，驾驶员或自动驾驶系统所进行的其他任务或活动。这些任务或活动包括环境监控、信息管理、乘客交互、车内娱乐等车内操作。非驾驶任务的人机交互个性化通常指车载系统根据用户偏好提供个性化的社交、娱乐及信息服务，如音乐和视频推荐，以及智能调节车内环境，满足不同用户需求。这种设计理念让车辆成为理解用户需求的智能伙伴，而不仅仅是交通工具。

（1）面向驾驶任务的个性化交互设计

在 4.2.1 节中，我们探讨了智能网联汽车人机交互个性化设计的方向，包括安全驾驶系统（safety driving system，SDS）、驾驶员监控系统（driver monitoring system，DMS）和车载信息系统（in-vehicle information system，IVIS）。这些系统的设计需兼顾人为因素及驾驶员的个人偏好。普遍的设计策略是开发一个通用系统，以满足广泛驾驶员的需求。目前，为了开发能够识别并满足用户个性化需求的系统，主要采用技术驱动和体验驱动两种设计导向。

① 技术驱动。在识别和预测用户个性化需求的过程中，技术驱动方法主要通过三种途径实现：基于模型的方法、基于规则的方法和机器学习方法。在实际操作中，技术驱动的系统首先整合来自车辆内部［如 GPS、摄像头、IMU（惯性测量单元）传感器］和外部（如交通管理中心、V2X 系统）的数据源。接着，系统采用特征选择技术来识别关键特征，将这些特征与驾驶行为紧密关联，以识别和预测用户的个性化需求，从而为系统提供定制化反馈的依据。

② 体验驱动。体验驱动方法通过直接收集用户反馈，使系统能更准确地把握用户需求，并据此作出相应调整。在实践中，这种以用户为中心的系统通过与用户互动直接收集信息，而非仅依赖技术处理数据，从而更全面地满足用户的个性化需求。与技术驱动方法相比，体验驱动更侧重于用户的主观体验，更真实地映射出用户的需求和偏好。这种方法强调了用户体验的中心地位，通过观察、访谈、问卷调查等手段，深入了解用户的情感和行为模式，为设计提供第一手资料。此外，体验驱动方法还能够揭示技术驱动方法可能忽视的用户体验细节，如使用情境、文化差异和用户情绪等，这些因素对于构建一个真正以用户为中心的智能网联汽车人机交互系统至关重要。

因此，要开发一个高效的个性化人机交互系统，必须将技术驱动与体验驱动方法相结合。通过结合技术驱动的数据分析和体验驱动的直观理解，可以创建出既高效又具有深度的个性化用户体验，从而推动智能网联汽车向更高层次的智能化和人性化发展。最终，通过获取用户驾驶行为数据并建模，系统能够有效预测用户的个性化偏好，并提供相应的系统响应或服务，实现自适应的个性化驾驶体验。

(2) 面向非驾驶任务的个性化设计

在非驾驶任务的个性化设计中，任务划分主要集中于智能社交与娱乐以及车载互联服务两大类。

① 智能社交与娱乐。社交娱乐类别涵盖车载娱乐系统定制、信息娱乐服务、社交网络集成、个性化车内界面设计和语音助手定制，目的在于为用户提供定制化的娱乐体验和社交互动。随着"人工智能＋"时代的到来，人们对车内娱乐交互体验的期望日益增长，期望车内能提供一个放松的环境，并具备更多的显示端口、移动设备接口和联网社交功能[11,12]。智能社交与娱乐任务旨在根据用户个人喜好提供定制化的音乐播放列表和视频内容选择，同时促进车载系统上的社交媒体互动。研究者广泛研究了基于 VR-HMD（虚拟现实头戴式显示器）的沉浸式媒体在车载交互中的应用，以丰富自动驾驶下的智能娱乐活动[13]。目前，汽车厂商正致力于提升车内信息娱乐系统的用户体验，使其达到先进移动智能设备的娱乐体验水平[14]。随着自动驾驶技术的进步，车载娱乐场景预计将从小范围驾驶员活动扩展到多人娱乐，甚至实现跨车娱乐和跨车多人游戏[15]。尽管车载娱乐系统已经提升了驾乘体验，但满足人们对智能化车载社交娱乐体验的不断增长的期望，仍然是智能网联汽车人机交互领域面临的重要挑战。

② 车载互联服务。互联服务类别包括车内环境控制、健康与福祉监测、个性化导航、远程车辆控制、教育和驾驶培训、紧急响应、购物和支付服务、个性化维护提醒以及家庭和办公室连接。这些服务专注于提升用户的便利性、安全性和舒适性。车载互联服务任务侧重于根据用户习惯和需求，提供实时交通更新、个性化新闻推送、预约维护服务等定制化信息服务，以及远程控制功能，如预热、锁定和解锁，旨在增强用户体验的便捷性和个性

化。随着车载网络和下一代通信技术的发展，智能网联汽车的联网通信能力将进一步增强，用户将享受到更流畅的智能互联服务流程，涵盖身份识别、信息验证、指令提交和服务付费等环节。市场上现有的智能系统，如智慧车联开放联盟（Intelligent Car Connectivity Open Alliance，ICCOA）推出的 ICCOA Carlink，提升了车机系统的智能化水平和功能实用性，满足了用户的多样化车载需求，包括导航、会议、音频和新闻资讯等，并在持续扩展中。此外，阿里巴巴集团开发的"AliOS"智能车载操作系统，通过与车辆的深度整合，提供了智能语音控制、在线导航、远程控制和移动支付等核心功能，并实现了与阿里巴巴生态系统的无缝连接，包括支付宝（Alipay）和高德地图（Amap）等，为用户提供一站式智能出行体验。这些车载互联服务的引入和优化，正不断地推动着智能网联汽车行业的创新和发展。

4.2.3 智能网联汽车人机交互个性化设计通用流程

在充分考虑个性和设计主体、服务对象与设计内容的基础上，智能网联汽车（ICV）的个性化通用设计流程如图 4-3 所示。

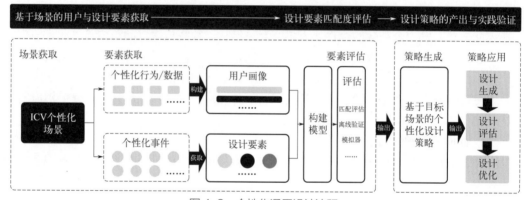

图 4-3 个性化通用设计流程

值得注意的是，智能网联汽车的个性化设计通用方法实质上是基于大量用户数据构建的平均模型进行的方法论研究。在实际操作过程中，存在忽视单个驾驶员偏好和驾驶特征的问题[16]。同时，在类似场景下，驾驶员之间的行为和偏好差异同样是一个重大问题。因此，毫无疑问，传统的通用方法只能为驾驶员提供有限的性能和满意度。这促使后续的智能网联汽车个性化设计研究中，在引入个性化驾驶辅助投入更多的精力，并隐式嵌入个性化的风格、偏好和特征等方面。

4.3 智能网联汽车个性化应用场景

当前智能网联汽车的个性化应用场景可被划分为：车辆安全驾驶场景、监控与被监控场景以及车载信息娱乐场景。

4.3.1 车辆安全驾驶场景

（1）自适应巡航场景

主流智能网联汽车采用 L3 级别自动驾驶技术，实现 ACC（自适应巡航控制）、LKA、自动变道、交通拥堵辅助、自动泊车、CACC（协同式自适应巡航控制）、交通信号识别、紧急制动、驾驶员监测及环境监测等功能，允许车辆在特定条件下独立驾驶，但需驾驶员准备接管控制以确保安全。ACC 和 CACC 是自适应巡航技术的不同实现，都是较为成熟的自动驾驶技术。其中，ACC 能够自动维持与前车的安全距离，而 CACC 则进一步集成了车与车、车与基础设施间的通信技术，实现了更高级的交通管理和车辆控制。搭载 ACC 和 CACC 的车辆可以通过车载检测设备和"车-车"通信技术获取实时的前车行驶状态。这赋予驾驶员更及时、精确的交通状况感知能力，以及更稳定、安全的判断能力[17]。自适应巡航控制系统通过学习用户驾驶习惯和个性化设置，提供定制化驾驶体验，同时与车载系统集成，增强了用户的个性化和安全性。ACC 的智能化和个性化交互不仅提升了驾驶舒适性，也使汽车成为一个更加互动和个性化的移动空间。

如图 4-4 所示，现阶段车辆的自适应巡航主要应用于以下 4 类典型场景：

① 匀速行驶控制：在前方无跟车的情况下，自适应巡航控制（adaptive cruise control，ACC）系统将维持车辆于常规巡航状态，按照预设车速行驶，此时驾驶员主要负责方向控制。

② 自动减速控制：当 ACC 系统监测到正前方的车辆速度低于本车时，系统将自动执行减速操作，确保维持预设的安全车距。

③ 跟随行驶控制：在达到安全车距后，ACC 系统将采取跟随控制策略，同步前车的车速，实现与前车同速行驶。

④ 自动加速控制：一旦前方车辆驶离或本车完成变道，且确认前方无其他车辆，ACC 系统将自动加速，使车辆恢复至预先设定的巡航速度。

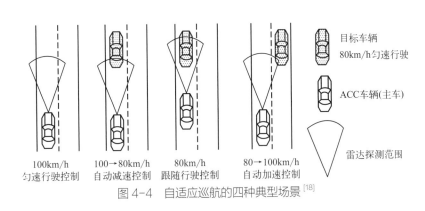

图 4-4　自适应巡航的四种典型场景[18]

(2) 紧急避险场景

智能网联汽车的关键挑战之一是如何预防道路突发状况并确保乘员安全。车辆利用实时信息更安全、高效地处理紧急情况，展现"车-路"和"车-车"协同优势。例如，制造商推出的主动安全系统（如紧急避让辅助系统）提升了应对紧急情况的能力，但多数系统在危险情况下仍需驾驶员介入，尤其在高速公路等场景下存在局限。智能网联汽车的车路一体化系统通过增强环境感知和数据融合处理，提升了车辆对障碍物的决策合理性，确保了交通安全，减少了对交通流的影响，并能针对多种突发状况提供紧急避让、施工提醒、急弯预警和车速引导等反馈，显著提高了驾驶安全性和效率。

具体地，智能网联汽车的紧急避险功能通过定制化安全设置、交互式学习和动态适应驾驶情境，与个性化交互体验紧密相连，不仅增强了驾驶者的信任和车辆的技术展示效果，还通过集成的情境感知和持续优化，实现了安全与舒适的平衡，显著提升了用户的整体驾驶体验。

图 4-5 展示了智能座舱在汽车辅助驾驶情境下警示信息设计案例。该案例深入分析了自动驾驶环境下，图像、声音以及图像与声音结合这 3 种信息传递方式如何影响信息的传递效率和用户的绩效和体验；探讨了声效方向——包括与图像提示内容方向相同、相反以及均匀分布——对用户体验和信息传递效率的具体影响。基于这些深入的洞察，提出了设计策略：在车载增强现实抬头显示器（augmented reality head-up display，AR-HUD）的交互设计中，依据信息内容的展示位置及检测内容的方向，巧妙融合立体图像显示提示与相应方位的声效，形成一种多模态的提示方法。这种设计不仅优化了信息的传递效率，更在细节上提升了用户的个性化体验。

图 4-5　汽车辅助驾驶情境下警示信息设计

4.3.2　监控与被监控场景

(1) 道路周边环境监测

智能网联汽车融合了先进的环境信息获取技术，通过车载传感器和 V2X 通信技术，实时收集并传输数据至智能决策中心，以支持精准的决策制订。在高级驾驶辅助系统中，车载摄像头、毫米波雷达和激光雷达等传感器发挥着关键作用，它们凭借各自的技术特性，为车辆提供 360° 全方位环境感知。这些传感器不仅增强了行车安全，还为个性化驾驶体验奠定了基础，具体细节可见表 4-1。

表 4-1　主流感知传感器技术特点分析 [19]

传感器	实现原理	优点	缺点
车载摄像头	将拍摄的图片转化为二维数据，通过图像匹配进行识别。最后进行距离测量，估算目标与本车的相对距离和相对速度	技术成熟；成本低；采集信息丰富	易受光照和环境影响，很难全天候工作；识别率在能见度低的情况下大幅度降低；空间立体感不强
激光雷达	通过激光扫描器和距离传感器获取目标表面形态。激光脉冲发生器周期性发射激光脉冲，经目标物体反射后由接收透镜接收，通过计时电路与时间测量电路进行距离计算	高分辨率和高精度；抗有源干扰能力很强；有效抵抗电磁波影响；处理速度快	受环境影响很大，易受太阳光干扰，特别是在雨雪天，激光衰减较大，精度会大幅下降；价格昂贵

传感器	实现原理	优点	缺点
毫米波雷达	先利用高频电路产生特定调制频率的电磁波，并通过天线发送电磁波和接收从目标反射回来的电磁波，通过发送和接收电磁波的频率等参数来计算目标障碍物的距离和速度	高分辨率、小尺寸；穿透能力强；受环境因素的影响较小；可直接测量距离和速度信息	对人的分辨率不高，导致虚报物出现；价格昂贵
超声波雷达	通过发射并接收 40kHz 的超声波，根据反射时间算出障碍物距离，其测距精度是 1 ~ 3cm	能耗较为缓慢，穿透性强，不受光线条件的影响；短距离测量中精度较高且成本较低	对温度变化敏感；不适于测量较远的目标

(2) 驾驶风格监测

驾驶风格是指驾驶员在操控车辆过程中形成的相对稳定的行为特征。研究表明，在自动驾驶领域，准确把握特定驾驶员的驾驶风格比想象中更为复杂。通常情况下，驾驶员对驾驶系统的偏好并不直接显现，而是需要通过交互式培训和对操作的持续调整来确定其最舒适的驾驶风格。智能网联汽车能够适应多种驾驶风格，满足不同驾驶员的需求，同时提升驾驶乐趣。

面向驾驶风格监测的设计可以通过分析驾驶员的身份、实时驾驶数据和周边环境来评估用户偏好，进而生成可定制、可扩展的驾驶辅助系统个性化界面，增强用户对系统的控制感。研究显示，根据不同用户类型，如里程焦虑型、经验不足型、前馈建议型和频繁使用自定义型，可以进行个性化设计，从视觉风格和布局排列两个方面满足他们的偏好，如图4-6所示。

图 4-6 一种可定制、可扩展的驾驶辅助系统个性化界面[20]

(3) 驾驶状态监测

驾驶员的驾驶状态与其驾驶行为密切相关，不良的驾驶状态可能对驾驶者的行为乃至生命安全造成极其严重的负面影响。目前，对驾驶状态的监测主要包括生理状态监测和心理（情绪）状态监测。

① 生理状态监测。生理状态监测主要用于判断驾驶员是否出现疲劳或分心。当驾驶员长时间在高速公路上驾驶，面对单一的路况和景观时，可能会因为无聊而导致疲劳。疲劳的驾驶员容易出现注意力分散、精神不振、反应迟缓和判断力下降等消极表现，这可能导致在紧急情况下无法及时采取正确的避险措施，从而引发事故，造成人员伤亡和财产损失。针对疲劳驾驶所展开的设计实践，通常包括对驾驶环境的优化、驾驶辅助系统的开发

以及对驾驶员行为的监测。通过这些措施，可以有效地预防疲劳驾驶，保障行车安全。

② 心理（情绪）状态监测。驾驶员的情绪状态及其对事故风险的潜在影响是保障驾驶安全的关键因素之一。驾驶员的情绪状态主要受外部环境和个人特质的共同影响。其中，外部环境因素包括驾驶员所处的地理位置、当前路况和天气状况；个人特质则涵盖性格、年龄等方面。这些因素都可能影响驾驶员的情绪状态，并进一步直接或间接影响其驾驶行为及对当前状况的感知和判断。驾驶员情绪对驾驶风险的影响过程相当复杂，无法简单地用数学模型来表示，如图4-7所示。然而，不可否认的是，负面的驾驶情绪可能对驾驶安全造成重大影响。因此，通过车载系统实时监测驾驶员的情绪，并采取有效手段进行干预和调节，显得尤为重要。

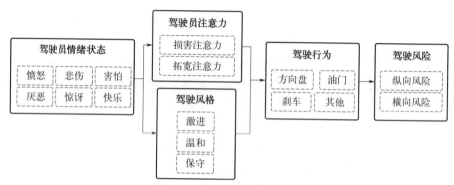

图 4-7 情绪对驾驶风险影响过程

通过主观体验、面部表情和生理信号3个维度可以有效识别情绪。主观体验通常通过与访谈对象的交谈和问卷来收集数据。这类方法成本相对较低，但得到的结果可能与实际情况存在较大差异。而面部表情和生理信号则分别被视为情绪的外在和内在表现，因此可以利用生理测量法来识别和监测驾驶员的情绪。然而，由于驾驶员的特殊性，接触式检测设备可能会干扰驾驶行为，所以通常采用非接触式生理测量方法，以驾驶员的面部表情为基础，分析其与情绪的对应关系。

针对心理状态监测所展开的设计实践，通常结合先进的传感器技术、机器学习和用户行为分析，以实现对个体情绪和心理状态的实时监测。图4-8展示了智能出行中的第三空间设计，设计方案以城市中的独居青年为目标用户，从唤醒度和效价两个维度分析用户的情绪，并根据不同情绪采取相应的介入方式进行调节。该方案旨在帮助用户清空负面情绪，使城市中的"空巢"青年能够更好地与以孤独感为主的负面情绪相处。

4.3.3 车载信息娱乐场景

(1) 自适应交互

汽车的智能系统不仅可以通过感知情境信息实现信息排布方式的自适应调节，还能为用户提供自定义部分内容和操作方式的权利，以满足用户在不同环境、任务下的使用需求，提供个性化服务体验。伴随着汽车智能化进程的不断推进，汽车可接入设备不断增多，车内显示区域扩大，逐渐呈现多元化趋势。与此同时，随着信息量的增长，日益复杂的信息影响了以驾驶为核心的操作任务，降低了行车过程中的安全性。唐纳德·诺曼明确指出，人们追求复杂性是他们对产品功能和情感需求的体现。为了确保产品既易于使用又具备复杂功能，设计师需要通过精心设计来有效管理复杂性。

图 4-8　第三空间设计

依照自适应对象的不同，自适应交互可被划分为人群自适应与场景自适应两部分。

① 人群自适应：即根据用户属性和偏好来实现自适应。如图 4-9 所示为 3 种人群自适应的车机界面样式。

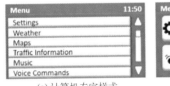  

(a) 计算机专家样式　　　　(b) 默认样式　　　　(c) 视力障碍用户样式

图 4-9　3 种人群自适应的界面样式

② 场景自适应：即根据场景的关联性实现自适应，用户在车内可以通过场景 A 触发场景 B，并且这些均可以由用户自己定义。比如用户设定当车速达到 100km/h 时，车内空气净化系统自动开启，空调自动打开，同时播放音乐。

威马 W6 场景自适应界面如图 4-10 所示，威马 W6 是国内首款实现搭载面向服务的架构（service oriented architecture，SOA）的车型，用户可根据其陆续开放的 25 项功能，自由组合 200 种以上的功能，使用户获得高效、有趣的场景编程体验。

(2) 娱乐服务

在 5G 时代下，智能网联汽车的娱乐服务将变得更加多样化和个性化。首先，车辆将能够提供高清视频流媒体服务，包括电影、电视节目和在线直播，让乘客在旅途中享受丰富的视听体验。其次，5G 的低延迟特性将使得在线游戏成为可能，乘客可以在车内通过大屏幕进行互动游戏，提升娱乐性。此外，车载社交平台将允许乘客与外界保持实时联系，进行视频通话或参与在线会议。媒体功能将包括新闻更新、播客和音乐串流，而电商功能则可能包括在线购物和预订服务，如订购餐饮或预订酒店。这些服务的整合将使汽车成为移动的娱乐中心，极大地提升乘客的出行体验。

图 4-10　威马 W6 场景自适应界面

⑶ 语音助手

智能网联汽车的语音助手是现代汽车技术中的一项关键创新，它通过先进的语音识别和自然语言处理技术，使用户能够以对话的形式与汽车进行交互。这种交互形式不仅限于汽车自身的系统，而且扩展到了与家庭、城市公共交通等构成的更大系统组织中的联动。语音助手的核心功能包括：导航控制，允许用户语音设定目的地并获取实时交通更新；娱乐系统操作，如播放音乐和有声书；通信功能，进行语音拨号和消息读取；车辆控制，如调节车内温度和座椅设置；信息查询，提供天气和新闻等；紧急服务，在需要时自动联系救援；智能家居控制，远程操作家中智能设备；个性化服务，根据用户偏好提供定制化出行建议。这些功能的整合不仅提升了驾驶的安全性和便捷性，而且通过跨平台、跨系统的联动，实现了服务的无缝衔接，极大地丰富了用户的出行体验。

4.4　实践探索：基于车载信息娱乐场景的个性化设计

针对智能网联汽车个性化设计，我们基于车载信息娱乐场景开展了从研究到设计的探索。在该案例中，我们以智能车载信息娱乐系统的个性化体验为研究核心，以感知个性化为切入点，深入探讨了用户与个性化设计要素之间的关系，并完成了设计实践。

4.4.1　基于 EEI 模型的个性化体验设计研究思路

辛向阳教授以用户体验为核心，创新性地提出了"将体验视为设计的核心对象"以及"从用户体验的感知转向主动的体验设计"的理论观点 [21]，从整体体验的视角定义了体验设计理论模型，如图 4-11 所示。

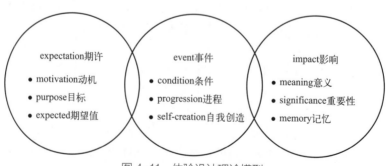

图 4-11　体验设计理论模型

该模型由逐渐递进的三个体验设计要素组成，分别为期许（expectation）、事件（event）与影响（impact）。其中，期许维度是用户使用产品的驱动因素；事件维度涵盖一切与用户直接接触的可设计内容，以及在产品设计阶段或开发过程中满足用户动机和期望的一系列行为和活动；影响维度则是对用户参与实践过程的记忆沉淀和意义总结，该维度肯定了体验具有特殊性和整体性。

以体验设计理论模型为基础，结合智能网联汽车个性化的相关特征，可以开展智能网联汽车个性化交互设计研究与实践，流程如图4-12所示。

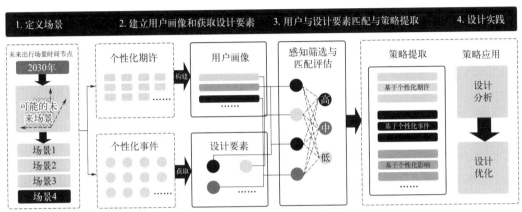

图4-12　智能网联汽车个性化交互设计研究与实践流程

本案例通过场景思维法和用户评估，成功识别出了与个性化高度相关的潜在未来场景——高科技出行场景。利用LDA（latent Dirichlet allocation，潜在狄利克雷分配）主题模型和问卷调研法，构建了该场景下的用户画像，并通过专家访谈深入挖掘了场景中的关键设计要素。经过对用户需求与设计要素的细致感知筛选和匹配评估，最终提炼出了10条针对性的个性化设计策略。在此基础上，面向L4和L5级别的智能网联汽车，针对高级别智能车载信息娱乐系统，提出了一套切实可行的个性化设计优化方案。

4.4.2　面向车载信息娱乐的用户个性化研究方法

本研究专注于车载信息娱乐系统的用户个性化，目的在于深入分析未来场景下用户类型与设计要素之间的互动关系。我们主要依据系统的设计特性，并充分考虑用户的个性化需求和事件，通过前瞻性探索来实现这一目标。具体的研究方法包括：

(1) 面向场景定义的研究方法——场景思维法

场景思维法是展望未来所普遍使用的方法论，它适用于前瞻研究领域。该方法的优势在于可以应对未来的不确定性，启发用户获得思维上的突破。

(2) 面向用户画像的构建方法——LDA主题模型

用户画像（persona）是个性化设计的基础，它是用户数据的具象化，可以帮助设计团队理解用户行为、需求和动机，以阐明设计目标。在自然语言处理中，主题模型是为文本数据提供概率框架的生成模型，以提升获取数据核心内容的效率。潜在狄利克雷分配（latent Dirichlet allocation，LDA）主题模型是一种用于识别和集中揭示文档集合中隐藏主题的统计方法。该模型能够推断出文档集合中每个文档的主题分布情况，以及每个主题下单词出现的频率分布。通过这种方式，LDA 主题模型能够揭示文档集合中的潜在结构，帮助我们理解文档内容的内在含义。如图 4-13 所示是 LDA 主题模型的结构，其中，M 为语料库中的文本数，T 为主题数，α 为主题分布的超参数，β 为词分布的超参数，θ 为文本主题分布，ϕ 为主题词分布，N 为文本中的词数，w 是词，t 是文本中每个词在模型中被分配到的主题编号。近年来，LDA 主题模型被越来越多地用于用户画像的构建中，并且构建的用户画像被认为具有更好的清晰度、完整性和可信度。

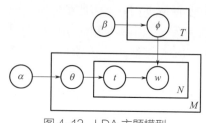

图 4-13 LDA 主题模型

(3) 面向设计要素的获取方法——专家访谈

专家访谈是一种被广泛使用的定性访谈方法，也是一种探索性研究的方法，通常用于获取有关领域或探索特定领域的信息，以及获取未知领域的知识和方向。专家访谈有助于构建一个复杂的领域初期知识体系。在我们的研究中，通过结构化的专家访谈，为场景化的个性化设计获得更聚焦和有深度的信息结果。

4.4.3 场景定义

(1) 未来出行场景的时间节点确定

在任何创新设计领域，对未来的展望都至关重要，如在交通出行领域，未来的交通出行方式的变化，不仅是企业，也是整个社会都关心的内容。通过我们的前期研究发现，多数专家学者都将 2030 年作为未来出行场景发展的关键时间节点，同时该领域的研究趋势和热点也将 2030 年作为一个重要时间点，所以我们的研究也将"未来出行"时间背景定在 2030 年。

(2) 未来出行场景的探索

根据 Miskolczi 团队的研究，影响未来出行的不确定因素包括：自动驾驶、共享出行、电动汽车、交通拥堵、社会态度以及温室气体排放。由于每个影响因素未来都有可能存在不同程度的变化，有不确定性，因此，我们在 6 个因素的基础上，将每个影响因素分为 3 个等级，分别为没有变化（一级）、轻缓的变化（二级）和重大的变化（三级），如图 4-14 所示。

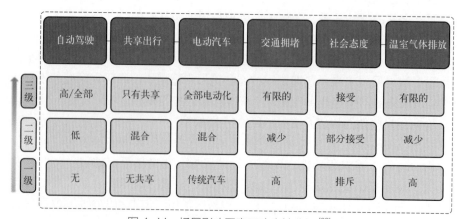

图 4-14 场景影响因素不确定性分析[22]

结合不确定性的评估值，我们依照主体与趋势等方面的差异进行合理预测，得到了 4 个未来出行可能面临的场景，如图 4-15 所示。

场景一：没有变化的出行场景

交通方式　私家车为主
受众群体　90后和00后
汽车自动化等级　L2、L3
问题　交通拥堵和大气污染，自动驾驶立法和技术不完善，无创新性解决方案

场景二：缓慢转变的出行场景

交通方式　私家车为主，公共交通为次，逐渐接受共享出行方式
市场占有量　新能源汽车市场显著增加
生活方式　逐渐转向弹性工作时间和居家办公
问题　环境和交通问题仍然严重且未得到解决

场景三：共享服务盛行的出行场景

交通方式　共享出行
趋势　电动车普及，传统车辆下降
问题　交通拥堵逐渐减少，对环境有正向影响

场景四：高科技的出行场景

汽车自动化等级　L4、L5
趋势　驾驶员不再需要驾驶汽车
生活方式　汽车不再是简单的出行工具，而被赋予更多有趣的功能

图 4-15　四个未来出行可能面临的场景

场景一：没有变化的出行场景。在该场景中，我们预测 2030 年的城市交通系统将会与当前非常相似，私家车仍然是最主要的出行方式。共享出行服务范围较之当下并未取得突破性进展。受社会道德规范与相关法律法规的影响，汽车自动化等级仍然在 L2、L3 级别，且交通拥堵和大气污染问题依然严峻并缺乏针对性、创新性的解决方法。

场景二：缓慢转变的出行场景。相较于场景一，我们预测用户对于共享出行与新能源汽车的接受度明显提升，但由于汽车的过度使用，环境和交通问题依旧严峻。

场景三：共享服务盛行的出行场景。与场景一和场景二所预测的未来景象有较大区别，在场景三中，人们将更着力于优先解决城市拥堵以及环境污染等问题。电动车将逐步取代传统车辆，共享出行方式得到普及，交通拥堵与污染问题等得以改善。

场景四：高科技的出行场景。在场景四中，技术进步明显影响了交通运输和出行行为。高等级的自动驾驶车辆正逐渐普及，驾驶员不再需要驾驶汽车。用户的生活方式发生转变，汽车不仅是一个简单的出行工具，还被赋予了更多有趣的功能。

（3）未来出行场景评估筛选

未来出行场景是智能网联汽车未来人机交互发展趋势的具体体现，根据动机和目标的不同，有不同的场景，如没有变化的出行场景、共享服务盛行的出行场景和高科技的出行场景等。基于用户对未来出行的认知，可以选出能够获得用户共识的出行场景。具体来说，我们采用用户访谈和主观量表等方法，深入探索用户对不同未来出行场景的理解和认同程度。这样，我们能够精确地筛选出用户认同度最高的未来出行场景。

我们采用用户访谈的方式探索了用户对 4 个可能的未来出行场景的看法，进一步地，运用主观量表，对 4 个题目打分，验证用户对不同场景的看法。量表的题目包含 4 个维度，即清晰度、感知度、认知度、匹配度，评价维度与具体问题如表 4-2 所示。这些维度的设定参考了 PSSUQ（post-study system usability questionnaire，研究后系统可用性问卷）的评估

维度，PSSUQ 用于评估系统的可用性，涵盖系统质量、信息质量和界面质量 3 个方面。在我们的研究中，特别借鉴了 PSSUQ 中关于信息质量的相关问题，并对其进行了适当的改编，以满足本研究的具体需求。

表 4-2　未来出行场景评价维度及问题

评价维度	具体问题
清晰度	我认为这段文字描述的场景很清楚
感知度	我能够想象我在这个场景中的行为
认知度	即使现在不看文字，我也很容易回忆起这个场景
匹配度	该场景符合我对中国 2030 年移动出行的期待

为避免研究偏差，我们招募了 10 名访谈对象。其中 5 名为设计艺术专业学生，可以从专业角度进行场景评判，另外 5 名访谈对象来自不同工作领域，其年龄为 23 至 54 岁，平均年龄为 30.4 岁。其主观评价数据的量化结果如图 4-16 所示。

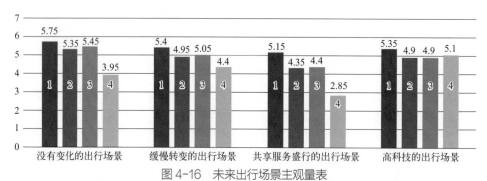

图 4-16　未来出行场景主观量表

1—我认为这段文字描述的场景很清楚；2—我能够想象我在这个场景中的行为；
3—即使现在不看文字，我也很容易回忆起这个场景；4—该场景符合我对中国 2030 年移动出行的期待

最终的报告结果显示，用户普遍期待 2030 年实现高科技的出行场景，但对高科技的出行场景的感知和认知程度相对较低，需要将文字描述转化为更为生动和具有代入感的视觉化表达。

4.4.4　基于个性化期许的用户画像构建

在完成对未来出行场景的定义与评估以后，我们尝试着建立面向未来出行的用户画像，所以运用 LDA 主题模型获取用户关键词，并分析基于个性化期许的用户特征，在此基础上分析关键词与用户特征之间的关联性，最终生成基于个性化期许的用户画像。

（1）基于 LDA 主题模型的个性化期许关键词获取

我们按照 5 个步骤来使用 LDA 主题模型获取用户关键词，包括：

① 收集基于高科技的出行场景的文本数据：对 2018 至 2021 年的数据进行收集，最终在原始数据中共收集 4008 条文本数据，平均每个字段有 446 个字。

② 对收集到的文本数据预处理：对属性不全和质量较低的数据进行预处理。最终获得

有效文本数据 3216 个，平均字段为 559 个字，属于长文本的范围，满足 LDA 主题模型对数据样本的基本要求。

③ 数据清洗和分词处理：我们通过线性判别分析模型生成词簇，将哑词、标点符号和无意义的词添加到停止词列表中，完成数据清理。

④ 确定最优主题数：采用 Python 实现 LDA 主题模型，会生成一致性模型和困惑度模型，以此判断最优主题数。当数据同时满足一致性数值高且困惑度低的条件时，可以将其判定为最优主题数，根据分析结果发现，当主题数等于 3 或 4 时，困惑度的值相对较小，且一致性较高。

⑤ 获取主题关键词：LDA 主题模型最终输出三组主题词云（Topic1、Topic2、Topic3），每组主题词云包含十个最相关的关键词，其在主题内分布概率见表 4-3。

表 4-3　高科技的出行场景下的用户个性化期许主题关键词

Topic1	概率	Topic2	概率	Topic3	概率
家庭	0.009	生活	0.014	效率	0.009
孩子	0.007	体验	0.009	兴趣	0.007
记录	0.006	娱乐	0.009	隐私	0.007
旅行	0.005	态度	0.007	沟通	0.007
教育	0.005	宠物	0.007	安全	0.006
环境	0.005	健康	0.007	行李	0.006
父母	0.005	时间	0.006	城际	0.006
便利	0.005	游戏	0.006	距离	0.005
工作	0.005	分享	0.005	远程	0.005
空间	0.005	情绪	0.004	旅行	0.005

(2) 基于个性化期许的用户特征分析

通过先前的研究，我们将个性化期许分为 3 个差异化的主题，每个主题代表用户不同的特征，分别是：

① 基本特征：包含性别、年龄这两个用户体验研究中的基础变量因素。

② 复合特征：包含职业状态、教育背景、家庭情况、收入情况以及驾驶熟练度等因素，与基本特征一同直接影响用户使用智能车载信息娱乐系统的动机。

③ 情境特征：根据 Kim 等的研究结论可知，在智能网联汽车的场景下，用户希望实现以下 6 个方向的目标，即娱乐、饮食、休息、交流、清洁、工作，不同的用户目标形成不同的情境特征和具体任务 [23]。

(3) 关键词与用户特征关联性分析

使用问卷调研法，结合上文对用户特征的挖掘，通过个性化期许与用户特征的关联性研究，获得对用户画像更详细的描述。调研共回收 189 份问卷，其中有效问卷 174 份。

(4) 基于个性化期许的用户画像生成

根据 LDA 主题模型输出的 3 组主题词，我们获得了未来出行场景中个性化期许的 3

个差异化主题，结合相关文献从用户基本特征、复合特征、情境特征 3 个维度来探索个性化期许主题与用户特征的关系，获得 3 种用户画像，如图 4-17 所示。

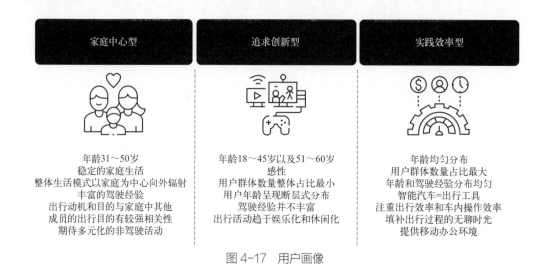

图 4-17　用户画像

① 家庭中心型：该类用户多数已经拥有稳定的家庭生活，年龄主要分布在 31 ～ 50 岁之间，其生活模式以家庭为中心向外辐射。具有较为丰富的驾驶经验，且出行动机和目的与家庭中其他成员有较强相关性。在车内娱乐方面，他们期待多元化的非驾驶活动。

② 追求创新型：该组用户年龄呈现断层式分布，缺乏较为丰富的驾驶经验。受一部分年轻用户的选择影响，该组的出行活动趋于娱乐化和休闲化。

③ 实践效率型：该类用户的占比最多，年龄和驾驶经验分布均匀。他们将智能汽车视为出行工具，重视出行与车内操作效率，并且希望通过智能信息娱乐系统填补出行过程的无聊时光。

4.4.5　基于个性化事件的设计要素与设计策略

(1) 个性化事件的设计要素获取

为了有效支持个性化设计，我们对 5 名从事或研究智能汽车人机交互设计的专家进行了访谈，以探索符合 2030 年智能网联汽车场景的智能车载信息娱乐系统中包含的个性化设计要素。访谈主要记录了各位专家对个性化设计要素的理解和认知。从专家访谈的结果来看，高科技的出行场景中的智能车载信息娱乐系统个性化设计要素分为 3 个任务阶段和 10 个设计要素，通过交叉组合，可获得 30 个不同任务阶段的设计要素，如表 4-4 所示。

表 4-4　个性化设计要素总结

任务阶段	设计维度	个性化设计要素
任务前置阶段	交互方式	输入方式
		反馈方式
任务参与阶段	信息布局	呈现位置

任务阶段	设计维度	个性化设计要素
任务参与阶段	信息布局	界面布局
		导航类型
		功能按键
任务结束阶段	视觉表达	色彩
		图标
		字体
		动效

(2) 设计要素匹配与评估

在先前的研究中，我们获得了两个关键结论：一是智能车载信息娱乐系统有3类典型用户；二是在用户进行非驾驶任务时，可以分为3个任务阶段，并且每个阶段包含10个可以被个性化设置的设计要素。

在此基础上，我们尝试设置情感、美学、身份、影响、人体工程学、核心技术和质量这7个参考维度，并进一步归纳为情感价值、个人价值、易用价值和有用价值4个评估维度，如图4-18所示。

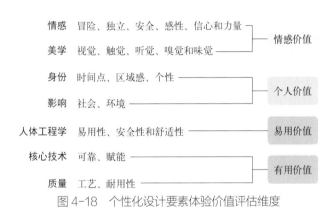

图4-18　个性化设计要素体验价值评估维度

我们邀请30名用户对设计要素的感知个性化进行评估，评分结果如表4-5所示。根据感知个性化设计要素评价标准进行筛选，共得到21个用户可以感知个性化的设计要素。其中的17个设计要素属于感知共性个性化设计要素，所有用户均可以明显感知或想象到这类设计要素的变化和影响；4个感知差异个性化设计要素集中于任务前置阶段，分别为输入方式、呈现位置、导航类型和功能按键。

表4-5　感知个性化设计要素评估结果（平均分）

序号	任务阶段	设计维度	设计要素	家庭中心型	追求创新型	实践效率型
1	任务前置阶段	交互方式	输入方式	2.50	4.70	2.80
2			反馈方式	3.00	4.00	4.20

序号	任务阶段	设计维度	设计要素	家庭中心型	追求创新型	实践效率型
3	任务前置阶段	交互方式	呈现位置	3.00	2.60	1.20
4		信息布局	界面布局	4.00	4.00	4.00
5			导航类型	3.60	2.60	2.10
6			功能按键	2.00	4.00	4.60
7		视觉表达	色彩	4.90	5.00	5.00
8			图标	4.50	4.20	4.50
9			字体	4.10	4.00	4.50
10			动效	1.60	2.60	1.20
11	任务参与阶段	交互方式	输入方式	4.10	4.90	3.80
12			反馈方式	4.90	4.00	4.00
13			呈现位置	4.50	4.00	4.50
14		信息布局	界面布局	4.50	4.20	3.60
15			导航类型	2.10	1.20	1.20
16			功能按键	1.90	1.00	2.00
17		视觉表达	色彩	4.50	5.00	4.60
18			图标	1.20	1.20	1.20
19			字体	2.50	2.60	2.00
20			动效	3.00	5.00	3.00
21	任务结束阶段	交互方式	输入方式	4.20	4.60	4.20
22			反馈方式	4.20	4.00	4.00
23			呈现位置	1.40	2.50	1.40
24		信息布局	界面布局	1.90	2.00	1.90
25			导航类型	1.20	1.20	2.50
26			功能按键	1.00	2.00	1.40
27		视觉表达	色彩	4.20	4.60	4.20
28			图标	4.20	4.00	4.00
29			字体	4.20	3.40	3.80
30			动效	3.00	4.00	3.60

(3) 设计要素与用户类型的映射分析

不同用户类型的设计要素感知体验价值评分，将不同的设计要素划分为低、中、高 3

个等级。图 4-19 展示了不同用户类型对设计要素的评价，以及各要素获得的不同等级的数量分布。最后，通过感知个性化评估，结合用户特征和体验价值评分，提炼出每类用户关注的重要设计要素，并确定其优先级。

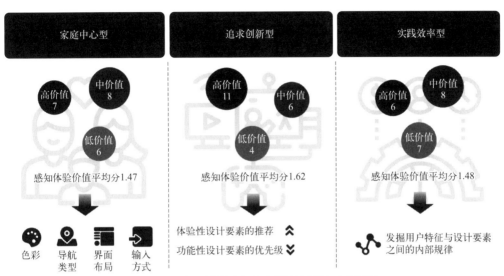

图 4-19　各设计要素与用户类型之间的对应关系

① 家庭中心型用户群体：可以增强色彩、界面布局、导航类型和输入方式 4 类设计要素的个性化。

② 追求创新型用户群体：该类用户对于个性化设计接受度较高，且对体验性设计要素有明显偏好，因此在正式设计中，可以增强体验性设计要素的推荐，降低功能性设计要素的优先级。

③ 实践效率型用户群体：受到用户特征差异的影响，个性化设计要素的特点在于信息的多、乱、杂，如果针对每个用户的特性进行设计，会带来设计成本的提高，因此需要进一步发掘用户特征与设计要素之间的内部规律。

4.4.6　设计实践与验证

(1)　基于感知个性化的设计要素提取

结合先前的研究内容，我们构建了基于感知个性化的智能车载信息娱乐系统体验设计模型，如图 4-20 所示。智能车载信息娱乐系统的设计本身的特性，以及相关前瞻研究领域都具有复杂和不确定性，因此该模型并非通用模型，研究应该构建特定场景之上的结果分析。

我们从个性化期许、个性化事件和个性化影响三个角度对智能车载信息娱乐系统的个性化体验设计策略进行初步提取，相关设计策略如图 4-21 所示。

(2)　问题发掘与策略对应

通过探索 L4、L5 级别智能网联汽车，对高级别智能车载信息娱乐系统提出个性化设置的优化解决方案。根据前文的调研分析可知，用户的个性化需求会随汽车智能化水平的提高而上涨，为避免同质化现象降低用户体验，并使用户获取个性化体验，需要对系统进行以个性化为导向的设计优化。围绕图 4-21 的设计策略，我们通过组建 3 人焦点小组的方式，对智能车载信息娱乐系统中的原有界面进行走查，走查内容涉及引导页、首页、设置页和负一屏。最终共发掘 9 个影响个性化体验的问题，并通过 9 种设计策略应对。详情见表 4-6。

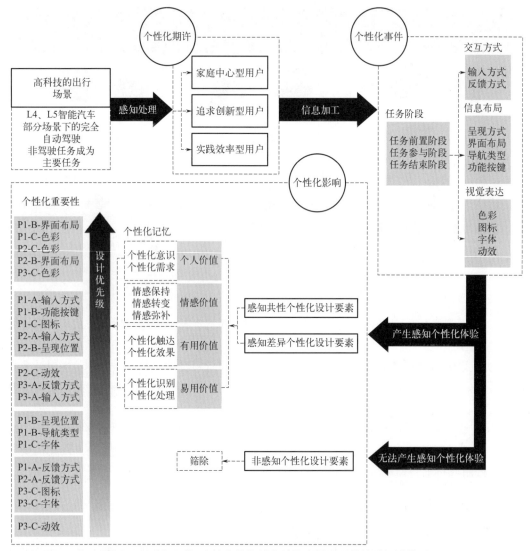

图 4-20　基于感知个性化的智能车载信息娱乐系统体验设计模型

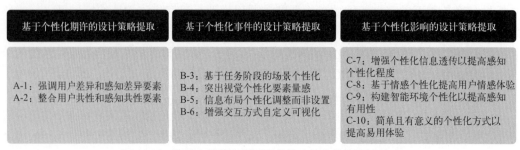

基于个性化期许的设计策略提取	基于个性化事件的设计策略提取	基于个性化影响的设计策略提取
A-1：强调用户差异和感知差异要素 A-2：整合用户共性和感知共性要素	B-3：基于任务阶段的场景个性化 B-4：突出视觉个性化要素量感 B-5：信息布局个性化调整而非设置 B-6：增强交互方式自定义可视化	C-7：增强个性化信息透传以提高感知个性化程度 C-8：基于情感个性化提高用户情感体验 C-9：构建智能环境个性化以提高感知有用性 C-10：简单且有意义的个性化方式以提高易用体验

图 4-21　智能车载信息娱乐系统的个性化体验设计策略

表4-6　问题发掘和策略应对

序号	界面	问题描述	设计策略应对
1	引导页	引导页缺失，没有关注用户的差异点	C-8：基于情感个性化提高用户情感体验 A-1：强调用户差异和感知差异要素
2	首页	Dock栏个性化信息透传过少，用户无法意识到功能按键可以自定义	C-7：增强个性化信息透传以提高感知个性化程度 B-5：信息布局个性化调整而非设置
3		Dock栏与导航栏出现功能混淆，个性化意识传送较弱	C-7：增强个性化信息透传以提高感知个性化程度 B-5：信息布局个性化调整而非设置
4		智能助手的位置超出一定范围，打断了从引导页到首页的情感延续	C-8：基于情感个性化提高用户情感体验
5	设置页	列表过长，功能型设置和体验型设置混杂在一起	A-2：整合用户共性和感知共性要素
6		缺少视觉要素设置，如图标	B-4：突出视觉个性化要素量感
7		缺少交互方式的个性化	C-9：构建智能环境个性化以提高感知有用性
8		场景化个性化设置要素不足	B-3：基于任务阶段的场景个性化
9	负一屏	过于分散	B-3：基于任务阶段的场景个性化 C-10：简单且有意义的个性化方式以提高易用体验

（3）设计原型输出

围绕表4-6的问题发掘与应对策略，输出设计原型如下：

① 引导页的优化。首先，以策略C-8为基础，通过智能机器人的引导建立用户与系统之间的情感连接，使用户更容易接受新系统，如图4-22所示。

随后，以策略A-1为基础，基于用户核心差异点进行信息收集，包含基于感知个性化期许的

图4-22　引导页优化-个性化形象构建

用户画像、用户年龄和驾驶年龄。通过结合以上信息，可以在系统智能识别用户身份的基础上提高对用户偏好的识别准确度，如图4-23所示。

图4-23　引导页优化-用户信息收集

② 首页的优化。在原方案中，智能助手位于屏幕的最右端，使得用户减少对智能环境的感知，且从引导页到首页的整体情感化引导行为被打断。因此参考策略 C-8，将智能助手前移，并固定在功能按键栏的最左侧。

根据研究结果可知，所有类型的用户都对界面布局的个性化感知明显，但原方案的自定义区域和自定义自由度过小，以及缺少有力的引导，整体削弱了用户感知个性化的程度。因此在优化方案中，参考 C-7 和 B-5 设计策略，增加界面布局个性化区域，并在用户可以个性化操作的位置进行添加符号的设置，增强对用户的引导，如图 4-24 所示。

图 4-24 首页优化 - 个性化布局可视化

③ 设置页的优化。根据首页的优化可以获得两个设置区域，分别是以体验功能主导的个性化设置和以驾驶功能主导的通用设置。原有的体验个性化设置包含氛围灯、桌面显示、配色、香氛和声音设置，要素位置分散。因此在优化设计中参考 A-2 和 B-4 的设计策略，获得由视觉设置、交互设置和主题设置组成的优化方案，如图 4-25 所示。

图 4-25 设置页优化 - 个性化设置模式

用户的个性化设置属于任务参与阶段，因此需要参考设计策略 B-3 和 C-9，增强交互方式个性化的场景可视化，以及这个过程中的智能引导。在优化方案中，强化智能助手和交互可视引导，如图4-26所示。

图4-26 设置页优化-场景个性化引导

④负一屏的优化。负一屏是界面层级中较为特殊的一种形式，具有切换速度快的特点，因此用户在使用负一屏时会感觉较"轻"。基于这一点，在优化方案中，参考B-3和C-10的设计策略，给用户在负一屏中提供完整场景化个性化的选择方式。例如，用户可以同时将灯光、界面、香氛等设计要素进行组合，需要时可以在负一屏快速选择切换，如图4-27所示。

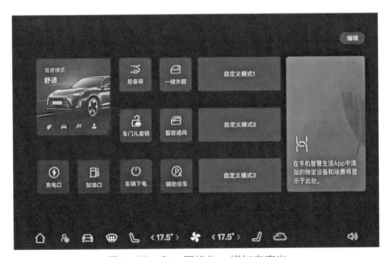

图4-27 负一屏优化-增加自定义

4.5 智能网联汽车个性化交互的未来发展

智能网联汽车个性化交互的未来发展既充满机遇也面临挑战，这要求我们通过不断的技术创新和用户体验优化，更好地满足用户需求，从而为驾驶者提供更便捷、安全和舒适的出行体验。目前，我们的研究主要集中在关注数据隐私、解决冷启动问题以及应对个性化需求的实时变化这3个关键领域。

4.5.1　关注数据隐私

随着智能车辆收集的数据越来越多，用户的隐私安全受到更为强烈的关注。对于数据隐私的研究，已成为未来发展的必然趋势。例如，在处理智能网联汽车车载摄像头的隐私保护和人员识别需求时，Ashutosh Mishra 等研究者提出了一种保护隐私的智能监控系统（intelligent monitoring system，IMS）[24]。该系统可以在异常情况下重新识别已匿名化的虚拟面孔。IMS 的实施涉及提取面部特征的过程，这由自动驾驶汽车（AV）的边缘设备（板载单元）完成。对于基于位置服务的隐私保护，Tan Zheng 等研究者尝试保护个人位置信息，并采用私人信息检索来回答用户对兴趣点的查询[25]。他们将用户的位置信息转化为用户所在道路的信息，同时利用计算模块生成道路附近的用户兴趣点（point of interest，POI）位置。数据隐私保护是未来发展的重要课题。2022 年 5 月，面向量产的车规级智能汽车数据安全产品 ICVSEC 2.5 发布，新版本包含了数据防护和隐私保护两大核心功能，涵盖了硬件、软件、容器等三种形态，并已在多家汽车制造商处实现应用。

4.5.2　解决冷启动问题

当没有足够的个性化数据可以供新用户使用时，就会出现冷启动问题，它包括两种类型：冷启动项目和冷启动用户[26]。其中，冷启动用户指的是个体驾驶员为了获得更佳的驾驶体验而对车辆进行调整。在个性化应用程序中，冷启动问题是一个很重要的问题，当最初阶段使用过程中应用的误报率过高时，驾驶员就有可能放弃这个应用程序。

针对冷启动对整个推荐系统产生的不良影响问题，研究者提出了多种解决方案，大致可以分为以下几类：

① 数值类推荐：对现有用户对项目的评分进行简单的计算，然后对新用户进行推荐，但这个方法仅能解决设计推荐内容的有无问题，无法满足个体间推荐内容的差异性需求，不是真正意义上的个性化推荐。

② 基于社交信息的推荐：随着 Facebook、Twitter 和微博等用户互动平台的迅速发展，人们可以更加容易地了解到用户之间的社交关系，挖掘出他们的喜好，进而根据他们的喜好进行推荐。

③ 跨域推荐算法：为了对首次进入系统的用户偏好或新项目的被喜爱水平进行评价，必须与其他领域的知识相结合。跨域协同过滤能够提升推荐算法性能，但由于其对新用户在其他领域中的历史行为信息要求较高，所以这类算法并不适用于那些在任何领域中没有任何历史行为的新用户。Bao 等人提出了一种新型的协同优先级嵌入算法（collaborative priority embedding algorithm，CPEA）[27,28]，它能够有效地解决用户优先级的稀疏性和不充分性。Gasmi 等人提出了一种基于潜在狄利克雷分配的新方法[27]。当共评项目不充分时，一个情境感知模型可以将情境因素融入预测中，用于从文本信息中提取出用户对某一特定主题的潜在兴趣。

综上，为了克服信息的稀疏性以及冷启动问题，需要将相关的辅助信息输入。在推荐过程中，辅助信息能够丰富用户和项目的描述，提高推荐算法的挖掘能力，进而有效地弥补交互信息的稀疏性和缺失性。

4.5.3　应对个性化需求的实时变化

通常认为，一旦个性化系统建立，个性化过程就结束了。然而，一个真正的个性化系统会使用从驾驶员互动中获取的信息不断进行更新和优化，使得个性化作为一个循环的迭代过程而非线性过程。例如，Wang 注意到了驾驶员偏好的变化，并提出了需要重新调整个性化参数以适应驾驶员偏好的变化[29]。

个性化是一个迭代的循环过程，可以将其应用到汽车环境中。这个循环包括：理解驾驶员，即观察他们的行为；向驾驶员提供个性化的功能；评估影响并在必要时调整个性化策略。例如，Kwon 提出了一个可调整的数字仪表板，其目标是根据驾驶员的年龄、性别、个人驾驶经验以及驾驶员的情绪和驾驶状况的变化提供有效的用户界面和良好的用户体验[30]。

工业界方面，BMW iX Flow 将革新性的平面"电子墨水"技术应用于三维汽车车身，如图 4-28 所示，用户可以根据情绪和天气选择汽车颜色。将电子墨水技术与神经科学技术相结合，使得 BMW iX Flow 能够对脑电波做出反应。通过车身颜色的变化，可以直观地看到自己的大脑活动状态。当大脑休息时，iX Flow 的图案颜色变化趋于平静、有节奏感。当大脑活跃时，汽车将再次改变颜色。

图 4-28　能发生个性化变色的车身

总而言之，智能网联汽车的个性化交互正处于快速发展之中，其核心目标是通过精准匹配系统与用户需求，优化用户体验和提升系统效能。随着技术的持续进步和研究工作的深入，个性化在智能网联汽车人机交互设计领域的应用将愈发成熟。未来，我们期待智能网联汽车在确保行车安全的基础上，不断增强驾驶者与乘客的舒适度和便捷性，为智能出行领域带来革命性的变革。

参考文献

[1] 理查德·格里格，菲利普·津巴多. 心理学与生活 [M]. 王垒，王甦，等译. 北京：人民邮电出版社，2003.

[2] PETTY R E，WHEELER S C，BIZER G Y. Attitude functions and persuasion: An elaboration likelihood approach to matched versus mismatched messages [M] //MAIO G，OLSON J. Why we evaluate: Functions of attitudes. Mahwah: Lawrence Erlbaum Associates Publishers，2000: 133-162.

[3] ALVES T，NATÁLIO J，HENRIQUES-CALADO J，et al. Incorporating personality in user interface design: A review [J]. Personality and Individual Differences，2020，155: 109709.

[4] FAN H，POOLE M S. What Is Personalization? Perspectives on the Design and Implementation of

Personalization in Information Systems [J]. Journal of Organizational Computing and Electronic Commerce, 2006, 16 (3/4): 179-202.

[5] HERMANN D S, SINGH S. User Experience and HMI Technologies for the Future [C] //2020 27th International Workshop on Active-Matrix Flatpanel Displays and Devices (AM-FPD), 2020: 39-44.

[6] PREECE J, ROGERS Y. 交互设计: 超越人机交互 [M]. 4版. 北京: 机械工业出版社, 2018.

[7] 谈莉斌, 唐敦兵. 大规模用户参与的开放式设计决策方法 [J]. 计算机集成制造系统, 26 (4): 1063-1071.

[8] ZHANG Y, LI Y, WANG R, et al. Multi-Aspect Aware Session-Based Recommendation for Intelligent Transportation Services [J]. IEEE Transactions on Intelligent Transportation Systems, 2021, 22 (7): 4696-4705.

[9] CABER N, LANGDON P, CLARKSON P J. Designing Adaptation in Cars: An Exploratory Survey on Drivers' Usage of ADAS and Car Adaptations [M] //STANTON N. Advances in Human Factors of Transportation: Vol. 964. Cham: Springer International Publishing, 2020: 95-106.

[10] WYNN T, RICHARDSON J H, STEVENS A. Driving Whilst Using In-Vehicle Information Systems (IVIS): Benchmarki the Impairment to Alcohol [M] // REGAN M, VICTOR T, LEE J. Driver Distraction and Inattention. Boca Raton: CRC Press, 2013: 24.

[11] PFLEGING B, RANG M, BROY N. Investigating user needs for non-driving-related activities during automated driving [C] //Proceedings of the 15th International Conference on Mobile and Ubiquitous Multimedia - MUM '16. Rovaniemi: ACM Press, 2016: 91-99.

[12] KUN A L, BOLL S, SCHMIDT A. Shifting Gears: User Interfaces in the Age of Autonomous Driving [J]. IEEE Pervasive Computing, 2016, 15 (1): 32-38.

[13] WIENRICH C, SCHINDLER K. Challenges and Requirements of Immersive Media in Autonomous Car: Exploring the Feasibility of Virtual Entertainment Applications [J]. i-com, 2019, 18 (2): 105-125.

[14] VASANTHARAJ G. State of the Art Technologies in Automotive HMI [C] //SAE 2014 World Congress & Exhibition, 2014.

[15] LAKIER M, NACKE L E, IGARASHI T, et al. Cross-Car, Multiplayer Games for Semi-Autonomous Driving [C] //Proceedings of the Annual Symposium on Computer-Human Interaction in Play - CHI PLAY '19. Barcelona: ACM Press, 2019: 467-480.

[16] BUTAKOV V A, IOANNOU P. Personalized Driver/Vehicle Lane Change Models for ADAS [J]. IEEE Transactions on Vehicular Technology, 2015, 64 (10): 4422-4431.

[17] 秦严严, 王昊, 王炜, 等. 自适应巡航控制车辆跟驰模型综述 [J]. 交通运输工程学报, 2017, 17 (3): 121-130.

[18] 张景波, 刘昭度, 齐志权, 等. 汽车自适应巡航控制系统的发展 [J]. 车辆与动力技术, 2003 (2): 44-49.

[19] 徐文轩, 李伟. 无人驾驶汽车环境感知与定位技术 [J]. 汽车科技, 2021 (6): 52, 53-60.

[20] MUSABINI A, NGUYEN K, ROUYER R, et al. Influence of Adaptive Human–Machine Interface on Electric-Vehicle Range-Anxiety Mitigation [J]. Multimodal Technologies and Interaction, 2020, 4 (1): 4.

[21] 韩笑, 邓嵘. 基于EEI模型的智能产品情感设计策略 [J]. 设计, 2022, 35 (07): 90-93.

[22] MISKOLCZI M, FÖLDES D, MUNKÁCSY A, et al. Urban mobility scenarios until the 2030s [J]. Sustainable Cities and Society, 2021, 72: 103029.

[23] KIM H S, YOON S H, KIM M J, et al. Deriving future user experiences in autonomous vehicle [C] // Adjunct Proceedings of the 7th International Conference on Automotive User Interfaces and Interactive Vehicular Applications. New York: Association for Computing Machinery, 2015: 112-117.

[24] MISHRA A, CHA J, KIM S. Privacy-Preserved In-Cabin Monitoring System for Autonomous Vehicles [J]. Computational Intelligence and Neuroscience, 2022, 2022: 5389359.

[25] TAN Z, WANG C, YAN C, et al. Protecting Privacy of Location-Based Services in Road Networks [J]. IEEE Transactions on Intelligent Transportation Systems, 2021, 22 (10): 6435-6448.

[26] ADOMAVICIUS G, TUZHILIN A. Personalization technologies: a process-oriented perspective [J].

Communications of the ACM, 2005, 48（10）：83-90.

［27］GASMI I, AZIZI M W, SERIDI-BOUCHELAGHEM H, et al. Enhanced context-aware recommendation using topic modeling and particle swarm optimization［J］. Journal of Intelligent & Fuzzy Systems, 2021, 40（6）：12227-12242.

［28］BAO S, XU Q, MA K, et al. Collaborative Preference Embedding against Sparse Labels［C］// Proceedings of the 27th ACM International Conference on Multimedia. New York: Association for Computing Machinery, 2019: 2079-2087.

［29］WANG X, GUO Y, BAI C, et al. Driver's Intention Identification With the Involvement of Emotional Factors in Two-Lane Roads［J］. IEEE Transactions on Intelligent Transportation Systems, 2021, 22（11）: 6866-6874.

［30］KWON Y J, CHOI J K, JEON J, et al. Design of Automotive Digital Instrument Cluster Adjustable to Driver's Cognitive Characteristics［C］//2019 International Conference on Information and Communication Technology Convergence（ICTC）, 2019: 461-463.

第 5 章
基于场景的智能
网联汽车信息
娱乐设计

5.1 场景化设计

戈夫曼将场景定义为一个物理环境，其中人们的行为活动受到某些屏障的限制 [1]。约舒亚·梅罗维茨在其著作《消失的地域：电子媒介对社会行为的影响》中，扩展了戈夫曼的理论，将场景的概念演变为一个信息系统，强调信息流动和可访问性的重要性 [2]。梅罗维茨认为，驱动场景内人们的行为和互动是信息的流动模式，而非单纯的空间特征。罗伯特·斯考伯在其著作中进一步发展了这一概念，引入了"场景五力"模型，该模型包括移动设备、大数据、传感器、社交媒体和定位系统 [3]。互联网技术的快速进步和智能设备的广泛普及，已经催生了新的场景，如在线社交、移动支付、线上打车和在线视频等，这些场景是技术发展和互联网思维演进的结晶 [4]。

5.1.1 场景化设计概述

场景化设计是一种以用户在特定场景下的需求和行为为中心，通过创建具体使用场景来引导设计过程的方法。简·富尔顿·苏里（Jane Fulton Suri）及其同事们强调了场景构建在设计实践中的核心地位，将其视为一个关键工具，用于从用户视角验证和评估设计。场景构建不仅促进了对用户需求的深入理解，而且作为人为因素方法的补充，为设计提供了更广阔的视角 [5]。约翰·卡罗尔（John Carroll）在《五种基于场景的设计理由》（*Five Reasons for Scenario-Based Design*）中也强调了基于场景的设计的重要性，主张设计应聚焦于用户在真实场景中的任务执行，以提升设计的实用性和目标性 [6]。为了在设计中植入场景化的思想，辛向阳在其研究中引入"同一论"概念，提出人与系统交互的五个基本要素：人、动作、工具、目的和场景 [7]。总而言之，场景化设计的精髓在于深入分析特定场景下的用户行为。设计者需关注用户的逻辑行为体验，并结合实际场景中的挑战，细致分析用户痛点，从而提炼出具体需求和设计依据[8]。此外，由于用户在不同场景中的心理预期和交互偏好各异，设计必须具备适应场景多样性和动态性的能力[9]。这种方法论认识到了设计需灵活应对用户在多变场景中的复杂需求，以实现更有效的人机交互。

5.1.2 场景化设计方法

基于场景的设计（场景化设计）方法是一种高效且灵活的设计手段，旨在预见使用情境并确保设计紧密围绕用户需求展开。这种方法侧重于详细描述用户在完成任务或活动时对系统的操作，这些描述可以通过文字或图像来呈现。通过这种描述性手段，设计师能更深入地理解用户需求，进而创造出更优质的系统。场景化设计理论在交互设计领域中广受欢迎，因为它通过构建场景为不同背景的利益相关者提供了一个高效的沟通平台。场景化设计方法允许设计师在早期阶段快速推进，并及时收集反馈，以优化和完善设计概念，因此在交互设计中变得越来越重要。此外，这种方法为人机交互领域的专业人士和跨领域参与者提供了宝贵的机会。例如，在开发针对儿童的娱乐技术时，场景化设计帮助设计师深入理解父母对孩子游戏行为的期望，成为探索新设计领域的关键工具。

（1）场景化设计的优势

在人机交互系统的设计中，设计师通常会采用以解决方案为先的策略。该策略涉及产生和分析候选解决方案，以明确问题状态、可行的行动和目标。虽然这种方法充满活力且高效，但也可能导致一些负面效果。例如，设计师可能在充分分析问题和可能的行动之前，过早地提出解决方案。一旦形成了解决方案，即使它不再适用，设计师也可能难以放弃。他们可能会尝试重用之前的解决方案，这可能不适用于新的问题情境。此外，设计师可能未能充分分析自己的解决方案，或在探索问题时未能充分考虑替代方案。

场景化设计是一种基于场景的设计方法，其将重点从单纯的系统操作和功能规范，转移到关注用户如何使用系统来完成具体任务和活动的过程。如图 5-1 所示，与解决方案为

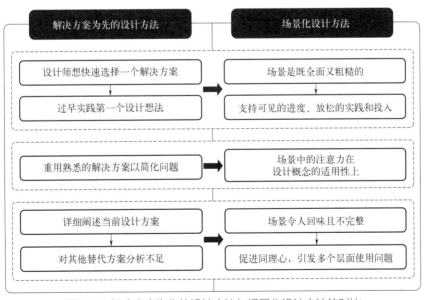

图 5-1 解决方案为先的设计方法与场景化设计方法的对比

先的设计方法相比，场景化设计能够有效减少以解决方案为先的设计方法可能带来的消极影响。通过关注用户如何使用系统完成任务和活动，它鼓励设计师在生成解决方案之前深入探索问题空间，从而促进更全面和创新的设计结果产生。设计师在设计过程中应持续关注用户体验，确保设计成果能够真正满足用户的实际需求。具体而言，场景化设计的优点在于，它可以在早期识别和解决潜在的问题，减少后期修补的成本和时间。在设计前期应用场景化设计方法，通过邀请用户，给定场景，让用户描述其对系统的操作，可以帮助实现预期的用户体验。此外，设计师还可以利用场景化设计方法的多种手段辅助系统的开发，如交互设计、用户界面设计、可用性测试等，从而确保设计符合用户的期望和需求。

总而言之，场景化设计是一种宝贵的设计方法，它专注于人的经历，并强调在设计过程中深入考虑设计概念的适用性。这种方法能够显著提升设计师的同理心，并激发对使用场景的全面思考。与传统的解决方案为先的设计方法相比，后者倾向于借助外部约束简化问题，场景化设计方法更能深入挖掘用户需求和期望，从而创造出更优质的系统。设计师在设计过程中应不断关注用户体验，并利用场景工具来提升设计质量。此外，为了有效应对多样化的设计挑战，设计师也需要持续学习并掌握新兴的设计技术和方法。

(2) 场景的组成

创建基本场景并不复杂，通过简单的草图或故事板，投入一定的精力就能将其具体化，从而简化设计流程并提高效率。如图 5-2 所示，在构建场景时，可采用设定、参与者、目标以及情节的组成结构[10]：

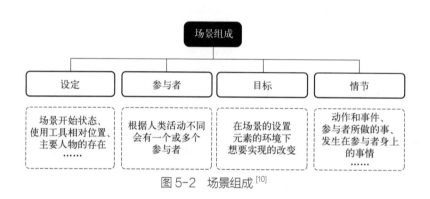

图 5-2　场景组成[10]

① 设定：在描述某个场景时需要明确该场景所述情节的开始状态，还需明确场景中任务目标和需使用工具的相对位置和场景中主要人物的存在；除此之外，界定主要人物在此场景中的角色身份，并指明工作对象，是该场景进一步设定元素的有效方法。

② 参与者：在一个场景中，根据人类活动的不同会有一个或多个参与者；同样，其中的一位可能是主要参与者。

③ 目标：在任何场景中，每个参与者通常都有其特定的目标。这些目标反映了参与者在特定场景设定下希望实现的变化。一般来说，一个场景至少包含一个参与者和一个目标，而且这个目标往往是场景的核心定义要素。当场景涉及多个参与者或目标时，它们在场景中的呈现方式可能会有所差异。

④ 情节：场景中的情节包括一系列动作和事件、参与者所做的事情和发生在他们身上的事情，以及设置中的环境的变化等。特定的动作和事件既可以促进目标的达成，也可以阻碍目

标的达成，甚至可以与既定的目标毫无关系。其中，暂停是与任何目标均无关的动作，它表明参与者针对目标的动作并不流畅。行动和事件通常可以改变场景的目标，甚至是定义目标。

(3) 场景化交互设计的特征

场景化交互设计在场景化设计的基础上进行了扩展，它不仅关注用户理解、事件策划、环境构建和产品设计，更将场景作为研究的核心，聚焦于人、事件和物品之间的交互作用。其核心在于创造沉浸式体验或激发用户特定行为，从而增强用户参与度。设计师需深入分析特定场景下的行为互动，以准确满足用户在该场景下的需求，并将用户需求转化为具体的设计目标。从场景化的视角出发，设计师应打造独特的体验场景，并关注设计的可体验性和可感知性[11]，以建立用户与产品之间的紧密联系。场景化交互设计的特征主要包括：

① 上下文感知：在场景化交互设计中，上下文感知起着关键作用。用户在不同场景下的需求和体验各异，设计师通过不断观察用户行为，对旧场景进行迭代更新，以适应动态变化，实现更优的设计结果。设计时，除了考虑用户的操作选择，还需综合考虑用户的物理环境、时间、社会背景和情绪状态。例如，在公共空间设计中，可以根据实时的人数、温度和用户的个人偏好，自动调节照明、空调温度和音响音量，提供个性化且即时的体验[12]。

② 用户中心性：在场景化交互设计中，用户中心性是核心原则。该方法优先考虑用户的需求、习惯和偏好，并通过深入研究用户行为来确保设计方案能够切实满足用户的实际需求。设计流程涵盖了用户调研、情景分析和原型测试等多个环节。以移动应用设计为例，采用用户中心的方法可能涉及分析用户在不同场景下的使用模式，并据此对用户界面和应用功能进行优化。

③ 多元适应设计：场景化交互设计必须充分考虑用户的多样性，这包括年龄、性别、文化背景和技能水平等不同因素。为此，设计方案需要具备高度的灵活性，以适应不同用户群体的特点。同时，设计的适应性也体现在能够灵活应对环境变化和用户行为的演进。

④ 即时反馈互动：实时交互设计确保用户的操作能迅速获得反馈和结果，这种即时反馈对于提高用户体验和操作效率至关重要。在场景化交互设计中，考虑即时反馈机制使用户能够迅速理解其操作的后果，从而增强了操作的直观性和用户的满足感。以在线游戏和实时数据仪表板为例，用户的每一个动作都能迅速触发系统响应，营造出流畅且沉浸式的体验。

5.2 汽车场景化交互设计方法

5.2.1 智能网联汽车场景化交互设计载体——车载信息娱乐系统

车载信息娱乐（in-vehicle infotainment，IVI）系统是利用车载专用中央处理器，依托车身总线系统和互联网服务，构建的车载综合信息处理系统。该系统能够通过语音命令、触摸屏或车辆控制按钮与驾驶员及乘客进行交互，并提供导航系统、音频媒体、通话功能、娱乐系统（如游戏、电视）、车辆信息、辅助驾驶等多种服务，旨在为驾驶员和乘客提供安全、便捷和舒适的体验。自20世纪初车载收音机和电话问世以来，车载信息娱乐系统一直在新技术的推动下发展。随着技术的发展，这一系统已从早期的收音机、GPS（全球定位系统）导航等基础功能，发展成为集成实时在线地图导航、多媒体娱乐、音视频通信、车辆控制等多功能的复杂系统，其内容日益丰富，形式也变得多样化。

目前，智能网联汽车的车载信息娱乐系统已经不仅是执行非驾驶任务的媒介，也是实现"人 - 车 - 环境"交互的关键平台。该系统作为新型互联网智能终端，专注于系统交互与用户体验，整合智能座舱资源，提供安全、舒适且情感化的操作体验，满足用户个性化需求。智能网联汽车集成了多样化的生活和娱乐功能，如移动办公室、娱乐室、儿童房和餐厅，结合智能驾驶技术，使车载信息娱乐系统成为设计创新的关键。

在智能网联汽车内部，车载信息娱乐系统通常通过以下6种人机界面载体形式实现其功能，如图5-3所示，这些人机界面包括：主驾驶仪表屏、中控台控制屏、副驾驶信息屏、抬头显示器、后排娱乐屏以及中部扶手控制屏。这6种车载显示载体的展示信息的类型大致可以分为3类：车辆行驶状态信息、车载设备状态信息以及多媒体和外接设备信息。

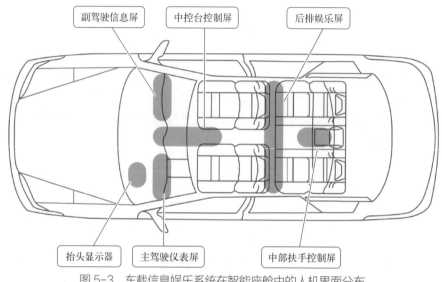

图 5-3　车载信息娱乐系统在智能座舱中的人机界面分布

① 主驾驶仪表屏：主要展示与驾驶直接相关的信息，如车辆的行驶状态和能耗等。此外，它也提供部分导航指引和音乐播放等辅助功能模块的显示，使驾驶员能够迅速浏览这些常用信息，无需将视线长时间偏离路面，这样有助于提高行车安全，如图5-4所示。

图 5-4　主驾驶仪表屏、副驾驶信息屏、中控台控制屏和抬头显示器示例

② 中控台控制屏：位于驾驶员易于操作的位置，是智能座舱内进行人机交互的关键界面，因此也是车载信息娱乐系统的主要交互平台，如图 5-4 所示。它集成了众多车辆控制与信息娱乐功能，包括音乐播放、地图导航、空调调节等。

③ 副驾驶信息屏：近年来兴起的设计，功能与中控台控制屏相似，涵盖音乐视频播放、地图导航、空调控制、电话通信和游戏娱乐等。它通常与中控台控制屏协同工作，展示车辆控制信息及辅助驾驶的相关内容，如图 5-4 所示。

④ 抬头显示器：将关键信息投射到驾驶员的视线前方，以便其在保持视线不离开路面的情况下，获取车速、导航指示等重要信息，如图 5-4 所示。

⑤ 后排娱乐屏：专为后排乘客设计，提供多媒体播放和游戏等娱乐功能，增强乘客的旅途体验，如图 5-5 所示。

图 5-5　后排娱乐屏

⑥ 中部扶手控制屏：分为前排和后排两种类型，主要负责车辆空调的调控和前排座椅的调整。它取代了传统的机械式空调控制面板，简化了车辆控制的操作，并使得用户界面更为直观，提升了使用的便捷性，如图 5-6 所示。

图 5-6　中部扶手控制屏

5.2.2 车载信息娱乐系统的场景化交互设计层次

车载信息娱乐系统的设计，旨在通过科技与汽车的融合，优化驾驶体验并提升行车安全。首先，安全性作为汽车交互设计的第一要务，直接牵涉到驾乘者的生命安全，因此，设计必须确保操作的简便性和直观性，以减少驾驶干扰和误操作的风险。其次，功能性则是满足用户基本需求的基石，涵盖导航、通信、娱乐等方面，这些功能是用户选择汽车的重要考量。最后，随着技术进步和消费者需求的演变，体验性逐渐成为影响用户满意度的关键因素。因此，结合车载信息娱乐场景，设计需要考虑的 3 个层次分别是：安全性因素、不同驾驶状态下的功能需求、场景化交互体验，如图 5-7 所示。

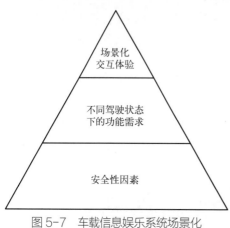

图 5-7　车载信息娱乐系统场景化交互设计的层次

(1) 安全性因素

智能网联汽车的车载信息娱乐系统设计中，安全性是核心原则。随着信息娱乐系统功能的增多，驾驶员分心的风险也随之增大，进一步强调了开发汽车 HMI 时安全性的重要性。在驾驶过程中，驾驶员能够分配给系统操作的注意力是有限的，因为大部分视觉注意力资源需集中于车辆行驶。设计时应注重信息的系统化管理，提升界面易用性，减少用户的认知和学习成本，避免系统操作过度占用用户的注意力资源。同时，设计应避免次要任务与主要任务的冲突，减少用户认知负荷，确保驾驶员能迅速响应意外事件，实现暂态和非沉浸式的交互操作。此外，在多种报警信息同时出现时，系统应能有效展示这些信息，并合理设定其优先级，以确保驾驶员能够及时获取最关键的信息。总体而言，智能网联汽车信息娱乐系统的设计必须将安全性作为首要考虑因素，并通过直观的操作界面、语音控制和触觉反馈来实现快速而准确的交互，同时在设计中综合考量安全性、功能性和用户体验，保证在提供丰富的功能时不增加驾驶员的负担，从而确保行车安全[13]。

(2) 不同驾驶状态下的功能需求

在设计车载信息娱乐系统时，需要考虑驾驶员在驾驶过程中可能遇到的复杂情景和不确定活动，这些情况可能会对驾驶员的行为和情感产生影响。为了满足驾驶员的行为和情感需求，并提升驾驶体验，系统功能应进行细致划分，如图 5-8 所示。

具体来说，为了确保系统既能满足不同场景下的功能需求，又能保障驾驶员和乘客的安全，在设计车载信息娱乐系统时，应考虑到驾驶与非驾驶两种状态下的功能需求。

① 驾驶状态下的功能需求。在驾驶状态下，驾驶员必须集中注意力处理各种驾驶信息和路况信息。因此，车载信息娱乐系统的设计应着重于安全性和实用性，提供简洁易用的操作界面和高效的信息展示方式，以减少对驾驶员注意力的分散。系统应优先展示关键信息，如导航指引、实时交通更新和车辆状态报告，从而提升驾驶效率和安全性。驾驶状态下，车载信息娱乐系统的主要功能需求包括但不限于：地图导航，提供精确、实时的地图和导航指引，帮助驾驶员清晰了解行车路线、交通状况及安全信息；ADAS，包括行车记录仪、后视摄像头和泊车辅助等，旨在提升驾驶安全和体验；语音助手，允许驾驶员通过

语音指令控制车载信息娱乐系统，确保驾驶注意力集中于道路。

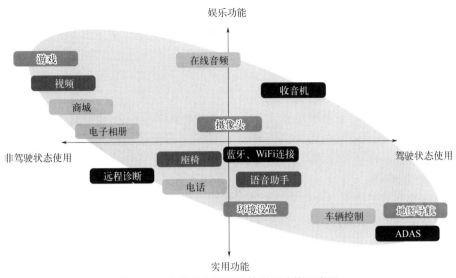

图 5-8 车载信息娱乐系统常见功能和应用

② 非驾驶状态下的功能需求。在非驾驶状态下，驾驶员可以更放松地享受多样化和个性化的娱乐。因此，车载信息娱乐系统应重视舒适性与娱乐性，提供在线音频、视频、游戏等丰富功能，满足乘客长途行驶时的娱乐需求及驾驶员在交通拥堵时的放松需求。此外，系统还应通过个性化推荐和定制服务提升用户的满意度和忠诚度。车载信息娱乐系统的主要功能包括：娱乐功能，播放音频和视频媒体，如电影、电视节目、音乐等，丰富用户的娱乐体验；通信功能，利用蓝牙连接电话和其他设备，便于用户接听来电、拨打电话、发送短信和邮件；网络连接功能，连接互联网，使用户能够浏览网页和使用社交媒体。

(3) 场景化交互体验

场景化交互体验是指在特定的使用环境或情境下，用户与产品或系统之间进行的互动过程中所产生的体验。这种体验的设计侧重于理解用户在特定场景中的行为、需求和目标，并通过设计来满足这些需求，从而提供连贯、有意义且满足用户期望的体验。在智能网联汽车车载信息娱乐设计中，打造场景化交互体验是最终的目标。交互场景作为设计的基础，定义了用户在特定情境下的行为和需求，为实现场景化交互体验提供了出发点。同时，交互场景作为构建草图的重要步骤，对设计师来说至关重要，它帮助设计师深入理解用户行为和需求，识别问题，并优化解决方案，以提升整体体验。

智能网联汽车的交互场景包括车辆与用户之间交互发生的特定环境和情境。设计师首先通过分析场景要素来识别问题和需求，随后运用情景板、故事板、空间叙事等工具和方法来创新概念，并构建出符合场景的人机交互设计 [14]。通过需求分析，设计师进行创新和迭代设计，提供安全实用的体验，并根据用户反馈不断优化交互场景，形成持续改进的设计循环，实现高度个性化的用户体验。这种方法不仅确保了智能网联汽车用户的连续体验，而且通过个性化服务增强了场景体验的深度和质量。个性化设计的理论与方法在本书第4章进行了系统化的探讨。

智能网联汽车的交互场景，通常可以按照以下几个维度进行分类：

① 驾驶环境：智能网联汽车的交互设计需适应多变的驾驶环境，包括不同的天气条件和路况。为满足城市、高速公路、恶劣天气、越野、夜间驾驶以及停车等场景的需求，设计应提供定制化的导航、娱乐、安全辅助和车辆控制等功能。例如，在恶劣天气下，智能座舱可能需要特定的模式以提高安全性，在高温天气下，可能需要额外的散热和舒适功能；对于城市隧道、越野地形、赛车跑道和高速公路等路况，每种环境都需要座舱进行相应的功能调整，以确保驾驶体验的优化和驾乘需求的满足。

② 用户类别：智能座舱使用场景的划分需考虑不同用户群体的特点。年龄和性别是基础的区分维度，如分为男性和女性用车场景。同时，还需关注弱势群体的特殊需求，如儿童、老年人和孕妇的用车场景。此外，根据用户的生活方式和偏好，进一步定制化设计，以满足更细分的市场。

③ 活动类型：智能网联汽车的人机交互场景广泛，包括驾驶操作、信息娱乐、通信联络、紧急情况处理、乘客互动、健康监测、个性化设置及家庭互联等，旨在为驾乘者提供全方位的定制化舒适和便捷体验。同时，智能座舱应进一步支持车内活动的多样性，提供适应社交、办公和游戏等功能的交互界面布局，以满足不同用户活动需求。

④ 旅程类型：智能网联汽车的人机交互场景，可以根据旅程类型进行定制，如短途通勤的智能路线规划、长途旅行的娱乐与舒适性配置、商务出行的办公功能集成、家庭出游的多成员娱乐系统等。此外，夜间驾驶的低光模式、停车与驻车的辅助技术，以及紧急情况下的快速服务访问和车辆维护诊断，都是为了满足多样化的旅程需求并提升驾乘体验而设置。旅程的长短和目的影响智能座舱的功能需求，因此，无论是长途自驾、短途通勤还是商务出差，智能座舱都应提供特定的配置和模式，以优化驾驶和乘坐体验。

⑤ 车辆功能：智能网联汽车的人机交互场景，按车辆功能划分，旨在为驾乘者打造一个安全、便捷且高度个性化的移动环境。智能网联汽车的人机交互场景综合了导航定位、多媒体娱乐、通信连接、安全辅助驾驶、车辆监控、舒适性调节、健康监测、个性化设置、家庭办公互联、紧急服务快速响应和维护诊断等功能，同时核心功能涵盖了车控（车窗、座椅、空调和灯光调节）、媒体播放、导航服务（路线规划和地图显示）及自动驾驶技术（车道保持辅助和自适应巡航控制），实现对车辆硬件的全面智能控制和管理。

总而言之，智能网联汽车的交互场景分类标准并不统一，各汽车制造商和技术提供商会依据自身的产品特性、目标市场和技术优势来设定。随着技术进步和消费者对个性化、定制化需求的增长，针对特定用户群体的功能和使用场景化设计将成为行业趋势，相应的分类维度也可能随之调整或扩展。

按照活动类型划分的车载信息娱乐系统交互场景，相较于其他维度，能更直接地响应用户在车内的具体行为，实现高度个性化的用户体验，并促进功能的创新与整合。因此，本章5.3～5.5节将按活动类型划分，分别探讨社交、办公和游戏场景下的车载信息娱乐设计。

5.2.3　智能网联汽车场景化交互设计流程

在智能网联汽车的人机交互设计中，场景是设计流程的核心，它引导创新性设计概念的形成。下面是具体的操作步骤：

① 交互场景设置：组织一场小型设计工作坊，以产出需要设计的场景。在工作坊中，

我们将深入了解用户对于信息娱乐系统的期望和需求。通过收集、分析和总结，我们将形成各具特点的自动驾驶下的信息娱乐多场景，这有助于我们更好地理解用户期望。

② 场景需求挖掘：为了挖掘场景下用户隐藏的需求，进行一系列用户调研是必要的。我们将分析和总结调研结果，得出信息娱乐系统设计的初始需求集合。结合信息设计可视化的多维度，建立不同信息娱乐场景下的设计模型，以指导后续的原型设计实践。

③ 场景评估测试：进行用户评估实验，检验设计模型指导下的信息娱乐设计。实验旨在探究用户在特定场景还原下的体验、感受与评价。在此过程中，我们将记录客观的实验数据，并采用系统可用性量表（system usability scale，SUS）和情景后问卷（after-scenario questionnaire，ASQ）等工具进行主观评分，量化用户对信息娱乐系统的使用体验。此外，半结构化的访谈将帮助我们深入挖掘用户的深层感受和需求。

④ 设计迭代：根据以上步骤总结的需求，我们将对信息娱乐系统的设计进行迭代和更新，完成交互原型、视觉设计和体验设计的整个系统设计工作。这些步骤是确保信息娱乐系统设计能满足用户需求并提供最佳信息娱乐体验的关键。

需要强调的是，虽然上述步骤为我们提供了一个结构化的设计流程，但流程本身并非一成不变。设计师应根据实际的设计目标、项目需求、资源限制和用户反馈，灵活调整各步骤，以确保设计过程的适应性和有效性。这种灵活性是创新设计的关键，也是满足不断变化市场需求的重要保障。

5.3　车内社交场景下的信息娱乐设计

智能网联汽车社交网络通过车联网技术和智能驾驶技术，将车辆与人、车辆与车辆、车辆与道路等实体进行连接，使智能网联汽车本身可以作为一个节点连接到更大的社交网络。该网络能够实现车辆之间的信息共享、协同行驶、智能交通管理等功能，从而提高交通效率、减少交通事故、改善驾驶体验等。在社交场景下，设计的目标是增强车辆之间以及驾驶员与乘客之间的互动和交流，以增强用户的社交体验和提高用户的满意度。同时，通过促进用户间的互动和社交功能，可提升用户参与度和品牌忠诚度。设计师在这一过程中需要关注用户需求、可用性和易用性、安全性等问题，并采用简单直观、可控性等设计原则，确保交互设计方案的可用性和优质的用户体验。

5.3.1　汽车社交体验的设计关键点

在智能网联汽车社交体验中，交互设计需要更加关注人与人、人与车、车与车之间的互动、信息传递和沟通交流等方面。随着驾驶过程中车内与车外的人之间的社交变得愈发重要，车内社交过程也面临着信息过载、噪声干扰、驾驶分心等难题。因此，为了解决社交场景下的这些问题并减轻它们带来的认知负荷和安全隐患，需要精心的人机交互设计，设计师应从信息负荷和注意力分散两个关键方面入手。

（1）信息负荷

为减少用户信息负荷，设计师需明确车载社交体验的功能重点，并构建相应的信息层级结构。例如，紧急消息和语音助手置于最高层级，以便通过方向盘快捷键激活；导航分享和媒体播放位于次层，通过主界面访问；社交网络更新和个性化设置则置于底层，通过设置菜单访问。界面应简洁直观，支持语音控制和触摸屏操作，简化用户操作。经过原型测试和用户反馈，设计团队应持续迭代优化，最终开发出一个既满足社交需求又确保驾驶安全的车载社交系统。

(2) 注意力分散

在设计智能网联汽车的信息娱乐系统界面时，应首先遵循安全优先原则，确保界面设计不会分散驾驶员的注意力，以便其能够集中精力并快速响应各种道路情况。根据人机工程学原则，设计应避免过度复杂的界面，减少不必要的信息和交互元素，以防干扰驾驶员的视觉注意力，从而降低驾驶安全风险。为了提升用户体验，设计师应采用简洁直观的设计风格，确保界面的干净整洁，并优化信息布局，以提高界面的易读性和操作性。此外，社交功能的整合也应谨慎处理，确保在不干扰驾驶任务的前提下，提供丰富的社交交互体验，增强驾驶员的人车互动体验。通过这些措施，可以确保智能网联汽车在提供便利和娱乐功能的同时，也维护了驾驶的安全性。

5.3.2　智能网联汽车社交设计案例

(1) 车载漂流瓶——基于 L3 自动驾驶环境的智能汽车交互设计 [15]

本设计旨在为一二线城市中的 90 后用车人群提供一个基于漂流瓶概念的陌生人社交应用。该应用以漂流瓶作为社交媒介，构建汽车用户间的社交网络，满足驾驶员在行车过程中的社交需求，并提供一个情感表达和宣泄的空间。应用的基本操作流程为：用户在特定地点"投放"一个漂流瓶，其他用户行驶至该地点时有机会"拾取"并回复，从而实现用户间的互动；同时，漂流瓶会跟随该用户漂流到另一个地点，可被更多人拾取。其交互体验流程如图 5-9 所示。除了漂流瓶外，还有交友瓶、话题瓶、吐槽瓶、发泄瓶这四种面向不同场景的特殊漂流瓶可供用户选择。为了给用户带来更好的体验，车载漂流瓶采用双屏交互，以中控屏为主要操作屏（图 5-10），前挡风玻璃投屏为辅助屏（图 5-11），充分利用车内空间特性。通过双屏和多模态交互设计，增强视觉效果和趣味性。同时支持手势和语音交互以及情绪和场景识别，以更好地满足用户需求并提升用户体验。

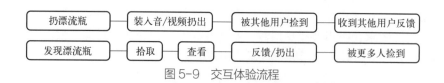

图 5-9　交互体验流程

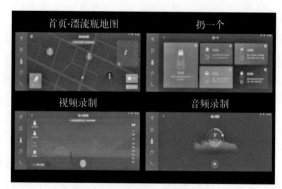

图 5-10　漂流瓶中控屏界面

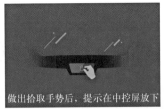

拾取提示　　　　　　　　　做出拾取手势后，提示在中控屏放下

图 5-11　漂流瓶挡风玻璃界面

本设计采用了包括需求分析、概念设计、视觉设计、可用性测试、产品设计的设计流程，具体内容如图 5-12 所示。

需求分析	概念设计	视觉设计	可用性测试	产品设计
设计背景	产品说明	情绪版	测试计划	造型风格
用户分析	信息架构	风格版	测试结果	建模、渲染
用户画像	交互流程	高保真界面	设计迭代	产品尺寸
功能提炼	低保真界面			实物展示
场景分析				
竞品分析				

图 5-12　设计流程

(2) 基于群体社交的未来无人车携犬出行体验设计[16]

在宠物出行的场合中，狗作为最常见的随行动物，以其天生的外向性格和与人建立互动关系的较强能力而受到人们的喜爱。但其出行存在不便，尤其是大型犬种，它们需要充足的运动来消耗体力，在公共场合和交通工具上常遭遇限制。为了满足养狗人群的社交需求，本设计结合无人驾驶汽车技术，探索了携犬出行的新方式和新体验，设计了一个车载智能交互系统，旨在为养狗人群提供携犬出游和聚会活动的信息，满足他们对社交及宠物友好出行的特殊需求。其交互体验流程如图 5-13 所示。无人驾驶汽车携犬出行体验交互界面示例如图 5-14 所示。

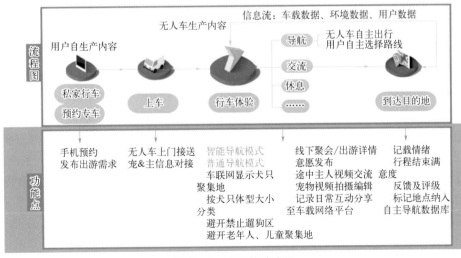

图 5-13　交互体验流程

图 5-14　无人驾驶汽车携犬出行体验交互界面示例

5.4　车内办公场景下的信息娱乐设计

5.4.1　汽车办公体验的设计关键点

（1）办公效率

互联网的使用正逐渐成为各交通工具用户的普遍需求。对于汽车用户来说，无线互联网和自动驾驶技术的进步显著扩展了工作空间，使得智能网联汽车内的办公变得可行。在设计这些汽车的办公场景时，设计者需要综合考虑包括人机工程学、可用性、易用性以及文化和社会习惯在内的多重人因要素。设计目标是提高车载环境下的工作效率，重点包括工作会议、日历管理、邮件处理和文件管理等关键办公功能。

具体而言，交互设计应以用户为中心，简化控制面板和界面，提供直观的指示，并通过人工智能技术提高办公效率。设计团队应采用全面的设计理念，持续进行方案的测试和优化，以满足用户的多样化需求和偏好，同时确保设计的可用性、用户体验和可持续性。此外，设计还应重视数据安全、舒适性、多功能性及可访问性，以适应多元的工作需求，提升用户的整体办公效率。

（2）办公舒适度

在智能网联汽车中营造一个舒适且用户友好的工作环境是设计的关键。设计师应确保车内空间足够宽敞以容纳必要的办公设备和工具，同时特别关注汽车的人机交互设计，提供简洁易用的界面，以便在车辆行驶过程中实现舒适、顺畅的工作体验。目前，车载触摸屏是最常见的文本输入方式。然而，相比实体键盘，车载触摸屏可能加剧非驾驶任务对驾驶表现的影响。因此，采用语音控制、手势识别和头部追踪技术等多模态交互解决方案，可以提升办公舒适度并减少驾驶干扰。通过模拟器实验，研究发现智能语音助手能显著提高驾驶员在执行复杂任务，如撰写文档或制作幻灯片时的安全驾驶能力[17]。实验要求参与者在驾驶的同时完成多项任务，包括拨打电话、切换音乐播放列表和启动导航系统，可以选择语音命令或手动控制。结果显示，语音命令相较于手动控制，不仅使任务完成更为轻松，也减少了驾驶员与车机的接触频率。尽管语音输入避免了触摸屏的某些缺点，但当前基于语音的系统在识别格式化高级词汇方面存在局限，尚未完全适应移动办公场景，且缺乏键盘的精确定位和纠错功能[18]。此外，研究表明，将移动电脑安装在方向盘附近可以减少背部疼痛和肩腱炎等受伤风险[18]。总而言之，智能网联汽车办公场景下的交互设计注重舒适度，通过多模态交互技术，如语音控制和手势识别，建立一个更安全、健康、高效的智能驾驶与办公并行的车内场景。

5.4.2 智能网联汽车办公设计案例

(1) 办公场景下的远程会话中断恢复界面设计[14]

在智能网联汽车的办公场景中，用户在执行远程会话任务时，主要通过与车载人机界面互动来进行感知和体验，而与车内硬件设备的交互则是必要的辅助。因此，设计一个满足自动驾驶场景和用户需求的远程会话中断恢复界面是至关重要的。此设计策略应涵盖3个关键要素：跨场景统一性、实时会话内容记录以及主动向用户报告系统状态。基于用户评估实验，结合用户的反馈和建议，针对远程多人语音会议场景下的中断恢复界面进行了设计迭代，目的是提升用户的认知和情感体验。

设计与研究思路：

① 需求研究：将场景化设计相关理论与自动驾驶下远程会话任务的用户需求相结合，展开了自动驾驶下远程会话中断恢复界面设计的研究。深入探索了自动驾驶下远程会话的多个场景并挖掘了这些场景中的用户需求（行为），如图 5-15 所示。

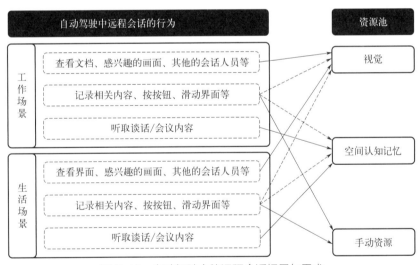

图 5-15 自动驾驶中的远程会话场景与需求

② 模型构建：结合不同用户需求类别、不同远程会话场景以及不同的场景阶段，提出了自动驾驶下的远程会话中断恢复界面设计模型，用以指导后续的界面原型设计和用户评估实验，如图 5-16 所示。

③ 评估验证：通过系统可用性量表（system usability scale，SUS）和情景后问卷（after-scenario questionnaire，ASQ）的主观评分，以及任务完成相关数据，用户评估实验证实了在自动驾驶环境下，远程会话任务中断后的恢复界面显著提高了用户的任务完成效率，并改善了用户在任务中断后恢复过程的体验，如图 5-17 所示。

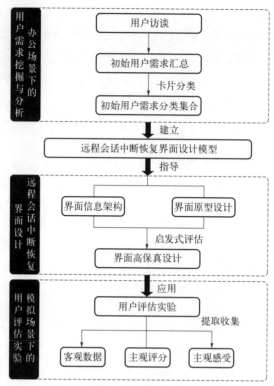

图 5-16　界面设计模型的构建与作用

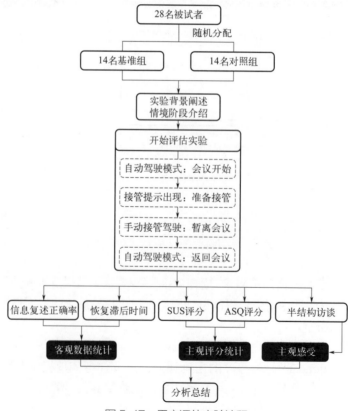

图 5-17　用户评估实验流程

④ 设计实践：对实验后期进行的半结构化访谈结果进行深入分析，提炼出了针对远程会话中断恢复界面的设计策略，并将这些策略应用于后续的界面设计迭代中，这进一步完善了自动驾驶场景下特定远程会话中断恢复界面系统的设计，如图 5-18 ~ 图 5-20 所示。

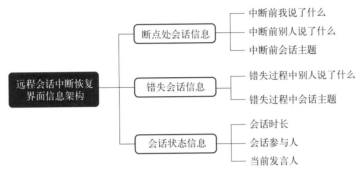

图 5-18　远程会话中断恢复界面信息架构

图 5-19　通话中界面

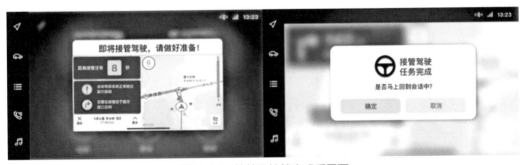

图 5-20　接管及接管完成后界面

⑵ WorkOut 行政车后排多屏智能交互设计 [19]

围绕办公场景，设计对象聚焦于行政车后排的智能交互系统，包括后排中央扶手控制区和后排车门扶手处的控制区。设计内容涵盖了空调、座椅、车窗、灯光以及媒体等车载功能的交互方式和视觉呈现。初步概念采用多模态交互结合智能表面，旨在为行政车用户提供符合其后排空间内活动需求的高品质交互体验。设计突出行政感的高品质定位，体现沉稳、静谧、尊贵和效率的设计理念。

设计思路:

① 通过背景调研,全面分析了智能网联汽车办公场景下的舒适、效率、品味、个性、美观等 5 个关键维度的需求,以确保为行政车后排用户打造一个安全、舒适、私密且技术先进的高品质移动办公环境,如图 5-21 所示。

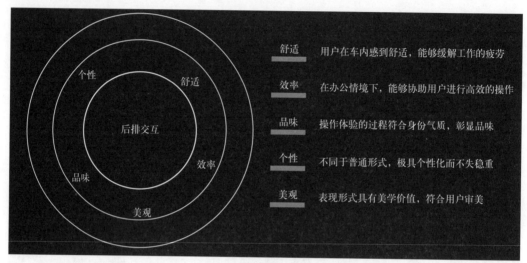

图 5-21 需求定位

② 在智能网联汽车后排办公空间的交互设计中,设计者确定了包括语音、屏幕显示、振动、气味、手势、按键、灯光、声音、温度、触感、触控、状态变化(硬件)在内的多模态交互设计方向,以提升用户的移动办公体验,如图 5-22 所示。

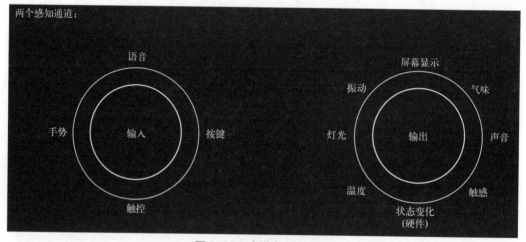

图 5-22 多模态交互设计

③ 具体场景为:"某天下午,用户需要乘坐公务行政车前往某地去参加一场会议,并且会在会议上进行事先准备好的发言,会议结束后需要处理一些紧急邮件,返回办公地点。"为满足行政车后排智能交互系统用户从出发到会议再到返回的全程需求,设计者设计了用户旅程图,如图 5-23 所示。旅程需求包括空调通风换气、舒适坐姿、提前熟悉会议

讲稿、针对眼睛疲劳的放松休息。系统围绕需求提供服务,确保用户体验高效且尊贵。

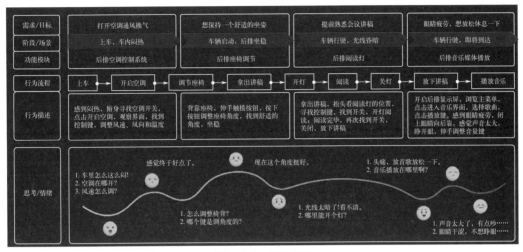

图 5-23　用户旅程

④ 针对行政车后排办公需求,本设计实现了后排液晶大屏与智能触控屏的协同控制设计,优化了协作办公和视频会议的使用流程,如图 5-24 ～图 5-26 所示。用户可以通过触控屏无缝管理大屏上的内容,包括文档编辑、会议控制和娱乐选择。系统界面直观,支持多用户协作和手势控制,同时集成了语音控制功能,提升了操作便捷性。为了确保舒适性,环境控制功能允许用户调节空调和座椅,以保持最佳的工作姿态。此外,系统还提供了眼睛疲劳缓解模式,帮助用户在长时间工作后进行放松。对于即将进行的会议发言,用户可以利用讲稿预览和模拟演讲功能提前准备,确保发言流畅。这些设计共同构成了一个高效、舒适且功能全面的后排智能交互系统。

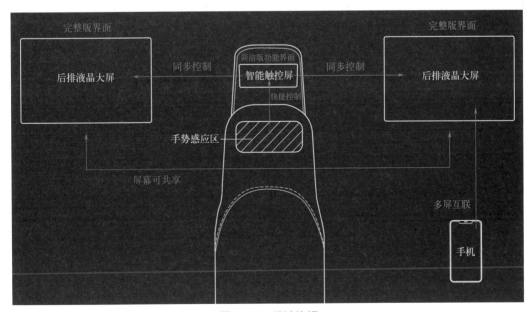

图 5-24　设计构想

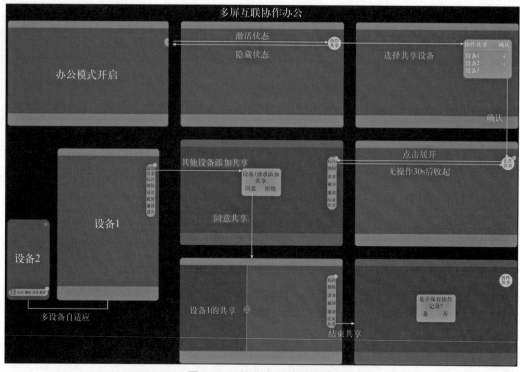

图 5-25　协作办公使用流程

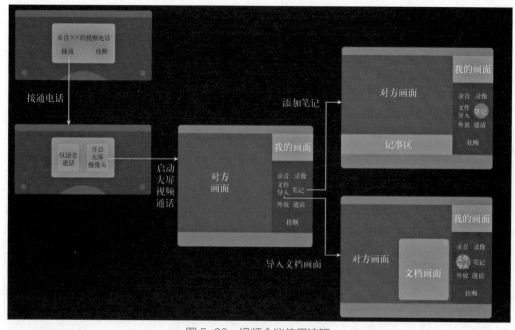

图 5-26　视频会议使用流程

(3)　其他案例

①城市移动办公客车 [20]。城市化和交通工具的发展，居住地与工作地分离，即"职住分离"现象的日益普遍，不仅增加了通勤距离和时间，而且在城市高峰时段，上班族常面临候车时间长、车厢拥挤和交通拥堵等问题。为满足上班族在通勤时段有效利用时间

的需求，设计者提出了一个结合无人驾驶技术的解决方案，目标是打造一个适宜通勤的环境，如图 5-27 所示。

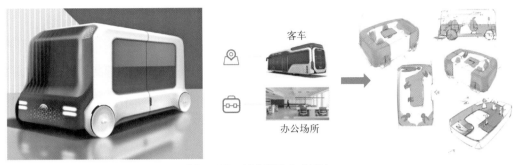

图 5-27　城市移动办公客车

② In Car Office[21]：在 2016 年德国柏林国际消费电子展（IFA）上，梅赛德斯 - 奔驰宣布与微软合作，共同推出了"In Car Office"项目。该项目旨在将汽车转变为一个移动的个人助理，让用户在通勤途中高效利用时间，完成日常工作任务。如图 5-28 所示，"In Car Office"将整合微软的 Exchange 服务，具备读取用户日历、待办事项和联系人信息的功能，并能协助用户规划行程、拨打电话等。系统还能直接从 Exchange 获取用户即将参加的会议地点信息。当会议时间临近时，系统会在车内显示通知，并允许用户通过车载语音系统直接拨打电话，从而提高通勤时间的利用效率。

③ 360c：在 2018 年 9 月，沃尔沃在瑞典展示了 360c，这是一款全自动驾驶的纯电动汽车。如图 5-29 所示，360c 摒弃了传统方向盘，其宽敞的车内空间能够灵活变换为睡眠、移动办公室、起居室和娱乐空间等多种用途。在这些场景中，座椅和家具均可旋转调整，以适应更多样化的功能需求。乘客可以通过语音控制轻松改变车内环境布局，实现个性化的乘坐体验。

图 5-28　In Car Office 车内办公室

图 5-29　沃尔沃 360c 办公空间

5.5　车内游戏场景下的信息娱乐设计

随着智能网联汽车技术的不断进步，游戏设计（游戏场景下的信息娱乐设计）正成为其核心特性及未来发展的关键趋势。要注意的是，车内游戏设计中保证驾驶安全是首要考虑因素，游戏通过声音或虚拟效果分散驾驶员注意力的风险应该最小化。游戏设计不仅能提高驾驶员和乘客的娱乐体验，还能增强用户的参与感。此外，在生态驾驶理念下，引入节能挑战等游戏化元素，可激励乘客采取节能减排行动，增强环保意识。

5.5.1 汽车游戏体验的设计关键点

通过个性化推荐、多模态交互、社交互联、定期内容更新和基于用户反馈的持续优化等方式，智能网联汽车能够为用户提供互动性强的游戏体验。在智能网联汽车的游戏场景下，交互设计致力于提升驾驶员和乘客开展车载游戏的趣味性、参与感和动态性。

（1）游戏趣味性

设计师通过游戏设计，为智能网联汽车的用户打造了一系列创新的驾驶和娱乐体验。例如，华为推出的 HiCar 智能车载系统，旨在将手机和车辆紧密连接，提供包括游戏在内的多种智能服务；蔚来在其部分车型中提供了车载游戏功能，允许乘客在停车状态下享受游戏娱乐；Tesla 在其车辆中集成了多款游戏，包括经典游戏如"刺猬索尼克"和"纸牌"等，驾驶员或乘客可以在停车时通过车辆的中央触摸屏玩这些游戏；BMW 开发了一种名为"JoyTouch"的系统，它通过车辆的 iDrive 控制器提供了一种互动体验，允许乘客在停车时玩游戏。此外，智能网联汽车的游戏体验不仅限于传统的趣味驾驶和游戏，还扩展到了更具互动性和沉浸感的活动。例如，结合现代汽车的先进功能，如抬头显示器（HUD）、车载摄像头虚拟现实（VR）和增强现实（AR）技术等，不仅可以探索新的游戏类型和机制，还能为驾驶员和乘客提供更加丰富多彩的游戏体验。

（2）游戏参与感

游戏用户的参与度指的是用户在游戏中的投入程度和互动频率，与游戏的吸引力、互动性、沉浸感、易用性、个性化、反馈机制、社交元素和持续更新紧密相关，是评价游戏设计成功与否的关键指标。通过精心的设计策略，打造一个既有趣又引人入胜的车载游戏环境。这不仅有效提升了用户的满意度和整体体验，而且增强了用户的参与度，实现了车载游戏设计的核心目标。例如，好莱坞环球影城利用搭载 Holoride VR 头戴式显示器的福特探险者车队，提供与车辆运动同步的沉浸式体验，优化感官体验，减少晕车，有效提升了用户参与度[22]。提升游戏参与度不仅有利于促进安全驾驶和环保意识，还能在车内以及车与车之间通过排行榜等游戏化竞争机制增强体验。这些游戏化元素不仅丰富了乘客的旅途体验，还提升了用户间的社交互动。

（3）行车动态性

在汽车交互设计过程中，应基于不同的动态行驶场景，精心选择和设计合适的游戏体验方案：

① 为不同的交通环境设计游戏，适应不同的交通环境的游戏可以模拟车辆在不同速度下行驶，如在停车场、拥堵的城市街道以及在流畅有序的高速公路等不同场景中以不同速度行驶。这些不同的游戏场景可以通过精心的设计来展现，从而创造出独特的游戏体验。例如，AutoJam 作为一款交互式音乐游戏，通过自动驾驶汽车的方向盘操作，使音乐创作与交通状况同步，增加了车内体验的互动性[23]。

② 影响驾驶路线的游戏设计，如通过游戏化购物旅行提供替代目的地以降低油耗和里程。这类游戏还能模拟旅游体验，提升驾驶者对交通的认识，增强节能意识，同时增加汽

车娱乐性。

③ 车内游戏设计需考虑人因问题，特别是晕动病，因为游戏时一些乘客可能会感到不适。因此，使用图像和声音而非文字来传递信息，可能更为舒适且有效，以确保游戏能在动态变化的车辆环境中不因游戏互动引起不适。

④ 要考虑不同年龄的乘客（幼儿、青少年、中老年人）在认知和反应能力上存在差异，以此对游戏难度进行设置[24]。

5.5.2 智能网联汽车游戏设计案例

（1）AR 车载游戏：PAC-CAR[25]

PAC-CAR 是针对喜欢沉浸式体验的年轻人群体，设计的一款 AR 车载游戏，如图 5-30 所示。该游戏采用汽车屏幕替代 AR 眼镜，运用眼动、手势等形式完成人车联动交互，以游戏作为媒介，在会车过程中拓展车与车之间的社交功能。在行驶过程中，与汽车的速度和路段的特征结合，设置不同的玩法，从而加强用户的沉浸式体验感受。

（2）瞳画世界[26]

为了充分利用车内的碎片化时间，设计者设计了结合汽车与外部环境的视觉训练小游戏"瞳画世界"，旨在缓解旅途中的无聊并提升儿童的视知觉能力。这些游戏不仅为儿童提供了娱乐，还鼓励他们积极参与，从而激发他们的想象力，达到身体机能训练的效果。针对家长陪伴时间有限的问题，特别设计了亲子互动的游戏化方案，让旅途变得更加有趣和富有教育意义。此外，车窗交互设计通过远近景观的视觉锻炼帮助缓解儿童的眼部疲劳。本设计还采用了 DL-NIR 近缓红视力护理技术，利用近红外光促进视网膜细胞的新陈代谢，从而维护眼部健康。这些设计和技术的整合，为儿童打造了一个既有益于学习又充满乐趣的车内体验。其设计方案如图 5-31 所示。

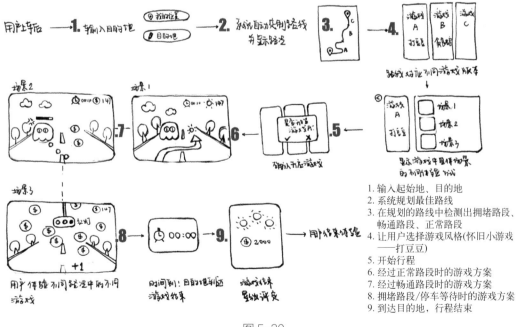

1. 输入起始地、目的地
2. 系统规划最佳路线
3. 在规划的路线中检测出拥堵路段、畅通路段、正常路段
4. 让用户选择游戏风格(怀旧小游戏——打豆豆)
5. 开始行程
6. 经过正常路段时的游戏方案
7. 经过畅通路段时的游戏方案
8. 拥堵路段/停车等待时的游戏方案
9. 到达目的地，行程结束

图 5-30

图 5-30　设计方案

图 5-31　设计方案

（3）UNI-F——儿童娱乐型安全智能座舱设计 [27]

如图 5-32 所示为一款智能座舱设计，旨在解决儿童出行中的安全与娱乐问题。该设计包括一个可根据不同儿童体型调节高度和尺寸的内嵌式儿童座椅，以适应儿童成长的需求。此外，方向盘可收纳，通过折叠和旋转来扩大驾驶位空间。智能娱乐车窗表面内置了音乐、色彩等多种互动游戏，让孩子们在旅途中既能玩耍也能学习，从而有效消除旅途中的无聊感。

（4）街区逃亡 [28]

街区逃亡是一款车内 AR 跑酷游戏，如图 5-33 所示。调用用户的多感官营造沉浸式的车内游戏氛围，根据车行场景的变化，游戏中人物会根据智能计算在真实变化的场景中跑酷，打造游戏与真实环境的互动；另外在行车途中，用户也可与相遇的陌生玩家车辆进行社交互动。

图 5-32　智能座舱设计——支持双联机模式

图 5-33　"街区逃亡"游戏界面

5.6　智能网联汽车信息娱乐未来发展

未来的信息娱乐系统设计应从多个角度进行思考和规划。一方面，设计需要将用户需求和偏好转化为可操作信息。另一方面，深度融合汽车与互联网、大数据、人工智能等技术。同时，设计过程中还需要在技术限制、成本和用户偏好之间做出权衡[29]。

（1）技术突破

从技术的角度来看，未来的信息娱乐系统可能会进一步整合各种先进的技术，如人工智能、大数据、物联网、5G 通信和虚拟现实等，来提升产品的功能性和用户体验[29]。具体包括以下几点：

① 人工智能集成：未来车载信息娱乐系统将深度整合人工智能技术，根据用户的偏好、驾驶习惯和行程安排提供内容推荐，同时通过实时分析车辆周围环境和驾驶员行为，为驾驶员提供精确的安全提示和驾驶建议。

② 云计算和大数据支持：结合车载服务，云计算和大数据技术让信息娱乐系统能够实时更新，为用户提供包括全球地图、导航、路况在内的内容和应用程序。

③ 物联网和 5G 通信支持：通过物联网和 5G 技术，未来车载信息娱乐系统将实现与车辆及外部环境的实时互动，智能控制车辆管理，同时结合传感器和大数据分析，实时捕捉用户行为，以提供持续的信息服务[30]。

④ 虚拟现实（VR）和增强现实（AR）应用：VR 和 AR 技术的发展将使车载信息娱

乐系统提供沉浸式体验，如 AR 导航提示和 VR 游戏，增强乘客互动。

(2) 产业转型

这种变革不仅涵盖了技术层面，如更高级别的自动驾驶、跨平台互联和多设备融合，还特别关注安全性和隐私保护，更体现在对用户的深度理解上[31]。因此，智能网联汽车信息娱乐系统的相关产业也正经历着一场深度的变革：

① 跨平台互联和开放式生态。未来的车载信息娱乐系统将实现与智能手机、平板电脑、智能家居等更多智能设备的互联，允许用户在不同设备间便捷同步数据和应用，提供统一的操作体验，并通过多行业、多企业的跨界合作，实现开放式生态系统，支持第三方开发者为系统创造多样化的应用和服务，以满足用户信息娱乐需求。

② 设计团队协作。通过广泛深入的交流，获得工业设计师、工程师、生产团队、销售人员、供应商和服务提供商等多方利益相关者的需求和期望，设计团队能够综合所有观点，打造出既满足用户需求又在性能、安全性、保密性和可靠性方面达到高标准的车载信息娱乐系统。

③ 安全性和隐私保护。随着信息娱乐系统与互联网的深度融合，未来的系统将采用包括加密传输和生物识别认证在内的先进安全技术和措施，以确保用户数据安全和隐私得到有效保护，抵御潜在风险。

(3) 体验升级

未来，从用户需求的角度来看，智能网联汽车信息娱乐系统设计需要做到用户中心化，即以用户为核心，满足其对汽车信息娱乐系统的多样化需求[32]。

① 智能驾驶体验优化。在智能驾驶场景中，随着未来智能网联汽车实现更高级别的自动驾驶，驾乘人员将享有更多娱乐和休闲时间，从而使信息娱乐系统的作用日益凸显，需要能够提供更丰富的娱乐、学习及工作体验。

② 社交网络和在线服务融合。社交网络和在线服务的融合将使信息娱乐系统能够提供更丰富的社交互动和便捷服务，使用户在行车过程中能够实时查看朋友动态、共享路况信息，以及在线预订餐厅和停车场等。

③ 深入理解用户偏好。利用车内环境与情绪识别等新兴技术，信息娱乐系统能根据实时监测调节空调和音乐，同时结合用户偏好、文化背景，提供导航、音乐、新闻服务及 UI 设计，满足社交、在线服务和环境适应等需求，打造更优质的驾驶体验[32]。

参考文献

[1] 欧文·戈夫曼. 日常生活中的自我呈现 [M]. 冯钢，译. 北京：北京大学出版社，2008.

[2] 约书亚·梅罗维茨. 消失的地域：电子媒介对社会行为的影响 [M]. 肖志军，译. 北京：清华大学出版社，2002.

[3] SCOBLE R，ISRAEL S. Age of Context: Mobile, Sensors, Data and the Future of Privacy [M]. [S.I.]: Patrick Brewster Press，2014.

[4] 周钟. 场景化理论驱动的企业视频会议系统交互设计研究 [D]. 长沙：湖南大学，2024.

[5] FULTON SURI J，MARSH M. Scenario building as an ergonomics method in consumer product design [J]. Applied Ergonomics，2000，31（2）：151-157.

[6] CARROLL J M. Five reasons for scenario-based design [J]. Proceedings of the Hawaii International Conference on System Science，1999：123.

[7] 辛向阳. 交互设计：从物理逻辑到行为逻辑 [J]. 装饰，2015（01）：58-62.

[8] 王丹力，华庆一，戴国忠. 以用户为中心的场景设计方法研究 [J]. 计算机学报，2005（6）：1043-

1047.

[9] 王玉梅，胡伟峰，汤进，等. 产品交互设计中场景理论研究［J］. 包装工程，2017，38（6）：76-80.

[10] POTTS C. Using schematic scenarios to understand user needs［C］//Proceedings of the 1st Conference on Designing Interactive Systems: Processes, Practices, Methods, & Techniques. New York: Association for Computing Machinery, 1995: 247-256.

[11] 卫巍. 基于场景化交互的数字展陈设计研究［J］. 设计，2018（17）：46-48.

[12] 曹伟，高鹏宇. 建筑空间中基于 AI 技术的感知与交互［J］. 中外建筑，2024（1）：27-30.

[13] 何珂言，郁淑聪，孟健. 智能网联时代的汽车交互设计［J］. 汽车与配件，2019（15）：78-79.

[14] 戴柯颖. 自动驾驶情境下的远程会话中断恢复界面设计研究［D］. 长沙：湖南大学，2021.

[15] 苏嘉炜. 车载漂流瓶——基于 L3 自动驾驶环境的智能汽车交互设计［EB/OL］. （2020-05-30）［2024-08-13］. https://pinwall.cn/project/32921.

[16] 唐静，邹锦雯. 基于群体社交的未来无人车携犬出行体验设计［EB/OL］. （2019-12-14）［2024-08-13］. https://pinwall.cn/project/29484.

[17] MARTELARO N, TEEVAN J, IQBAL S T. An Exploration of Speech-Based Productivity Support in the Car［C］//Proceedings of the 2019 CHI Conference on Human Factors in Computing Systems. New York: Association for Computing Machinery, 2019: 1-12.

[18] SAGINUS K A, MARKLIN R W, SEELEY P, et al. Biomechanical effects of mobile computer location in a vehicle cab［J］. Human Factors, 2011, 53（5）: 474-488.

[19] 童玉婷. WorkOut 行政车后排多屏智能交互设计［EB/OL］. （2020-06-29）［2024-08-13］. https://pinwall.cn/project/34095.

[20] 韩杰. 城市移动办公巴士［EB/OL］. （2021-12-30）［2024-08-13］. https://pinwall.cn/project/40358.

[21] SINGLETON M. Harman brings Microsoft Office to your car［EB/OL］. （2016-01-05）［2024-08-13］. https://www.theverge.com/2016/1/5/10708180/harman-microsoft-office-365-infotainment-update-ces-2016.

[22] LAKIER M, NACKE L E, IGARASHI T, et al. Cross-Car, Multiplayer Games for Semi-Autonomous Driving［C］//Proceedings of the Annual Symposium on Computer-Human Interaction in Play - CHI PLAY '19. Barcelona: ACM Press, 2019: 467-480.

[23] KROME S, BATTY J, GREUTER S, et al. AutoJam: Exploring Interactive Music Experiences in Stop-and-Go Traffic［C］//Proceedings of the 2017 Conference on Designing Interactive Systems. New York: Association for Computing Machinery, 2017: 441-450.

[24] MUGURO J K, LAKSONO P W, SASATAKE Y, et al. User Monitoring in Autonomous Driving System Using Gamified Task: A Case for VR/AR In-Car Gaming［J］. Multimodal Technologies and Interaction, 2021, 5（8）: 40.

[25] 段祎蕾，廖子萱. pac-car［EB/OL］. （2019-11-26）［2024-08-13］. https://pinwall.cn/project/29121.

[26] 王禹欢，纪然. 瞳画世界［EB/OL］. （2023-01-04）［2024-08-13］. https://pinwall.cn/project/46857.

[27] 杨欣童，沈惟叶，王璐. UNI-F——儿童娱乐型安全智能座舱设计［EB/OL］. （2021-06-07）［2024-08-13］. https://pinwall.cn/project/37819.

[28] 杜文倩，王晓玉. 街区逃亡［EB/OL］. （2023-01-04）［2024-08-13］. https://pinwall.cn/project/29516.

[29] GASPAR J, FONTUL M, HENRIQUES E, et al. Push button design requirements and relations to button architecture elements［J］. International Journal of Industrial Ergonomics, 2019, 70: 92-106.

[30] 朱硕. 场景理论在大学生知识付费 App 设计中的应用研究［D］. 无锡：江南大学，2023.

[31] MA M Y, CHEN C W, CHANG Y M. Using Kano model to differentiate between future vehicle-driving services［J］. International Journal of Industrial Ergonomics, 2019, 69: 142-152.

[32] SUN X, CAO S, TANG P. Shaping driver-vehicle interaction in autonomous vehicles: How the new in-vehicle systems match the human needs［J］. Applied Ergonomics, 2021, 90: 103238.

第6章
智能网联汽车
互联服务设计

6.1 智能网联汽车互联服务概述

智能网联汽车互联服务通过在短距离、长距离和大规模通信场景中实现设施间的数据交换，为用户提供实时、高效、安全、可靠的车载数据服务和应用。随着自动驾驶技术、V2X技术、人工智能等技术的持续发展，未来城市交通将面临一系列创新挑战。家庭用车的使用率预计将大幅下降，与此同时，交通系统将实现高度的灵活性和自组织性，按需提供服务并实现端到端的数据共享成为趋势。汽车共享和智能交通系统的发展将不断提升城市移动效率和用户体验。智能网联汽车将不再孤立存在，而是成为新型移动服务的关键节点和多模式交互的枢纽。因此，构建适应未来城市化需求的汽车互联服务，是提升智能网联汽车服务质量和用户体验的必由之路。

智能网联汽车的发展潜力正逐渐被挖掘，尤其是在服务整合方面。以蔚来汽车为例，其NOMI车载AI系统通过自然语言交互提升了用户体验，而"一键换电"服务则展示了V2X技术在智能调度和远程监控中的应用。由此可见，车辆与服务设计的协同正在逐步发展，并有待进一步加强。未来，智能网联汽车的设计应从服务系统角度出发，全面考虑自动驾驶、V2X通信、智能调度等技术，以实现更高效、个性化的出行服务。蔚来汽车的实践证明，车辆与服务的整合能够显著提升用户体验，而随着技术的成熟，智能网联汽车将在智能交通和城市生活中扮演更加重要的角色。

6.1.1 智能网联汽车互联服务技术与类型

(1) 智能网联汽车互联服务的技术基础

随着物联网技术的广泛应用，车联网作为汽车领域的一个子领域，多年来一直被视为具有挑战性的研究和工业课题。通过利用现有的和未来的异构网络通信技术，如车辆自组网（VANET）、无线传感器网络、卫星、GPS、蜂窝网络以及3G/4G/5G等，可以建立3种不同的通信机制：车辆之间的通信，称为车对车通信（V2V）；车辆与路边单元之间的通信，称为车辆到路边单元通信（V2R）；车辆与路边基础设施之间的通信（V2I）。相关技术介绍详见本书第 8 章。

在此基础上，智能网联汽车向用户提供的服务包括：无缝的网络接入、车辆内外环境感知、车辆辅助控制、车辆安全信息传递、智能交通信息、多媒体业务等。车联网系统不仅需要将车内各类设施互联并实现数据共享，还需要实现与外部设施的通信[1]。车载网络和下一代通信技术将进一步增强智能网联汽车的联网通信能力，为智能网联汽车提供多样化的汽车互联服务奠定基础，并为汽车互联服务所需的稳定媒体流质量提供保障。利用互联服务可以改善用户体验，在出行前匹配出行供需，一次性规划个性化方案，通过实时交通状态的预测分析实现错峰出行诱导，整合各种交通资源，实现多种出行方式的无缝衔接；在出行后，通过整合多元支付方式实现一票制出行[2]。用户将体验到更流畅的智能互联服务流程，包含身份识别、信息验证、指令提交和服务付费等环节。多元、优质、高效的智能网联汽车互联服务将为个人及整个交通系统中的用户群体提升体验价值。除了与位置信息相关的旅程管理、车辆维修、寻位停车等汽车互联服务及在线购物、订餐、观影等生活服务，汽车共享也是智能网联汽车可提供的互联服务。

(2) 多样化的汽车互联服务

在人工参与最小化的高度自动化水平下，驾驶功能最终将由自动化系统控制，成为交通服务的一部分。此时，除了驾驶之外，其他与交通相关的活动将扩展到实际车内活动前后的场景，涵盖从对驾驶任务的最小参与（如监督系统状态）到其他交通相关活动（如预订旅行或处理旅行费用），以及非交通活动（如阅读或游戏）。这些变化将促进智能网联汽车的下一轮设计演进，使其更紧密地与相关交通服务集成。例如，利用基础娱乐信息数据，可以开发不同的信息娱乐应用程序；停车信息可以用于开发与停车状态相关的应用程序，如显示满位、可用车位、过夜可用车位、仅限平行停车等信息。总之，在基于交通的服务中，智能网联汽车涉及的活动将包括多样化的汽车互联服务，这些服务可以从位置相关和生活相关两个角度来理解。

① 位置相关汽车互联服务。车联网利用各种设备，如 GPS、RFID（射频识别）、传感器、摄像头等，收集汽车的位置、速度、路线等信息，并通过联网技术将这些信息传输并汇聚到中央处理器，实现所有数据的整合。利用大数据分析，可以更准确地预测汽车的行驶方向，提前发布道路状态，安排信号灯周期等。车联网的核心技术包括高精度定位导航、测试评估、车道级导航、辅助驾驶与自动驾驶、高精度停车管理等。GPS 高精度定位器能够提供精确的车辆实时位置信息，并能结合电子地图和其他数据提供更优质的交通服务，降低通信中断的风险[3]。

具体地，通过采用移动互联技术，智能网联汽车服务系统不仅能够管理用户，还能管理维修、保养、服务评估、零部件等，并且支持订单处理。同时，系统还能为车辆提供远程诊断服务，基于云的维修系统可以帮助诊断驾驶员报告的车辆问题，并提供视频或音频的解决方案[4]。此外，通过使用互联服务，驾驶员能够迅速获取准确的停车场信息，有效解决停车难题。该类服务通过系统化地汇总区域内的停车场数据，并通过统一的信息处理平台对这些数据进行统一管理，从而快速有效地处理实时更新的停车场信息。同时，通过收集用户的个人偏好，包括停车费用、停车场与目的地的距离、从当前位置到目的地的预计行驶时间以及预定的可靠性等信息，建立停车需求与停车供给之间的关联。然后，结合信息共享机制，将处理过的信息通过网络或其他共享平台传递给驾驶员，使他们能够便捷且有效地获取停车场信息并完成停车[5]。

② 生活相关汽车互联服务。车辆和用户可以通过连接网络获取各种生活服务信息，如实时更新的天气信息、导航信息、娱乐内容和在线新闻等；当地商家、景点和购物中心也可以通过周边的路边单元（road side unit，RSU）向车辆广播地址、营业时间和所售产品等信息。以下是一些常用的与生活相关的汽车互联服务：

a. 无感支付：无感支付是智慧出行中的一项重要应用。该技术通过车联网实现道路收费服务，它通过将 RSU 与后台收费系统相连，使得车辆能够在无须人工干预的情况下自动完成收费。这种技术的优势在于，当车辆进入收费区域时，能够与 RSU 进行身份验证，实现自动化的无感支付。利用车载 NFC（近场通信）芯片，不仅能够实现无感支付，还能提供自动加油等多样化的便捷服务。此外，将车载系统与无人机、智能家居等其他智能设备相连接，可以带来更加智能化的生活体验[6]。

b. 无人配送：无人配送是指利用自动驾驶车辆进行货物运输的服务。根据不同的使用情境，无人配送服务可以分为：快递、外卖和商超零售。其中，快递场景的运输过程相对简单，对即时性的要求不高，且具有较强的集中处理订单的能力；外卖场景对即时性的要求最高，同时对产品的储存环境和运输条件也有较高的要求，特别是对于生鲜产品；而商超零售场景的即时性要求相对于外卖来说较低，通常服务于单个或固定商家，行驶路线也相对简单。无人配送技术广泛应用于快递和外卖行业，需根据不同需求设计适应性强的配送车辆。自动驾驶技术和智能网联技术的成熟推动了无人配送服务的商业化，使得无人配送服务成为汽车互联服务的重要内容。

c. 汽车共享：汽车共享是一种创新的城市交通模式，通过共享车队为个人提供出行服务。用户可按需预订车辆，按里程或时间等计费方式支付。20 世纪 90 年代末，信息技术取得长足进步，使得汽车共享服务变得多样化，智能交通系统得以发展，成为共享服务的关键支撑。汽车共享服务有数十年历史，尽管汽车共享服务在早期可能面临一些便利性问题，但随着技术进步、政策支持和企业创新，这一行业已经取得了很好的发展。信息服务是共享系统核心，通过控制中心和车载单元实现用户与车辆的无缝交互，智能手机应用的普及进一步简化了这一过程。

未来，动态调配策略和无人驾驶汽车将优化供需，提升效率和盈利。汽车共享服务通过多种运营模式，如站点、多节点和自由浮动模式，满足不同出行需求，应对个性化挑战。通过整合公交车、出租车、共享汽车等，提供定制化服务，以连接私人与公共交通，满足个性化出行需求。这类服务为用户提供多种交通工具间的无缝连接，减少了用户寻找车辆的时间，并帮助组织高效调配车辆，在高流动性需求地区提升了共享交通工具的使用效率，并有效节省了用户时间。未来，汽车共享服务将更依赖信息技术创新，以适应不同用户需求。

6.1.2　智能网联面向服务的汽车互联应用

(1) 跨平台的汽车互联服务应用

① 跨车互联应用。智能网联汽车的跨车互联应用需要借助 V2V 实现信息的共享和交流，以减少交通事故的发生。V2V 通信性能会受到车辆密度、道路因素、天气等多种因素的影响，尤其是在自动驾驶情况下，为避免交通事故，需要通过基站来实现车辆间的交互。自动驾驶中，V2V 技术有着显著的优势，其中的互联巡航控制算法可以响应前方多辆人力驱动车辆的运动情况。例如，华为问界（AITO）的智能网联汽车通过搭载 HarmonyOS 智

能座舱系统，实现了基于 V2V 技术的跨车互联应用。该系统不仅增强了车辆的环境感知能力，还通过车与车、车与智能交通系统以及行人设备间的实时信息交换，提升了行车安全和交通管理效率。此外，华为问界利用 V2V 技术实现车队协同驾驶，优化了安全辅助系统，并提供了车载智能服务，如与华为移动设备的无缝连接。通过 OTA 升级，华为问界能够持续引入新功能，如 PC（个人计算机）双屏协同，进一步提升用户对便捷性、安全性的体验。

② 跨终端互联应用。政府推动的"车路云一体化"应用试点项目，将车终端 - 人终端（V2P，也称车辆与行人通信）技术作为提升道路交通安全的关键组成部分。结合高精度地图服务，V2P 技术能够提供更精确的车辆定位，进一步保障行人安全。基于 V2P 技术的跨终端互联应用实现了车终端与人终端间的实时信息交互、行人安全预警、智能交通管理、紧急救援服务、个性化出行服务、车联网增值服务。具体地，行人通过使用的各种设备，如手机、平板电脑和可穿戴设备，能够与汽车建立连接。这种技术的广泛应用不仅基于信息娱乐服务的需求，更重要的是它对安全的贡献。在智能交通环境中，驾驶员的角色可随时转变为乘客，他们可以自由地从事与驾驶无关的活动，而不必直接参与交通互动。通过开发 V2P 通信接口，向行人传达自动驾驶汽车的当前状态和预期行为，从而最大限度地提升所有道路使用者的安全性和整体交通的效率。

(2) 乘用车的汽车互联服务应用

① 车辆远程操控应用。远程控制功能已成为提升智能网联汽车用户体验的关键特性。这项功能允许用户通过智能手机应用程序，在远离车辆的情况下，对车辆的关键系统进行操控。例如，用户可以在进入车辆前远程开启空调，提前调节车内温度，或者在冬季远程加热座椅，确保驾乘舒适度。此外，远程控制还可以控制车锁的开闭、激活车辆定位甚至执行安全相关的操作，如鸣笛和闪灯，以便在停车场快速定位车辆。除了基础的远程控制功能，一些先进的智能网联汽车还能实现更高级的操作，如远程启动发动机、调节车内氛围灯、进行车内紫外线杀菌等。比亚迪的部分车型，如汉 EV 和唐 DM，配备了比亚迪自主研发的 DiLink 智能网联系统。通过这个系统，车主可以利用手机远程控制车门锁、车窗、天窗、空调等，也可以远程查看车辆的实时状态和历史行驶数据，如图 6-1 所示。此外，比亚迪的远程控制功能还包括了对车辆充电状态的监控，这对于电动车主来说是一个非常实用的功能。通过这些智能化的远程控制功能，智能网联汽车不仅提高了用户的便利性和舒适度，还为车辆安全和健康管理提供了新的解决方案。

图 6-1 比亚迪远程车辆控制

② 无感支付应用。智能网联汽车支持无感支付服务。作为一种新兴的支付方式，无感支付可以支持用户在收费站、加油站等需要支付的场景下，没有明显支付动作地完成交易。这种支付方式通常借助于如生物识别、图像扫描、车牌识别等技术，实现快速、便捷的支付体验。斑马智行 3.0 系统，如图 6-2 所示，作为支持无感支付的一个先进例子，与阿里生态圈紧密结合，同时还提供了无感加油、无感停车、车内订餐和订酒店等多种服务。特别是其智慧停车系统，通过优化电子支付的体验，使用户在进出停车场时能够自动接收入场提示和扣费信息，省去了手动支付的步骤，以实现无感支付，进一步提高了支付的便捷性和效率。

图 6-2　斑马智行 3.0 系统

③ 智能泊车辅助应用。智能泊车辅助（intelligent parking assist，IPA）系统利用车辆传感器感知周围环境，计算可停泊的有效区域并进行泊车。比亚迪和蔚来等品牌已经将智能泊车辅助系统应用于其车型中，利用车载传感器自动感知环境并辅助泊车。比亚迪的 DiPilot 系统提升了泊车的便捷性和安全性，实现自动泊车和监控停车情况，如图 6-3 所示。为了提供更加人性化的泊车体验，这些系统还需解决室内定位导航、V2X 通信以及手机应用程序的研发等问题，并密切关注驾驶员的行程安排，以实现在指定位置取回车辆的功能。随着技术的不断发展，预计未来会有更多智能化的泊车解决方案被引入，进一步提升车主的泊车体验。

图 6-3　比亚迪自动泊车系统

(3) 低速无人小车的互联服务应用

智能网联汽车的概念已经扩展到包括无人小车在内的多种应用场景，这些小型自动驾驶车辆在物流、零售等领域展现出巨大的潜力。无人小车可以被视为智能网联汽车，因为它们集成了自动驾驶技术、车联网通信、远程监控和智能调度系统，能够独立执行运输和销售任务，实现智能化的移动服务。例如，无人配送车能够自动规划路线，高效地将货物送达目的地；无人零售车为公共空间的消费者提供即时购物的便利。随着技术的进步，这些智能车辆正在逐步实现商业化，为城市交通和生活服务带来了创新。

① 无人配送服务应用。无人配送服务是通过自动驾驶技术和机器人等设备实现的无人干预的商品或货物配送服务。无人配送小车作为智能网联汽车的一种形式，通过集成自动驾驶技术、V2X 通信、远程监控、智能调度系统和多重安全冗余，实现了高效、安全的环境感知、货物追踪管理以及用户交互，支持环保节能，为智能交通系统和智能城市生活提供了便捷、高效的配送解决方案。例如，智能机器人"小蛮驴"是阿里为提供最后三公里配送服务研发的产品，如图 6-4 所示。"小蛮驴"拥有自主导航功能，能够根据不同客户的时间需求和收货地址，独立设计最佳路径，并应对一定复杂程度的路况，如避障、应对堵车等。当"小蛮驴"即将到达客户收货地点时，系统会自动通过电话等方式通知客户出门取件，为客户提供更加便捷的服务。

图 6-4　智能机器人"小蛮驴"

② 无人零售服务应用。无人零售服务通过智能网联技术和智能移动平台，实现无需人工干预的商品售卖。以"BOBO·GO"（波波购）为例，这是由湖南大学智慧出行设计研究团队与阿波罗智行公司合作研发的自动驾驶售卖车（无人零售小车），专为封闭或半封闭园区设计，如图 6-5 所示。"BOBO·GO"旨在满足园区内游客和工作人员的即时购物需求，同时减少固定售卖点的建设和租赁成本，降低人工成本，提升园区的智能化服务水平。该车辆具备 L4 级自动驾驶能力，能够在景区、住宅区、酒店、工业园等多种封闭或半封闭

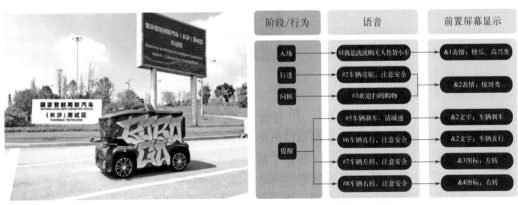

图 6-5　无人零售小车"BOBO·GO"外形和交互设计

园区的特殊道路环境中稳定运行，执行自动直行、转弯、避让行人或车辆，以及临时靠边停车、固定路线巡航、多站点停靠等操作，适应晴朗、多云、轻度雾霾、小雨等多种气候条件。用户可以通过手机软件随时呼叫无人零售小车至指定位置，或直接招手拦停车辆，通过车辆右侧的显示屏扫码自助购买商品，实现快速便捷的购物体验。该系统支持一次性购买多件商品，并在用户取货后自动完成支付扣款，简化了购物流程。这种无人零售服务模式不仅提高了零售效率，还为顾客提供了更加灵活和个性化的购物体验。

6.2 智能网联汽车互联服务的设计

6.2.1 智能网联汽车互联服务的设计概述

服务设计是在人机交互和体验设计基础上发展起来的新兴设计领域，旨在提升服务体验、品质和价值。它关注服务的提供、服务流程的构建以及服务触点的系统性创新[7]。服务设计涵盖利益相关者（stakeholders）、接触点（touchpoints）、服务提供（offerings）、流程（processes）等要素。对于智能网联汽车，汽车互联服务设计应以用户需求（体验）为核心，综合考虑各方利益，创新性地整合人员、环境、产品、信息等元素，实现综合性的设计活动。

6.2.2 智能网联汽车互联服务的设计视角

为了探讨智能网联汽车出行服务中不同设计要素及其相互关系，我们引入了如图 6-6 所示的研究。在出行服务中，3 个核心设计要素包括用户参与度、接触点和服务流程，其对应的 3 个维度为：

① 用户参与度的维度是汽车互联服务设计的核心因素。在半自动驾驶下，设计必须适应用户从持续监控任务到可能需要紧急干预的情境转变，同时在高度或全自动化情境下，用户的角色可能从驾驶员转变为乘客或监督者。此外，设计应促进用户与智能系统的互动，整合服务流程，并精心围绕用户接触点展开设计，以支持不同注意力水平下的交互。这要求系统能够考虑用户在自动驾驶车辆中同时参与多项活动时的体验，并提供灵活的交互方式。

② 服务流程的维度涉及用户在使用智能网联汽车时所经历的整个服务流程。这个维度从用户进入车辆开始，贯穿行程的每个阶段，直至用户离开车辆。设计需要考虑服务流程的连贯性，包括用户的情感和行为反应，以及关键服务接触点的交互体验。因此，要基于对服务需求的深入理解，整合不同的服务元素，如交通、娱乐、工作和社交，同时考虑服务的个性化和体验的持续性。

③ 接触点的维度涵盖了用户与车辆之间交互的多种媒介。这些接触点包括直观的物理控制、先进的信息传递系统、个性化的交互界面，以及移动设备等远程服务接入点等。设计时，需要确保这些接触点在整个用户旅程中提供连贯的信息和服务，同时具备情境感知能力，能够根据用户的行为和环境条件智能调整交互方式。此外，接触点的设计还必须考虑到安全性和可及性，以满足所有用户的需求，从而确保用户能够安全、便捷地与智能网联汽车及其服务进行互动。

这 3 个维度的整合对于创造新的设计机会至关重要。根据图 6-6 的内容，通过有效利

用这 3 个维度, 可以进一步构建 3 个整合性的视角:

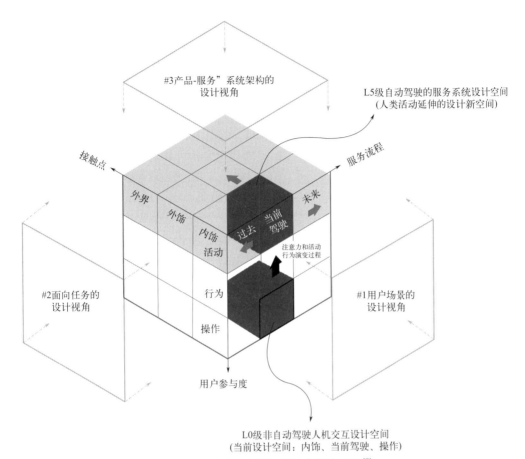

图 6-6 汽车互联服务设计空间的图解[8]

① 用户场景的设计视角: 专注于理解目标用户群体的需求, 确保设计能够覆盖用户从进入车辆、开始行程、到达目的地到离开车辆的整个旅程。设计时需考虑用户在自动驾驶环境下可能从事的各种活动, 包括高级驾驶任务及交通相关和非交通相关的活动。此外, 服务模式的设计至关重要, 它基于业务和运营模式, 从私人车辆所有权到按需移动性服务, 再到公共交通系统。此视角还涉及直接影响用户体验的旅程情境和地点, 通过整合技术和服务, 提供以用户为中心的汽车互联服务体验。

② 面向任务的设计视角: 专注于用户与车辆系统之间的交互方式和渠道。它考虑了随着自动化水平的提高, 用户如何与车辆内部的自动化系统进行交互, 以及如何与车辆外部的公共生态系统和行人进行有效沟通。设计时需确保交互模态能够适应用户的注意力分配和多任务处理能力, 同时遵循最小化注意力需求和清晰沟通的设计原则。此外, 设计还应转化为具体的技术规格, 实现为物理界面和数字服务, 以提供连贯、安全和高效的用户体验。面向任务的设计视角通过适应性和灵活性, 满足不同用户需求和驾驶条件, 充分利用智能网联汽车的潜力, 创造出更加丰富和个性化的汽车互联体验。

③ "产品 - 服务" 系统架构的设计视角: 设计重点在于创建和整合服务模式。设计不仅需要考虑技术与服务的融合, 确保自动驾驶车辆的技术特性与服务平台无缝对接, 还要

关注多用户交互和整个服务流程的用户体验。人机界面设计在这一过程中扮演着至关重要的角色，它需要适应不同用户的需求并提供直观的交互方式。此外，设计还应探索由自动驾驶技术带来的创新服务机会，如无人驾驶共享汽车和"最后一公里"服务，并确保系统设计的可扩展性和灵活性，以适应技术和产业的快速发展。

6.2.3 技术实现的思考

从技术实现的角度来看，智能网联汽车互联服务的设计需要综合考虑多个关键因素，这包括：选择合适的汽车互联平台并实现其集成，设计稳固的服务端架构和高效的接口，打造直观的前端界面和流畅的交互体验，以及构建安全、可靠的数据库和存储解决方案。同时，安全性和隐私保护也是设计中不可忽视的重要方面。只有全面考虑这些要素，才能开发出一个性能卓越、用户信赖的智能网联汽车互联服务。

① 汽车互联平台选择和集成：需要选择和集成一个汽车互联平台，以实现智能网联汽车互联服务的功能。常见的汽车互联平台包括 CarPlay、Android Auto 和 MirrorLink 等。在选择和集成汽车互联平台时，需要考虑与酒店的后台系统的兼容性、界面交互的一致性、服务的可靠性以及安全性等因素。

② 服务端架构和接口设计：服务端架构在设计时需要优先考虑服务的可扩展性和可维护性。采用微服务架构能够显著提升服务的这两个特性，它通过将服务分解成更小的单元，使得服务功能的实现更加高效。在接口设计方面，需要关注服务的功能模块化、接口的稳定性以及安全性。此外，为了方便开发人员进行调用和进一步开发，制订详尽的服务API（应用程序接口）文档也是必不可少的步骤。

③ 前端界面和交互设计：前端界面和交互设计应依据服务功能和用户需求进行定制。在设计汽车互联服务的界面时，应特别注意车载环境的特殊性，比如，应尽量减少复杂的动画效果和过多的文字信息，以便用户能够迅速且准确地获取所需信息。此外，交互设计还应考虑服务的易用性、交互的直观性，以及确保用户反馈的及时性等因素，以提升整体的用户体验。

④ 数据库设计和存储：服务设计中，数据的存储和管理是一个重要考虑因素。例如，在酒店服务设计中，需要存储大量数据，这包括酒店设施、菜单、活动、旅游服务和景点信息等。为了便于数据管理，必须进行数据库设计，这一过程中需要兼顾数据存储结构和查询性能等多个方面。

⑤ 安全性和隐私保护：智能网联汽车互联服务的设计必须将安全性和隐私保护作为首要考虑因素。首先，服务安全性的设计要确保用户数据的安全，并采取适当的服务系统防护措施，如使用 SSL（安全套接字层）协议对通信进行加密、部署防火墙等。此外，为了保障服务的安全性和用户隐私，还需实施安全的身份验证和授权机制。通过这些措施，可以确保智能网联汽车互联服务在提供便利的同时，也能充分保护用户的数据安全和隐私权益。

6.3 智能网联汽车互联服务的设计方法

6.3.1 智能网联汽车互联服务的设计要素

在新兴的出行模式中，设计服务体验不仅要关注乘客在车内的感受，还要考虑乘车前后的体验，以及乘客与车辆周边环境和其他乘客的互动。这些变化既催生了新的产品和服务机会，也带来了新的设计挑战。以体验为中心（即以用户为中心）的设计，不仅要考虑硬件产品，还需兼顾其他利益相关者、智能代理和社会因素等[9]。因此，利益相关者、接触点和用户旅程是汽车互联服务的关键设计要素。

（1）利益相关者

利益相关者多样化的需求成为推动移动出行服务发展的动力，也使得智能网联汽车互联服务设计展现出多样化、复杂化和交互性的特点。未来城市交通将借助智能网联汽车和V2X技术，涵盖更广泛的出行场景和利益相关者，并贯穿整个出行过程。智能网联汽车互联服务一般涉及5种不同类型的利益相关者：驾驶员、乘客、社交网络用户、交通管理部门和服务运营商。同一个用户群体有可能扮演多个角色，例如，驾驶员或乘客在使用智能网联汽车提供的服务时，通常也同时是社交网络用户；在L4级以上自动驾驶下，驾驶员也可能转变为乘客。面对各利益相关者，互联技术在智能网联汽车中有不同的应用场景，从而形成不同的设计侧重点。

① 驾驶员：在智能网联汽车互联服务设计中，优先考虑驾驶员的安全。在设计上，可以通过用户研究提供简洁的界面，并采用非视觉交互，如语音控制，以降低分心风险，而个性化设置则使驾驶员可根据自身偏好调整功能。可利用车辆传感器和数据分析提供定制服务，如智能路线推荐、确保系统反馈清晰、遵守交通法规、支持持续优化。总体而言，面向驾驶员的智能网联汽车互联服务通过互联技术的应用，从导航、远程监控、紧急救援、娱乐系统等方面为驾驶员提供服务，以提升行车的安全性与体验的流畅性。

② 乘客：对于特定的旅行来说，哪种出行模式是最好的，取决于旅行距离和旅行者规划旅行的灵活性（包括时间、目的地、可用性等维度）[10]。例如，以出行距离和灵活性需求为决策标准，乘客可能的出行模式如图6-7所示。智能网联汽车中的通信路径可以根据请求快速获取社交图数据，为用户的旅程寻找替代路线，避免道路堵塞、车辆减速、事故和建筑工程等情况。

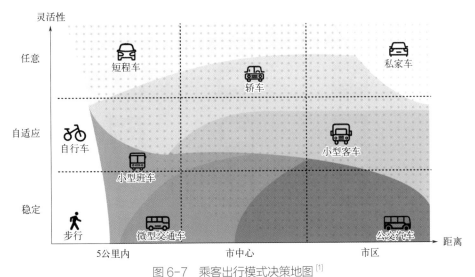

图 6-7 乘客出行模式决策地图[1]

③ 社交网络用户：社交网络用户可以在云端创建静态朋友列表、不同的兴趣群组（如

基于车型或常用路线），更新车辆信息、分析个人常用路线数据以及规划未来出行等。此外，社交网络为车主提供深入的系统访问权限，智能网联汽车的智能代理也能通过应用程序接口（API）访问云端数据。

④ 交通管理部门：交通运输部门可以利用互联技术开发各种数据挖掘和监测的应用程序，以提高道路通行和其他管理需求的效率，如智能监控、事故预测、公交调度优化、道路维护管理、出行信息服务、违规监测、停车引导、紧急响应协调以及多模式出行服务等。通过这些服务，有效提升交通管理效率，减少拥堵，优化资源分配，并鼓励绿色出行，从而增强道路移动性，优化交通系统的整体性能。

⑤ 服务运营商：运营商是出行资源的关键组成部分，涵盖公交、地铁、渡轮、出租车和共享汽车等交通服务。此外，还有专注于提供数据的交通数据运营商，以及提供刷卡支付等出行服务的交通服务运营商。这些运营商不仅提供多样化的出行服务，还通过数据分析支持城市规划，并通过电子支付简化交易流程。各服务运营商共同构建的智能交通系统，可为用户提供灵活的出行服务，提升交通出行效率。

(2) 接触点

随着汽车互联服务的进步，用户体验的标准正逐渐从以驾驶性能为核心，转向更加注重与旅程相关的服务体验。特别是在自动驾驶技术的辅助下，用户将有更多机会从传统的驾驶任务中解放出来，享受其他非驾驶相关的活动。因此，用户体验的关注点正逐步从安全和效率转移到增强旅途享受和社交互动上。为了适应这一转变，车载人机界面需要整合多种物理和数字接触点，以便在旅途中提供便捷的信息服务。驾驶员可以通过多种方式与周围环境互动，无论是车辆内部的控制系统，还是车外的人和物体，甚至是旅途中可能涉及的其他活动，都构成了交互的一部分。如图 6-8 所示，用户在使用互联服务的过程中主要的接触点包括：

① 办公桌、网络、智能手机、RFID 等实现对服务和车辆的访问的接触点；
② 车站 / 停车场等支持用户的服务元素（内置 / 外置读卡器、钥匙箱等设施）；
③ 包括充电站在内的基础设施和停车场。

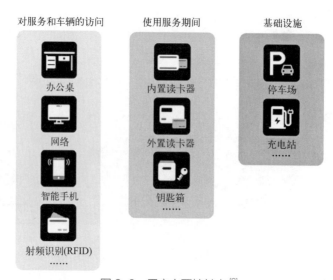

图 6-8　用户主要接触点 [9]

以体验为中心的智能网联汽车互联服务设计应全面覆盖用户旅程中的所有接触点，探索未来车辆内外的技术组件组合，以提供更多样化的创新服务。通过深入研究服务接触点，如办公桌、网络、智能手机、车站/停车场、内置/外置读卡器、钥匙箱、充电站等，可以识别服务中的痛点，创新服务流程，从而有效提升用户的接受度、黏性以及满意度。这种以体验为核心的服务设计方法，将推动智能网联汽车互联服务向更加个性化、便捷化和智能化的方向发展。

(3) 用户旅程

智能网联汽车的服务设计致力于提供用户从出发到到达的完整旅行体验。它涵盖出发前的行程规划，行程中的实时导航和路线调整、安全驾驶辅助、信息娱乐服务、车内环境控制、智能停车与支付、出站后目的地信息提供和个性化设置，行程后的用户反馈收集和体验优化。此外，系统通过持续学习和优化，不断适应用户的驾驶习惯和偏好，同时确保用户数据的安全和隐私保护，以满足用户在旅途中的每一个细节需求，提升整体的出行质量。图 6-9 是意大利米兰理工大学的研究团队依据案例分析得出的智能共享汽车用户旅程[9]。其展示了智能网联汽车的互联服务架构，包括获取服务、使用服务、车辆返回等环节。用户通过智能手机获取服务，使用智能卡和钥匙进行身份验证，享受车内服务，并通过射频识别技术实现车辆自动停放。架构集成了智能卡、钥匙、钥匙盒、电池充电器等硬件，以及必要的网络连接，旨在提供便捷、安全、个性化的智能出行体验。

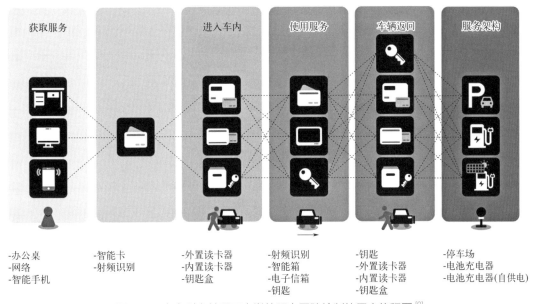

图 6-9　意大利米兰理工大学的研究团队绘制的用户旅程图[9]

6.3.2　智能网联汽车互联服务的通用设计流程

智能网联汽车互联服务的设计流程通常包括需求调研、概念设计、原型设计、开发实现、测试和评估、发布和迭代 6 个步骤：

① 需求调研：深入调研用户需求，了解他们对汽车互联服务的期望，调研帮助确定需开发的服务及其功能需求；

② 概念设计：明确用户需求后，进行概念设计，确定服务的核心功能、界面设计和用户体验；

③ 原型设计：基于概念设计，创建初步界面原型，进行用户测试和评估；

④ 开发实现：在原型测试和评估后，根据设计文档和需求进行开发和编码；

⑤ 测试和评估：开发完成后，进行测试，确保功能的稳定性和可用性，修复漏洞和错误；

⑥ 发布和迭代：测试通过后，正式发布服务，根据用户反馈和市场变化，迭代更新服务，优化用户体验，增加新功能。

基于服务设计的方法论，结合智能网联汽车互联服务的设计要素，可进一步优化智能网联汽车互联服务的设计流程，使其更符合以用户为中心的设计理念，并保持可持续性和创新性。优化后的设计流程如图 6-10 所示。

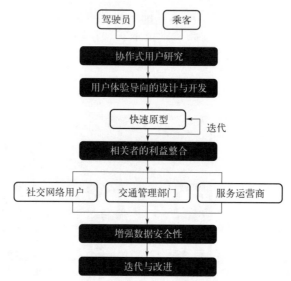

图 6-10 智能网联汽车互联服务设计流程

① 协作式用户研究：与驾驶员、乘客等汽车互联服务用户合作，了解他们的需求、期望和痛点。可以通过使用"以用户为中心"的设计工具（如焦点小组讨论、情景模拟、行为观察、用户测试等方法）来收集数据，以明确用户需求和问题。

② 用户体验导向的设计与开发：确保智能网联汽车互联服务的设计不仅仅是技术驱动，而是以用户需求和期望为中心。以敏捷开发的方式，通过原型和迭代的方法，探索和测试各种解决方案，以确保用户体验一直是设计过程的焦点。

③ 相关者的利益整合：智能网联汽车互联服务不仅涉及驾驶员和乘客等车辆服务的直接使用者，还涉及社交网络用户、交通管理部门和服务运营商等多个利益相关者。因此，服务设计过程需要考虑这些利益相关者之间的利益和目标，以确保服务是可持续的。

④ 增强数据安全性：智能网联汽车互联服务需要处理大量的个人和车辆数据，因此，

数据安全性至关重要。设计流程需要包括考虑数据安全性的方案，如数据加密、用户隐私保护、数据备份和恢复等。

⑤ 迭代与改进：智能网联汽车互联服务是一个快速变化的领域，不断推陈出新是至关重要的。设计的最终步骤中需要促进创新和不断改进，包括通过开放式的 API 和数据共享，与第三方开发人员合作等。

6.3.3 设计实践案例

(1) 零宿——民宿智慧管家服务 [11]

民宿行业正处于从传统住宿服务向社交活动体验转型的关键时期。零宿把握这一机遇，将其智能无人小车"福宝"作为智能网联汽车的一种创新应用，提供个性化的物料运输和活动影像记录服务。配合便捷的小程序和强大的 B 端（面向企业用户或商家）管理软件，零宿为参与民宿活动的房客带来定制化的体验和深刻的仪式感，同时为民宿员工赋能，使其能够更高效地满足住宿者和活动参与者的个性化需求，激发民宿线下场景的活力。在城市化的大背景下，零宿致力于通过其智能化、人性化的互联服务，拉近人与人之间的联系，营造一个温馨、无障碍的民宿空间，为民宿业主的业务转型提供支持。通过"福宝"小车和相关软件的协同工作，零宿不仅提升了民宿的服务水平，也为智能网联汽车在非驾驶场景的应用开辟了新的可能性。

其设计思路如下：

① 本案例的互联服务设计要素包括人、行动、目的、背景和媒介，如图 6-11 所示。通过利益相关者分析，确定了涉及的角色，有房东、房客、管家、活动参与者、活动策划者和线上好友。在这些角色中，房客和房东是主要的利益相关者。房客的行动包括浏览活动、咨询房东、参加活动、处理突发情况和进行活动评价。而房东的行为则涉及活动策划、咨询沟通、物料准备、开展活动和应急情况处理。房客的目的在于活动筛选、满足活动期间的特殊需求以及积极参与活动。房东的目的则是活动策划、活动宣传以实现盈利、持续优化活动体验和及时响应活动现场的房客需求。设计中，将房东和房客的目的与设计的背景相关联，并与设计中使用的媒介相结合。媒介包括：物理接触点，如住宿空间和活动场地；数字接触点，如在线预订系统和客户服务应用程序。

② 结合服务设计的核心要素，可以构建出互联服务的系统图和用户旅程图，如图 6-12 和图 6-13 所示，以确保服务的每个环节都能精准地满足用户需求，并提供连贯的体验。系统图详细展示了服务中涉及的所有元素，包括人、行动、目的、背景和媒介，以及它们之间的关系。用户旅程图则追踪主要利益相关者——房客和房东的完整体验过程，从房客浏览活动、咨询房东、参加活动，到房东的活动策划、物料准备、活动开展和应急响应。通过深入分析房客和房东的目标，可以将这些目标与服务的背景和采用的媒介紧密相连，无论是物理接触点（如住宿空间），还是数字接触点（如在线平台）。这样的梳理不仅帮助设计者理解用户的需求和行为，而且指导设计者设计出更具吸引力、更有效的服务流程，从而提升整体的服务质量和用户满意度。

③ 通过绘制故事板，如图 6-14 所示，我们可以生动展示用户在社交情境下"呼叫前台配送好酒"的用户旅程。故事板通过连贯的图像和文案，捕捉用户从下单到接收服务的每个步骤，帮助设计团队洞察体验细节，发现改进点，从而提升服务的个性化和效率。

117

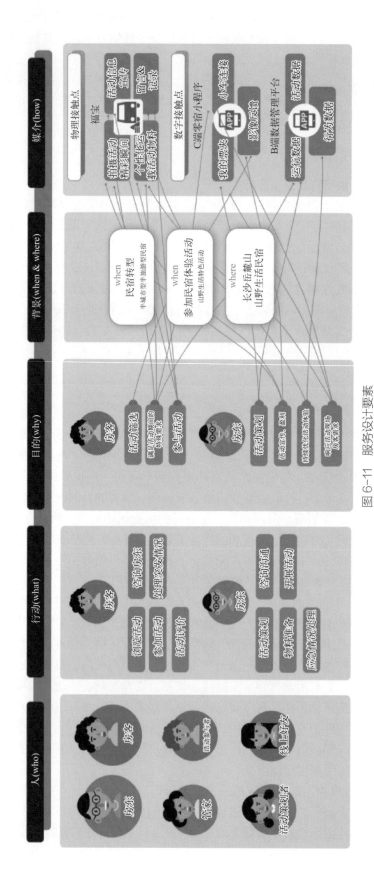

图 6-11　服务设计要素

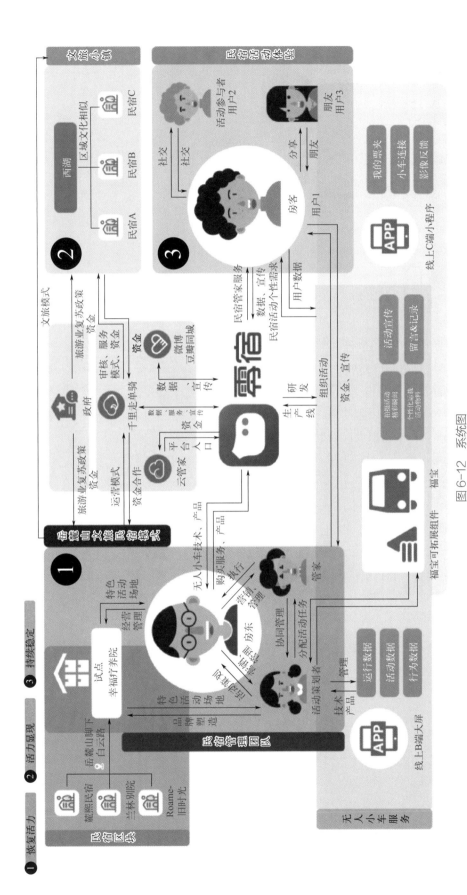

图6-12 系统图

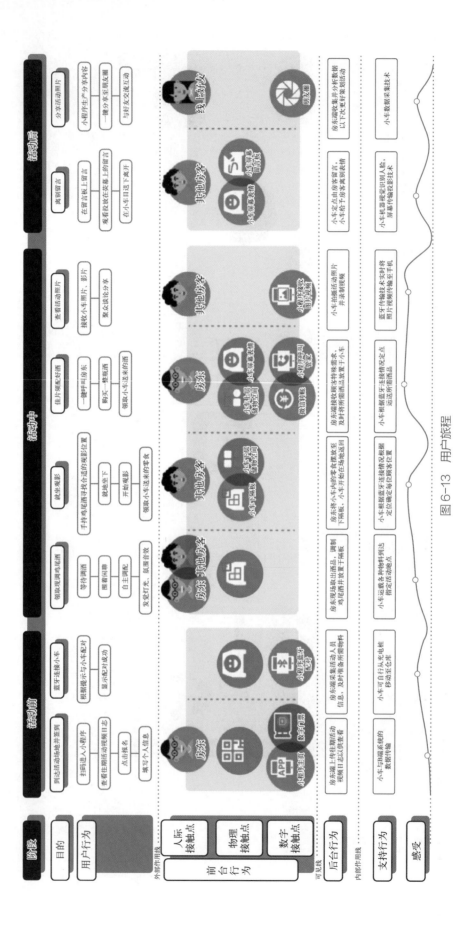

图6-13 用户旅程

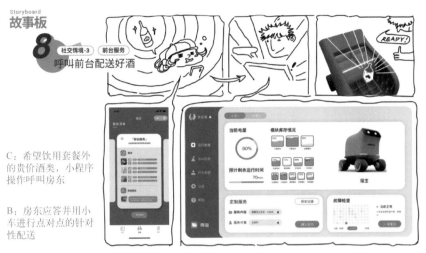

C：希望饮用套餐外的贵价酒类，小程序操作呼叫房东

B：房东应答并用小车进行点对点的针对性配送

图 6-14　故事板

④ 图 6-15 展示了服务的小程序设计，它以用户友好的界面和直观的操作流程，为用户提供了一个便捷、高效的服务接入点。小程序的设计考虑了用户在使用服务时的便利性和快捷性，通过简化的用户交互设计，使得用户能够快速找到所需服务，从而提升了整体的服务体验。

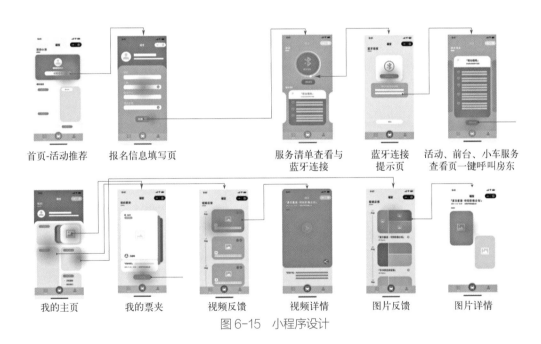

首页-活动推荐　　报名信息填写页　　　　服务清单查看与　　蓝牙连接　　活动、前台、小车服务
　　　　　　　　　　　　　　　　　　蓝牙连接　　　提示页　　查看页一键呼叫房东

我的主页　　我的票夹　　视频反馈　　视频详情　　图片反馈　　图片详情

图 6-15　小程序设计

⑤ 图 6-16 展示了"福宝"小车的产品设计，该设计不仅注重外观造型的美观和现代感，同时也兼顾了用户体验的便捷性和实用性。

(2) DAY-X 连串出行生态服务 [12]

随着 95 后年轻群体自驾游的兴起，智能网联汽车服务设计面临着新的挑战与机遇。本设计基于用户旅程的智能网联汽车服务设计模式研究方法，对 95 后人群自驾游出行场景下的用户旅程进行研究，提出了连串出行生态服务设计方案。

图 6-16　产品设计

其设计思路如下：

① 深入分析了 95 后自驾游用户的行为模式和心理需求。通过调研自驾出游时间、决策周期、里程和驾驶时长等关键指标，揭示这类人群的出行习惯。再按照出发前、旅途中和旅途后对每个阶段用户可能涉及的活动进行总结，通过用户旅程图逐个分析每个阶段的用户心理状态，便于后续针对性地对需求进行设计。在出发前，用户可以通过手机终端制订出行决策、出行计划，汽车终端则自动启动"冒险日"连串出行生态服务。在这个阶段，用户往往会对旅程充满期待，因此设置了日历倒计时，车机屏幕上会显示旅行卡片，并提供路书、音乐等让用户进一步了解旅行目的地。为了确保旅途的顺畅和愉悦，设置了装车引导，提示用户带好各类出行用品、个人用品和相关证件。这一阶段的车载屏幕界面设计如图 6-17 所示。

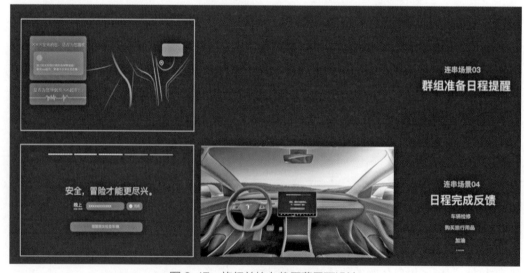

图 6-17　旅行前的车载屏幕界面设计

② 在驾程中，系统可以实现车组群互联，当发现目的地相同，系统会自动提示是否要一

起前往，帮助用户结交志同道合的车友。在遇到沿途秀丽风景时，用户可以轻易敲击车窗，标记路过的风景添加到后续日程中，作为后续和好友出行的备选目的地。这一阶段的车载屏幕界面设计如图6-18所示。

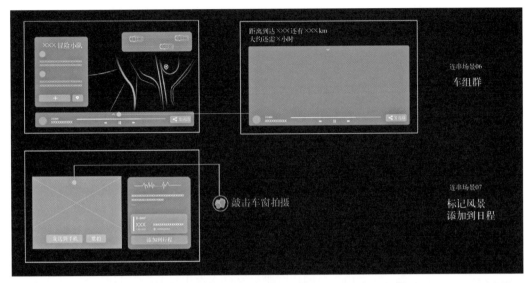

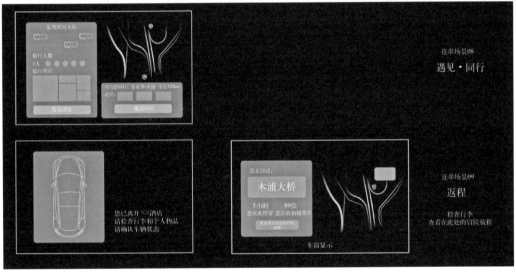

图6-18　旅行中的车载屏幕界面设计

③ 在旅行结束快到家时，系统会提醒用户向亲友报平安。快乐旅途的结束往往会让用户感到失落，因此基于用户的代偿心理，进行了情感化设计，考虑到用户疲惫的身心，提供了几项活动备选，例如"去家里的宽敞大床上美美地睡上一觉"。这些活动能帮助用户及时调整心态，将心情从失落感中转换出来。考虑到后续驾驶的安全和顺利，系统还会及时提醒用户对车辆进行清洗、补给、养护，为下次出行做好准备。这一阶段的车载屏幕界面设计如图6-19所示。

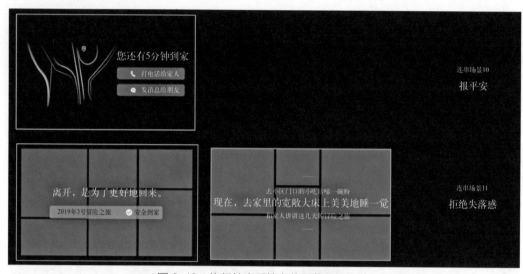

图 6-19　旅行结束后的车载屏幕界面设计

(3) 广汽 MOCA 定制服务

科技无限进步、技术保持革新的智能网联汽车发展新时代，用户需求不再是单一的驾驶，为出行增添乐趣、改善出行空间体验感是发掘未来用车新场景的重要目标，而个性化的服务能为用户量身定制，提供专属的体验和愉悦感受，从而提升用户满意度。广汽集团的 MOCA 概念车围绕"科技即美，设计求真"，运用新技术连接数字化和出行生活，

图 6-20　MOCA 可自定义的车外"环形屏"

MOCA 在模块化的基础上，结合智能化的科技、场景化的交互，重新定义了智能网联汽车的个性化服务，主要体现在功能、空间、交互的定制服务。MOCA 的外部造型设计语言突破传统汽车的标准，车身外饰设计中的"环形屏"不仅能标识制动、转向等车的不同状态，也能展示用户自定义的内容，如色彩和图样，展示用户的个性和态度，提供了个性化的人机交互新模式，如图 6-20 所示。

① 定制服务系统。MOCA 汽车互联服务设计基于广汽 ADiGO 车载操作系统，提供必要的软硬件设施，允许用户根据个人偏好深度定制功能和场景。该系统支持用户通过 ADiGO 进行车内部件的个性化设置，并通过"1+1"平台实现线上选购、线下获取定制硬件，打造个人专属的出行空间。MOCA 采用模块化硬件选择，如同电脑主机，提供多样化的软硬件配置选项。作为一个开放的商业平台，MOCA 鼓励第三方开发新模块，确保用户能够体验到最新、最潮流的汽车硬件和功能，同时保持服务的新鲜感和竞争力。MOCA 的设计注重用户的参与和共创，同时采用灵活的服务架构，以适应多变的服务需求。

② 空间定制设计。MOCA 系统通过硬件预埋和软件应用实现了车内空间的多功能自定义，允许用户将车辆轻松转换为家庭影院、游戏厅或商业空间（如咖啡厅）。开放式设计配合可更换模块，加上门板上的自定义接口，增强了个性化定制的可能性。材质和装饰的

选择体现了对不同用户需求的深入理解，从科技感的小牛皮和金属铝材到环保的半植鞣皮革，以及为孩子们设计的"游乐园"式后排座椅（图 6-21），都旨在提升用户体验。MOCA的设计不仅注重个性化和娱乐性，同时保证了安全性和舒适性，展现了对环保和家庭友好设计理念的重视。

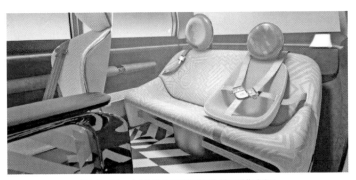

图 6-21　MOCA 可自定义的后排空间

③ 智能互联服务。MOCA 系统采用了一系列创新的汽车互联服务设计，通过 ADiGO智能物联系统实现了与用户智能设备的无缝连接，构建了一个万物互联的生态系统。系统利用用户的智能硬件和车载硬件数据，提供个性化服务。例如，根据用户偏好调整车内环境和界面颜色，从而使用户可以高度定制车内的 IP 风格和功能；使用手机等智能硬件与车辆互动（图 6-22），控制车内控件。MOCA 通过音乐和导航服务增强驾驶乐趣，同时保持了边界意识，不侵犯用户隐私，避免过度干预，提供"不打扰"的体验。整体来看，MOCA 的设计不仅关注单一车载服务，而是构建了一个全面的智能出行解决方案，体现了车载服务设计的智能化、个性化和用户中心的设计理念。

图 6-22　用户通过手机和 MOCA 连接

6.4　智能网联汽车互联服务创造的价值

在全球范围内，汽车互联服务正成为经济增长的新引擎，它不仅带来了显著的经济效益，还极大地提升了人们的生活质量。汽车互联服务的实施，对于实现更加安全、环保、高效的社会具有重要意义。

6.4.1　个人层面的服务价值

城市化和人口增长带来的挑战推动了互联服务应用的发展。未来，互联服务将在车辆系统中发挥关键作用，旨在降低车辆的运营成本和保险费用，同时提升交通效率和道路安全性。互联服务的应用改善了人们的生活、工作，为可持续的经济增长和生活质量的提升创造了条件。在个人层面，智能网联汽车互联服务的价值主要体现在精准营销和售后维护两个方面。

(1) 精准营销

智能网联汽车的兴起为精准营销带来了新的机遇，允许经销商通过大数据分析工具收集用户信息和车辆运营数据，以绘制详细的用户画像，实现个性化广告投放。这种策略不仅能增强用户对品牌的忠诚度，还能有效降低营销成本。在此背景下，阿里巴巴集团与汽车制造商上汽集团展开合作，共同开发智能网联汽车相关服务，利用智能网联汽车的技术平台和数据分析能力，为汽车行业提供定制化的营销解决方案。这一合作推动了汽车产业的数字化转型，同时为消费者提供更加个性化的服务体验。

(2) 售后维护

通过实时获取智能网联汽车的用户数据和车辆数据，维修企业能够远程监控车辆状况，及时诊断问题，并向车主提供准确高效的维修服务。定期的车辆保养和维修提醒有助于确保车辆良好运行，从而提升车主的使用体验。此外，基于汽车零部件的标准化，收集不同品牌的用户数据不仅能帮助维修企业扩大服务范围，还能提升服务质量，为消费者提供更优质的体验。这种模式预示着连锁经营可能成为未来趋势，有潜力取代当前的特许经营模式，为更广泛的车主群体提供服务。例如，Launch 技术公司的 Golo 工具箱通过标准的 OBD（车载诊断）接口收集数据，构建了一个平台，吸引各类企业和技术人员加入，共同提供车辆维护服务[13]。

6.4.2 系统层面的服务价值

智能网联汽车互联服务在其系统层面的价值主要体现在行业融合和共享经济两个关键维度。

(1) 行业融合

智能网联汽车正推动汽车产业与其他行业的深度融合，通过技术创新拓展车辆的传统功能，将其转变为一个集成生活便利和数字服务的多功能平台。这种融合不仅延伸了汽车产业的价值链，还促进了其与餐饮、旅游、物流和智能家居等行业的协同发展。自动驾驶技术的引入，提升了车辆的自主性，为用户在移动办公、社交互动、娱乐等方面提供了更大的自由度，降低了技术门槛，丰富了车内体验。智能网联汽车的信息交互和智能决策功能进一步促进了行业间的合作，使得车辆成为了连接不同服务和应用的节点。用户现在可以在车内享受到从在线预订到个性化旅行建议、从智能物流管理到智能家居控制的一系列便捷服务。在中国，华为与赛力斯合作的 AITO 品牌以及小鹏汽车等整车制造商，正通过集成先进的车联网技术和智能驾驶辅助功能，推动智能网联汽车的技术创新。这些发展展现了智能网联汽车在未来汽车行业中的核心角色，预示着为用户提供更丰富、便捷的车内服务体验。

(2) 共享经济

在服务经济的视角下，短期的汽车租赁行业正在逐步向汽车共享业务转型。这种转型主要依靠智能网联汽车的发展，依托自动驾驶、身份识别、电子支付、智能导航等技术，以改善汽车共享的驾驶体验。"工业 4.0" 的推进极大促进了汽车共享服务的发展，使其更加经济、便利。汽车共享不仅限于车辆，还扩展到了制造和出行方案，适应了行业新需求。在中国，共享汽车服务市场活跃着多个平台，包括 EVCARD、GoFun 出行、联动云、摩范出行、曹操出行以及新能源汽车制造商蔚来提供的服务平台，这些平台通过分时租赁、短租等模式为用户提供灵活的出行选择。长期租用的卡车或公交车可以使用车联网技术与监测中心连接，从而有利于车辆和司机的管理。为了进一步提升交通效率和环保性，未来的目标是实现汽车共享服务与多式联运系统的融合，这需要政策制定者、城市规划者、汽车制造商和共享服务提供商紧密合作，共同推动智能交通系统的发展，优化资源共享，应对城市交通和环境挑战。

6.4.3 社会层面的服务价值

智能网联汽车互联服务除了为社会带来便捷出行体验，还促进环境保护，减少污染和车辆里程，降低私有车辆保有量，减轻环境负担，有望改善居住环境和居民健康，扩大环保措施的受益群体。因此，汽车互联服务在推动优化生态环境、可持续发展、提升市场循环等方面扮演着关键角色，其社会价值是全面且深远的。具体地，汽车互联服务在社会层面的服务价值主要包括优化交通、节能减排和市场循环三个维度。

(1) 优化交通

从优化城市交通的角度出发，智能网联汽车通过互联服务，实现了对空闲车位的精确定位，有效缓解了交通拥堵并提高了道路使用效率。以北京市政府 2018 年推出的"北京停车云"系统为例，该系统利用车联网技术实时监测城市停车位的使用情况，并为驾驶员提供精确的停车位信息和定价，从而促进了更高效的停车行为。此外，该系统整合的在线支付功能进一步提升了停车设施的运营效率，减少了寻找车位和现场支付所耗费的时间，从而降低了由此导致的路面拥堵。智能网联汽车技术还拓展了停车服务的范围，在停车期间为驾驶者提供充电、加油、洗车等增值服务，增强了停车体验的舒适度。这些智能停车解决方案不仅优化了城市交通流动，还对推动城市的可持续发展起到了积极作用。智能网联汽车的汽车互联服务在提升城市交通管理和服务效率方面展现了其重要价值，为城市交通的智能化和高效化作出了显著贡献[13]。

(2) 节能减排

汽车互联服务通过智能化的车辆共享模式，为节能减排作出了重要贡献。以滴滴出行的"滴滴共享"服务为例，该服务通过汽车互联平台高效匹配车辆供给与用户需求，显著降低了汽车的使用量和能源消耗。这样的设计不仅提升了车辆利用率，还减弱了对环境的影响。尽管汽车共享可能会对私人停车空间造成一定影响，但它在降低机动化率和优化道路空间使用方面的优势不容忽视。在中国，城市道路空间资源有限，汽车互联服务通过智能调度系统优化停车资源，减少了寻找停车位导致的交通拥堵和环境污染。总体而言，智能网联汽车互联服务在推动节能减排、缓解交通压力、促进绿色出行方面发挥着重要作用。

(3) 市场循环

智能网联汽车的兴起正在重塑二手车市场的动态，促进了更加高效和透明的市场循环。通过收集和分析智能网联汽车产生的数据，企业能够构建全面的车况档案，包括使用历史、维护记录和驾驶行为等，这为二手车的评估和认证提供了坚实的数据基础[13]。这种数据驱动的评估方法不仅提高了交易的透明度，确保了买卖双方的利益，还有助于提升车辆的残值，从而激励市场流通。例如，智能算法可以分析驾驶习惯，预测车辆的未来表现，为车辆定价提供更科学的依据。此外，基于智能网联汽车数据的服务还能够帮助原始设备制造商和经销商提供更有针对性的维修、保养和升级服务，进一步提升车辆的市场吸引力。随着智能网联汽车的不断成熟和应用，车辆数据将成为推动市场循环的关键因素，使市场参与者能够做出更明智的决策，推动二手车市场向更高效、更环保的方向发展。这不仅能够提升消费者的信心，还能够促进汽车产业的可持续发展，实现经济效益与环境效益的双赢。

6.5　智能网联汽车互联的未来发展

中国和全球主要发达国家都将车联网无线通信技术的发展视为技术创新、产业升级和交通服务转型的核心动力。当前，全球汽车与交通产业正处于一场由汽车互联服务引领的创新浪潮中，这一领域的进步不断催生新技术、新产品、新应用和新模式。汽车互联服务正从技术、产业、服务等多个层面，推动着智能交通系统的未来发展和变革，为实现更安全、高效、便捷的交通环境提供了强有力的支持。

6.5.1　技术为王的创新发展

(1)　智能科技的发展与应用

智能科技是汽车互联服务发展的核心，深度学习技术尤为关键，它在提升汽车智能系统感知与响应复杂交通环境的能力中扮演着重要角色。汽车需要通过汽车互联服务，利用大量数据进行深入学习，包括对道路状况、交通流量和潜在障碍物的识别，以确保行车安全并优化驾驶体验。尽管深度学习在汽车互联服务中展现出巨大潜力，但它在实际应用中仍面临技术挑战，尤其是模型泛化和边界定义的问题。解决这些问题的关键在于开发高性能的车载计算芯片，这些芯片能够为深度学习算法提供必要的计算能力，从而实现快速且准确的数据处理和决策支持。目前，芯片技术的进步为深度学习在汽车互联服务中的应用奠定了基础，但要实现更广泛的应用，还需进一步的技术突破。随着技术的持续发展，深度学习预计将在汽车互联服务中发挥更加重要的作用，为智能交通系统的进步带来革命性的影响。

(2)　传感器技术的发展与成本优化

激光雷达（LiDAR）技术，以其较低的成本和高精准度的识别能力，在智能网联汽车中得到广泛应用，特别是在汽车互联服务中发挥着重要作用。与传统车载雷达系统相比，激光雷达在复杂天气条件（如雨、雪等）下仍能保持较高的性能稳定性，这对于提升车辆的环境感知能力和决策准确性至关重要。目前，激光雷达技术的发展正朝着低成本、小型化的方向迅速推进，这对于汽车互联服务来说是一个积极的趋势。小型化和成本效益的提升将使得更多的车辆能够装备这项技术，从而在 V2V 和 V2I 实现更有效的通信与数据交换。同时，针对光学现象干扰的深度研发，将进一步提高汽车互联服务的可靠性和安全性，为智能交通系统提供强有力的技术支撑。随着这些技术的不断完善，汽车互联服务将能够提供更加丰富和高效的驾驶辅助功能，增强用户体验，推动智能交通系统向更高水平发展。

(3)　汽车制造的模块化与平台化

智能网联汽车的核心功能，包括汽车互联服务，主要通过标准化的数据和电气接口实现，确保不同品牌和设备间的兼容性是其普及的关键。在汽车行业中，模块化和平台化的设计概念对于实现普及这一目标至关重要。随着工业4.0的深入发展，整车制造商现在能够灵活地整合高级驾驶辅助系统（ADAS）、信息娱乐系统等关键模块，这不仅简化了生产流程，还显著提升了制造效率。此外，模块化生产策略为个性化和定制化汽车的制造提供了可能，允许消费者根据个人偏好定制汽车互联服务。例如，长安汽车与汽车之家网站的合作，通过构建开放平台，积极邀请用户参与到智能网联汽车的研发和生产决策中，这不仅推动了汽车互联服务的个性化定制，还增强了消费者与制造商之间的互动和沟通。这种合作模式体现了汽车行业在提供定制化汽车互联服务和智能制造方面的创新和进步。

(4) 车载服务的升级与便捷性提升

对于传统车辆，软硬件升级往往需要车主前往经销商或工厂车间进行，这限制了新功能的快速集成。然而，智能网联汽车通过空中下载（OTA）技术，实现了汽车互联服务的实时在线更新和升级，极大地提升了用户体验的灵活性和便捷性。利用标准化的接口，智能网联汽车可以轻松添加硬件配件以支持新功能，无须更换整车。OTA技术的应用，特别是在汽车互联服务方面，为原始设备制造商提供了新的服务模式。例如，比亚迪汽车的"汉"和"唐"等智能网联汽车已经通过其云服务实现了车载系统和控制程序的远程升级，使得车辆可以不断适应新的用户需求和市场变化，增强了车辆的智能化功能和个性化服务。这种远程升级服务不仅提高了车辆的智能化水平，还为车主提供了持续更新的汽车互联体验，从而减少了对车辆硬件更换的需求，延长了车辆的使用寿命，并推动了汽车行业向更加智能化和互联化的方向发展。

6.5.2 开放共赢的产业培育

(1) 中外各国战略驱动产业发展

美国、欧盟和日本等发达国家和组织将汽车互联服务视为战略性新兴产业，并对此给予了高度重视。这些国家和组织在战略规划、法规制定和标准统一等关键层面进行了深入布局，以推动汽车互联服务的发展和应用。具体而言，美国交通部出台了《准备迎接未来交通：自动驾驶汽车3.0》的指导性文件，该文件不仅旨在推动自动驾驶技术的发展，也强调了汽车互联服务在提升道路安全、优化交通流量和增强用户体验方面的重要性。通过这类政策和规划，汽车互联服务成为连接车辆、基础设施和用户的重要纽带，为智能交通系统的发展提供了坚实的基础。互联服务通过集成先进的通信技术，不仅提高了车辆的自主驾驶能力，还促进了交通管理的智能化，为用户提供了更加安全、高效和个性化的出行解决方案。

(2) 中国汽车互联服务创新的机遇和挑战

智能网联汽车的快速发展引发中国汽车行业的技术革新，吸引了大量资本投入。众多来自互联网和汽车行业的资深企业家，凭借其丰富的经验，纷纷创立了创新型汽车品牌，推动了汽车互联服务的多样化和个性化。这些企业，如蔚来汽车和比亚迪，受国际创新巨头特斯拉和谷歌的启发，采取了差异化战略，这不仅对传统汽车产业结构产生了显著影响，而且在汽车互联服务领域展现出中国企业的独特优势。中国企业自2009年起便开始探索汽车远程信息处理和汽车互联服务的商业模式，这一现状为中国国内产业的发展提供了巨大的机遇，如阿里巴巴旗下的高德地图，尽管市场竞争激烈，但其通过与汽车制造商合作，为用户提供了先进的车载导航和信息服务，逐渐在导航市场上占据了一席之地。

智能网联汽车的兴起正在将汽车产业转型为具有重要社会意义和市场潜力的战略性新兴产业，标志着中国汽车产业在全球价值链中的地位升级，为实现行业内的"弯道超车"战略目标奠定了基础。通过政策支持、技术创新和市场驱动，中国在汽车互联服务领域的优势地位逐渐凸显。中国企业不仅在本土市场展现出强大的竞争力，而且在全球市场上也正逐渐扩大其影响力。智能网联技术的应用，推动着智能交通系统的发展，为用户提供更加安全、便捷、个性化的出行体验。

(3) 外资巨头加速汽车互联网服务创新

在全球范围内，政府的支持与鼓励促使科技公司加速进入车联网领域，推动汽车互联服务的创新与提升。Waymo——谷歌旗下的自动驾驶公司，已经完成了 1000 万英里[❶] 的实地测试，正致力于将自动驾驶技术转化为高效、安全的汽车互联服务。特斯拉也在自动驾驶技术上不断取得突破，将其作为汽车互联服务的核心增值功能。同时，谷歌和苹果等科技巨头通过开发先进的车载操作系统，全面布局并拓展车联网应用服务，进一步丰富了汽车互联服务的生态。这些外资企业的积极创新和持续发展，不仅加速了车联网技术的进步，也为汽车互联服务的多样化和个性化提供了可能，极大地推动了整个行业的繁荣，提高了用户的便利性，展现了汽车互联服务在智能交通和智慧城市建设中的重要价值。

6.5.3 新型运载的服务变革

(1) 智能出行服务变革

汽车互联服务通过集成创新技术，极大地丰富了用户的智能出行体验。这些服务包括：智能导航系统，能够根据实时数据优化路线规划；先进的车联网技术，能够识别并响应不断变化的路况；智能驾驶辅助系统，通过智能控制提升车辆操作的安全性和精确性。这些技术的融合和应用，不仅极大地提高了出行的便捷性和个性化水平，也推动了交通出行服务向更智能化、人性化的方向升级。谷歌地图的汽车互联服务应用便是一个典型例子，它通过实时共享和更新路况信息，使用户能够及时了解当前的交通状况，并据此规划出最优的行驶路线，避开可能的拥堵。这种服务的实施，不仅增强了出行的可预测性和效率，还提升了整体的驾驶体验，彰显了汽车互联服务在智能交通管理中的核心作用。通过这些服务，驾驶员可以享受到更加流畅、安全且经济的出行方式。

(2) 车联网服务变革

汽车互联服务通过车联网技术为车辆提供了实时且全面的联网支持，这包括车辆间的信息交流和车辆与交通基础设施之间的数据共享。随着车联网技术的快速发展和日益广泛的应用，汽车互联服务为交通运输领域带来前所未有的发展机遇。特别是在公共交通领域，汽车互联服务的应用极大地提升了服务的智能化水平和用户满意度。例如，一些城市的智能公交系统利用车联网技术实现了车辆间的实时信息互通和智能调度，用户可以通过移动应用程序实时查看公交车的行驶位置和预计到站时间，享受到更加精确的出行规划。此外，汽车互联服务还包括了电子支付和电子票务等便捷功能，使得乘客能够更加快捷地完成支付和票务操作。这些服务的实施不仅提高了公共交通的运营效率，而且通过提供个性化和高效率的出行解决方案，显著提升了用户的出行体验。汽车互联服务成为推动智能交通系统发展、优化城市交通管理以及提升乘客满意度的关键因素。随着技术的不断进步，未来汽车互联服务将为交通运输带来更多创新的可能性，进一步促进智慧城市的发展。

---

❶ 1mile（英里）=1609.344m。

(3) 新兴服务模式

汽车互联服务成为推动交通领域创新的关键技术，为共享出行和智能物流配送等新兴服务模式提供了坚实的技术与平台支持。通过汽车互联服务，共享出行服务能够更高效地匹配供需，智能物流配送服务则能够实现更精准的路径规划和实时货物追踪。这些服务的实施不仅提升了城市交通资源的利用率，还增强了交通管理的智能化水平，为交通运输服务带来了创新和升级的新动力。汽车互联技术的集成应用，引领交通运输行业向更高效、更智能的未来发展。

总而言之，汽车互联服务的快速发展为交通运输领域带来革命性的变化。未来，随着汽车交互设计和汽车互联技术的不断进步，这些服务将进一步推动交通运输服务的创新与升级。通过更加智能化和用户友好的界面，汽车互联服务将提供更加高效和个性化的出行解决方案，满足用户多样化的出行需求。这些服务的持续优化和发展，将为用户带来前所未有的便捷性和舒适性，同时提高整体交通系统的运行效率，引领交通运输服务进入一个全新的智能化时代。

参考文献

[1] ZHOU B，SUN X，ZHANG B．SDIV: Service-Defined Intelligent Vehicle Towards the 2020 Urban Mobility [C] //Rau P L P．Cross-Cultural Design．Cham: Springer International Publishing, 2017: 288-298.

[2] 吴冬升. 2021 车联网产业十大趋势 [J]. 智能网联汽车, 2021, 14 (01): 62-69.

[3] 张敏. 基于 5G 的车联网组网技术研究 [D]. 南京: 南京邮电大学, 2020.

[4] JI B，ZHANG X，MUMTAZ S，et al. Survey on the Internet of Vehicles: Network Architectures and Applications [J]. IEEE Communications Standards Magazine, 2020, 4 (1): 34-41.

[5] 康志辉. 基于位置服务的停车场诱导系统的设计与实现 [J]. 福建师大福清分校学报, 2015 (2): 53-58.

[6] 朱宁. 车载互联系统主观评价方法研究 [J]. 汽车文摘, 2020 (3): 24-30.

[7] 胡飞，谢启思. 服务设计视角下的"出行即服务"研究进展 [J]. 包装工程, 2021, 42 (20): 13, 103-111, 145.

[8] WANG W，ZHOU F，LI W，et al. Designing the Product-Service System for Autonomous Vehicles [J]. IT Professional, 2018, 20 (6): 62-69.

[9] MAFFEI S，VILLARI B．Service Idea: Creating Mobility Scenarios Through Service Design [M] // Research for Development．[S.l.: s.n.], 2017: 13-23.

[10] ARENA M，AZZONE G，COLORNI A，et al. Service design in electric vehicle sharing: Evidence from Italy [J]. IET Intelligent Transport Systems, 2015, 9 (2): 145-155.

[11] 董浩宇，孟畅，曾超，王定轩. 零宿——民宿智慧管家服务 [EB/OL]. (2021-11-23) [2024-08-13]. https://pinwall.cn/project/39533.

[12] 王闻佳. DAY-X 连串出行生态服务 [EB/OL]. (2019-10-20) [2024-08-13]. https://pinwall.cn/project/28494.

[13] KUANG X，ZHAO F，HAO H，et al. Intelligent connected vehicles: the industrial practices and impacts on automotive value-chains in China [J]. Asia Pacific Business Review, 2018, 24 (1): 1-21.

研究与前沿

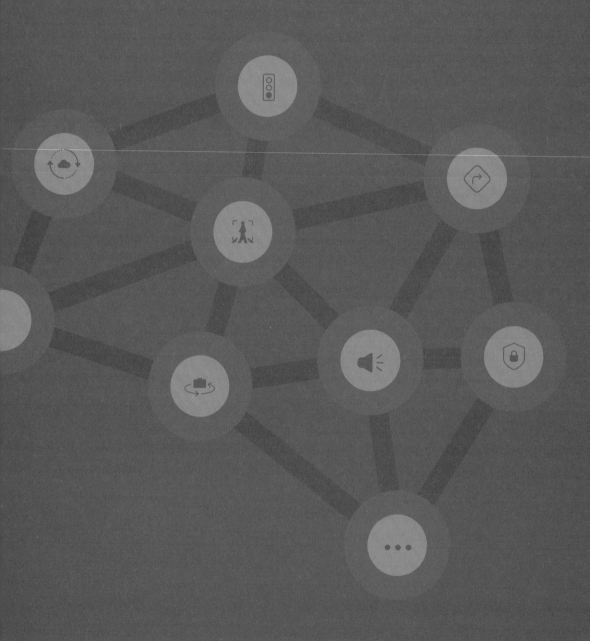

第 7 章
智能网联汽车人机交互的质量评估研究

信息物理系统（cyber-physical systems，CPS）、大数据和人工智能的飞速发展，引领了汽车内部空间、用户界面、操作模式及交互过程的深刻变革。智能网联汽车设计的焦点已转向构建一个跨车辆的交通生态系统，这一系统强调人、车、基础设施、城市以及环境之间的无缝融合与协同。随之而来的，是对智能网联汽车人机交互设计提出的更高标准，要求设计师们打造出更高质量、更符合未来趋势的人机交互体验。

7.1 人机交互质量概述

交互质量（interaction quality，IQ），是评估人机交互系统性能的指标，它综合反映了用户在使用过程中的满意度和系统的有效性。有效的汽车人机交互可以降低意外的发生率，有助于提高人们的身心健康。同时，有效的信息交流能增强使用者在不熟悉路况的情况下对信息的获取和控制感，进而提升使用者的幸福感与接受度，尤其体现在更高级别的智能网联汽车中。

随着车载系统和自动驾驶技术的发展，人机交互的智能化和复杂性不断增加，这对汽车人机交互的设计与开发提出了更高的要求。首先，为了应对日益复杂的系统，我们需要引入新的工具和方法来提升交互质量，这直接关系到汽车人机交互系统的开发效果。其次，交互设计不仅要追求智能化和复杂性，更要注重用户体验，确保交互过程的贴心、便捷和安全[1]。此外，软件测试作为开发过程中的一个重要环节，其重要性随着系统复杂度的提升而增加。复杂度的提高导致测试成本的增加，因此，传统的测试方法已难以满足当前的需求。为了有效处理日益增多的测试用例，我们需要探索新的测试方法，如自动化测试，以提高测试效率和准确性[2]。

7.2 人机交互质量的维度和要素

交互质量决定了智能网联汽车交互设计的成熟度，并对各设计阶段的时间节点统筹与设计内容的输出具有重要意义。在设计早期阶段，通过对交互质量的评估来确定交互概念和系统构建阶段的重要节点，这里的"节点"指的是设计流程中需要做出关键决策的时间点，例如确定设计概念的关键时刻。在该阶段中，设计者主要使用纸质原型快速发现问题，促进设计沟通，并确定汽车交互的整体概念和系统框架。其交互质量评估的对象包括交互界面的整体布局、系统框架和界面的视觉风格。随后，在设计中期阶段，通过交互质量的评估对设计阶段中的具体节点与输出内容进行统筹安排，这里的"节点"指的是设计过程中需要完成特定任务或达到特定里程碑的时间点。通过这种方法，设计团队能够确保在关键的时间节点做出正确的决策，并能够及时调整设计方案以满足用户需求和项目目标，从而确保项目按照既定的时间表和质量标准顺利进行。在该阶段中，设计者采用高保真数字原型完成设计迭代，并逐步完善设计方案。在设计后期阶段，通过交互质量的评估来完善汽车的整体艺术效果和互动体验。采用以战略为中心，以技术决策为驱动的评估模式，保证交互任务可行性，提升驾驶表现与用户体验。

目前，对于人机交互质量的评估主要围绕着可用性、交互自然性、人车协同和态势感知展开。

7.2.1 可用性

可用性是评估交互质量的重要指标。目前，可用性测试已被广泛应用于交互设计、体验设计的评估当中。在智能网联汽车人机界面的可用性评估中，评估对象和评估任务是影响可用性评估的两个主要因素[1]。如今，智能网联汽车的触摸屏界面已经不局限于传统的屏幕，语音交互、体感交互、系统主动交互、眼动交互等交互技术的发展，催生了更多新型的智能网联汽车人机界面。因此，智能网联汽车人机交互界面的可用性评估对象越来越多样化，任务越来越动态化。

由于评估对象的多样化，智能网联汽车人机交互的可用性评估对象不仅有传统的物理操作界面与功能集成的触摸屏界面，也有柔性屏、透明屏等新型多维度信息交互显示界面。同时，在早期的人机交互设计中，汽车的用户界面往往被设计为静态的，主要考虑车辆停止或缓慢行驶时的用户操作。然而，随着技术的进步和用户需求的变化，智能网联汽车的人机交互任务经常发生在动态行驶过程中，评估任务的动态化变得日益重要。因此，智能网联汽车人机界面可用性评估主要基于动态用户场景，其评估的动态任务包括：

① 驾驶任务：包括主驾驶任务和辅助驾驶任务。主驾驶任务是指车辆的横向和纵向运动控制，这涉及直接操作方向盘、油门和刹车等，以确保车辆按照用户的意图行驶。辅助驾驶任务则是指依赖和支撑主驾驶任务的活动，例如，使用导航系统来推荐最佳行驶路线，或者通过自适应巡航控制来自动调节车速以维持与前车的安全距离。这些辅助功能旨在减轻用户的操作负担，提高行车安全性，同时让用户能够更专注于车辆的控制。

② 非驾驶任务：自动驾驶系统减少了用户对驾驶控制的参与，用户有更多的时间去执行与驾驶无关或不直接相关的任务。例如，随着技术的发展，用户可以在自动驾驶模式下阅读或处理工作文件。

③ 人机控制转换任务：当自动驾驶系统出现故障或执行完预设任务时，用户必须准备好作为备份执行者接管汽车。同样，用户也可以将驾驶权限转让给自动驾驶系统，或者调整自动驾驶级别。

④ 交叉任务：智能网联汽车的互联特性允许车辆之间进行信息交互，以及在驾驶过程中进行社交互动和娱乐活动，如车辆间通信以协调行驶、进行游戏等。

在衡量人机交互质量时，可用性是必不可少的参考指标。然而，随着研究的深入，可用性已不足以概括交互质量的全部内容。目前，衡量智能网联汽车交互质量的标准已经拓展到交互自然性、人车协同性和态势感知等方面内容。

7.2.2　交互自然性

人机界面的自然性指交互设计能够顺应用户的生理和认知习惯，实现直观、高效且安全的交互。近年来，交互的自然性在驾驶领域中受到了更为广泛的关注。自然高效的人机交互界面可以改善驾驶体验，加速智能网联汽车的商业化进程[3]。

在追求人机交互的自然性方面，人机自然交互（human-machine natural interaction，HMNI）已成为当前研究的重点领域。在这一领域中，交互设计旨在模拟人类的本能行为，使得用户无需复杂的学习过程，仅通过简单的学习即可熟练掌握与机器的互动技巧。这种设计使用户在与机器的互动中感受到"行为自然"，能够通过手势、表情、动作等自然交流方式，以及通过观察和操作物理对象来探索和理解周围世界。HMNI的实现，允许用户以现实世界和日常生活中的自然方式与技术进行互动，从而极大地提升了用户体验的直观性和互动的流畅性。

HMNI现有的常见方式包括触摸屏交互（touch screen interaction，TI）、手势交互（gesture interaction，GI）和语音交互（voice interaction，VI）等，如图7-1所示。触摸屏交互是指使用者只要用手指轻轻地触碰计算机显示屏上的图符或文字就能实现对主机操作，无须再借助鼠标或键盘等外部器材；手势交互要求用户的手能自由移动，或者做出某种手势动作，当系统设备捕捉后，会做出反馈回应用户需求；语音交互是目前较为常用的一种交互方式，是一种通过语音与计算机进行交流的交互形式，它利用自然语言处理（natural language processing，NLP）技术，使计算机能够理解用户的声音指令，并响应相应的结果显示在用户的屏幕上。

图 7-1　人机自然交互方式

7.2.3　人车协同性

在过去十年中，汽车行业的智能网联化发展迅速，许多制造商根据SAE标准开发了有条件自动化（L3级）和高度自动化（L4级）的车辆自动驾驶系统。这类智能网联汽车在特定运行设计域（operational design domain，ODD）内实现了先进的自动驾驶功能。ODD定义了自动驾驶系统能够安全运行的环境和条件，包括道路类型、交通状况等。L3级别自动驾驶需要驾驶员在必要时接管控制，而L4级别则在ODD内无须人类干预。人车协同性的提升依赖于自动驾驶系统的可靠性的提高、传感器和执行单元技术的加强，以及人机交互设计的优化。

具体而言，人车协同性强调智能网联汽车中人与自动化系统的高效合作。然而，随着车辆自动化程度的提高，车辆自主性增强，可能导致人类对自动化行为的预测能力下降，从而导致人车协同性降低。为了应对这一问题，必须集成多种协作策略，以确保在不同自动化水平下，控制权限能够安全、平稳地过渡和切换。车载交互系统在此切换过程中极为关键，它不仅支持用户在必要时接管车辆，还允许在安全情况下将控制权交回系统。因此，实现协同性的关键在于设计直观的交互界面、提供用户培训以及维持情境意识，以确保智能网联汽车的安全性和优化驾驶体验。

智能网联汽车中的人机控制权转换主要涉及两个关键的环节：

① 人机控制权接管。在智能网联汽车中，当系统发出接管请求（take over request, TOR）时，用户对车辆控制权的及时接管至关重要。响应缓慢或处理不当的接管任务可能会带来安全风险。为了提升人机交互的质量，用户必须能够高效且安全地完成接管任务。通常，驾驶接管任务的表现是通过反应时间、接管持续时间、事故发生率、任务完成率以及用户的满意度等指标来综合评估的。这些指标能够确保用户能够及时、有效地接管控制权。

② 人机控制权移交。在适当条件下，智能网联汽车应将控制权移交回系统，并增强用户对系统的信任和接受度。用户对系统的正面质量评估往往源自他们对系统的信任和依赖。当用户接收到明确的自动驾驶指导和反馈时，他们会感到更加安全，情绪也更加积极。例如，在激活自动化时提供清晰的自动驾驶功能信息可以显著提升系统透明度，从而使用户获得更强的安全感知和更正面的情绪体验。

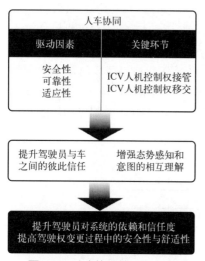

图 7-2　人车协同的研究内容

在此基础上，安全性、可靠性和适应性被视为人车协同的三个关键驱动因素，如图 7-2 所示。因此，我们可以从人车协同中提炼出两个基本要素：首先是相互信任，它为用户和系统之间的协作提供了坚实的基础；其次是对态势感知和意图的相互理解，这有助于双方更有效地沟通和响应。这两个要素共同推动了人车之间的高效协作。

7.2.4　态势感知

态势感知（situation awareness, SA）是指个体对周围环境因素的全面感知、理解以及对未来发展的预见。具体而言，它涉及在特定时间和空间内，对周遭环境要素的感知，对这些要素所代表意义的深入理解，以及对它们未来变化趋势的预测。

在驾驶过程中，态势感知是一个包含感知、理解和预测 3 个连续阶段的复杂认知过程，如图 7-3 所示。这一过程不仅包括维持车道、规避危险和停车等关键驾驶任务，也涉及感知、认知和运动等多个连续的交互环节。为了实现有效的态势感知，系统必须利用计算机视觉和听觉等多种感官通道来捕捉周围环境的信息。在感知阶段，系统通过这些多通道获取的数据来理解环境，并迅速处理这些信息，以便进行准确的预测和决策。在认知阶段，系统将收集到的信息进行深入分析和处理，形成对当前驾驶情境的理解。随后，系统将基于这一理解，生成并传递适当的动作指令至执行机构，如转向、加速或制动等。这些动作指令需要经过精心设计，以确保不仅能够被系统准确理解，而且能够被用户或自动控制系统顺利接收和执行，从而实现安全、高效的驾驶操作。

图 7-3　态势感知三级模型

以自适应巡航（ACC）系统为例，人的态势感知的理解框架如图 7-4 所示。

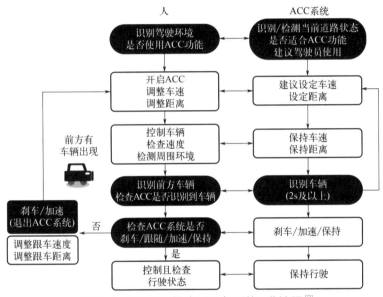

图 7-4　自适应巡航（ACC）系统工作流程[3]

提升态势感知能力，对于增强行车安全性、提高系统可靠性以及优化人机交互体验至关重要，在智能网联汽车自动驾驶中，态势感知能力较弱会引发以下 3 类问题：

① 缺乏故障保险。对驾驶环境的低态势感知可能会造成事故。当一个系统发生故障时，智能网联汽车不知道需要执行避开障碍物的自主操作或信息提醒，那么司机就会无法看到障碍物，也无法做出规避动作，造成碰撞。

② 移交时间过长。在智能网联汽车中，当驾驶权由系统移交给用户时，用户必须具备足够的态势感知能力，以确保能够安全地接管控制。如果用户在行驶过程中的态势感知能力不足，他将需要更长的时间来识别环境变化并做出相应的决策。这种情况不仅会降低用户本身的决策效率，而且也会增加用户在接管过程中的认知负担，导致其反应速度和决策质量下降。

③ 系统可信度低。智能网联汽车的态势感知能力不足可能会导致车辆行为与用户的预期不符，从而引发理解上的困难。这种不确定性和对系统行为的不可预测性，会削弱用户

对技术的信任感，进而影响用户体验。长期而言，这种信任缺失可能导致用户对自动驾驶技术的接受度降低，甚至产生排斥心理，这无疑会削弱自动驾驶技术在提升安全性、舒适性和效率方面的潜在优势。

7.3 智能网联汽车交互质量的评估方法体系

7.3.1 可用性评估

可用性评估是交互质量评估最为常见的标准化方法之一。可用性评估是指在特定的使用场景下，对产品为特定用户实现特定目的时的有效性、效率和满意度等绩效指标的综合描述。在交互设计领域内，尼尔森提出了状态可视化、现实匹配性、系统一致性等十大可用性原则。

图7-5展示了目前智能网联汽车人机界面可用性评估的主要方法。在进行评估时，考虑的因素通常可划分为主观和客观两大类。主观因素的评估包括专家评价和用户评价等，而客观因素的评估则涵盖了用户状态度量、用户行为度量和用户表现度量等。在进行可用性评估时，一般会采用客观数据和主观数据相结合的方式。

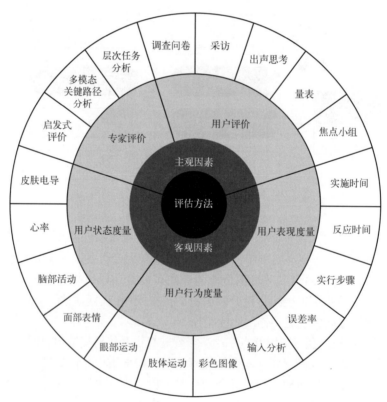

图 7-5　智能网联汽车人机界面可用性评估方法

(1) 客观数据

在进行可用性评估时，我们通常依赖于测试中收集的用户客观数据，以此来客观地评估交互效率和有效性。在评估智能网联汽车的交互质量时，根据数据类型、采集和分析方法的不同，客观数据主要分为两个部分：一是用户实时状态与行为数据，二是用户绩效数据。用户实时状态与行为数据主要用于捕捉用户在参与测试全过程中的客观生理表现，这些数据为我们提供了用户实时状态的直接证据。而用户绩效数据则侧重于强调测试的行为结果，是对效率与有效性最直观的反映。

① 用户实时状态与行为数据。用户的实时状态与行为数据通常通过直观的测量手段获得，这些数据直观地反映了受试者当前的状态和行为。这类数据主要由生理数据组成。在收集这类数据时，用户通常需要佩戴相应的传感器进行测试。测试过程中，传感器会实时采集并记录用户的生理信息。表 7-1 详细列出了主要生理数据的测量方法及其特点。

表 7-1　用户生理数据采集方法

数据类型	用途	测量方法	特点
脑电图（EEG）	评估用户在实际车辆变道任务期间的心理工作量	低成本无线脑电	眼球运动以及其他肌肉活动产生的 EOG（眼电图）信号干扰脑电图测量[4]。驾驶过程中的振动也是干扰源
肌电图（EMG）	监测用户行为（如压力和体力工作量）	使用黏合剂和电极凝胶将有线电极安装在皮肤表面，或通过弹性臂带安装无线干电极测量[5,6]	测量过程可能由于电线移动引起信号伪影
心电图（ECG）	测量压力和精神负荷	使用非侵入性电极和电线进行测量	信号噪声以及有线电极可能会在监测过程中分散用户的注意力
光电体积描记（PPG）	预测用户行为；与面部特征相结合，以监测动态驾驶任务期间用户的警觉性；与方向盘运动特征的融合可预测警惕性和压力[7]	通过安装在手指上的非侵入式 PPG 传感器探头进行采集	采集可能受到多种条件的影响，例如手相对于心脏的高度、环境光和组织的光密度
眼球运动	测量用户的警觉性	瞳孔测量法、EOG 和眼动追踪	眼动追踪和瞳孔测量依靠相机或其他相对便宜的光学传感器来捕捉眼球运动[8]。使用具有更高分辨率和刷新率的相机可以实现更高的精度
皮肤电活动（EDA）和手掌出汗	连续准确地测量模拟驾驶期间的压力	传感器安装在皮肤上，测量两个传感器引线之间的电压或电流变化，从而测量皮肤的电导率	EDA 对手部运动引起的信号伪影很敏感；EDA 的响应时间比手掌出汗快几秒钟
热成像	确定用户的情绪状态	利用物体的红外电磁波，将其转换为电信号，然后由信号处理系统以不同的灰度表示其辐射能量，即温度	热成像系统比脑电图系统需要更长的时间才能响应用户情绪状态的变化

此外，由于驾驶场景的多样化，生理数据采集的有效性可能会受到不同程度的影响。表 7-2 展示了在多种不同场景下被认为较为有效的生理数据。

表7-2　不同场景下较为有效的生理数据

驾驶场景	脑电图（EEG）	肌电图（EMG）	心电图（ECG）	光电体积描记（PPG）	眼球运动	皮肤电活动（EDA）和手掌出汗	热成像
监控车辆周围环境		√	√		√		
加速和减速	√		√	√		√	√
智能引导			√		√	√	
车道保持					√		
车辆变道	√		√	√	√		
智能车队	√	√	√			√	

② 用户绩效数据。用户绩效数据侧重于评估测试的行为结果，通常情况下，仅仅依靠单一数据无法有效完成对于用户绩效的评估。这一过程往往需要综合多种数据进行分析，需要可用性测试实验的设计者对相关数据进行定义，再经由对数据的分析与解读，完成用户绩效的评估。例如，我们无法仅仅通过测量用户完成任务的时间或完成任务的数量来评估用户间的绩效差异，而是需要通过比较单位时间内用户的任务完成数量与任务完成准确率来进行评判。目前，智能网联汽车可用性评估经常用到的用户绩效数据主要有任务完成时间、任务完成步骤准确率、用户反应时间以及任务出错（误差）率等。

(2) 主观数据

主观数据是智能网联汽车人机交互可用性评估中的重要数据类型。这些数据覆盖了用户满意度、接受度、易用性、习惯度、信任度、情感反应以及心理负荷等多个关键维度。在评估过程中，研究者和设计者运用多种方法来捕获这些主观数据。这些方法包括层次任务分析、焦点小组、调查问卷和采访等，旨在衡量用户对相关产品的满意度。例如，问卷和访谈能够揭示用户的满意和对新技术的接受意愿；层次任务分析则能够对系统的易用性进行评估。

为了提升评估的精确性，研究者会基于数据采集的具体需求和用户的主观需求，构建相应的评价维度和评估指标。这一做法确保了评估结果能够全面地反映用户的感受和体验，同时也保证了主观数据的收集既系统化又具有针对性。综合这些主观数据，为智能网联汽车的人机交互设计提供反馈意见，帮助设计者不断优化和改进系统，以提升用户体验和系统的整体性能。

(3) 主客观数据结合

在对智能网联汽车人机交互的可用性进行评估时，我们认识到仅依靠单一的评估方法是不够严谨的。因此，设计研究和实践中越来越倾向于结合用户的主观数据与客观数据来进行综合评估。这种综合评估方法能够更全面地反映用户的特征，满足对用户个体差异的重视。如图7-6所示，主客观数据结合的评估方法包括在采集用户生理数据的同时，对用户进行半结构化访谈。这样的方法使我们能够从主观和客观两个方面入手，完成对有效性与满意度的评估。通常来说，单一的生理测量或用户绩效评估并不足以全面评估可用性。随着对用户个体差异的重视度提升，基于客观数据的可用性评估开始采用更为复杂的综合指数，而非单一的衡量标准。这种综合指数有助于更准确地评估和理解用户在智能网联汽车人机交互中的体验。通过这种方式，我们能够确保评估结果不仅系统化而且具有针对性，为用户提供更为精准的反馈，从而推动智能网联汽车人机交互设计的持续优化和改进。

图 7-6　用户客观数据和主观数据采集过程

7.3.2　自然性评估

　　智能网联汽车人机界面的主要任务是帮助用户以更高效且自然的方式，使用复杂的界面来完成车内任务。交互设计应尽量减少用户的认知负荷，并辅助他们更好地执行任务。人机自然交互领域已取得诸多进展，但智能网联汽车的自然交互研究仍然不足，缺少成熟的评估体系。当前智能网联汽车人机交互的研究主要侧重于定量分析，而交互自然性的评估不仅包含定量指标，还涉及用户对自然交互的心理感受。智能网联汽车人机自然交互（交互自然性）评估可以概括为 3 个方面：用户体验、系统功能和特定问题。首先，用户体验方面强调的是智能网联汽车用户在交互过程中的语言、表情、动作能被系统准确识别，并且交互形式符合用户内心直觉，从而带来正向的体验感受。其次，系统功能方面关注的是智能网联汽车自然交互的可用性。最后，特定问题方面评估了在驾驶场景下，自然交互能否解决目前人车交互中存在的痛点。已有的交互自然性研究主要集中在手势交互，但也包括了其他交互方式。表 7-3 为部分自然交互方式和相应的评估方法。

表 7-3　自然交互方式及评估方法

交互方式	评估工具	研究者	评估方法
手势交互	Kinect 和 Leap Motion 设备	Celeste Groenewald[7]	识别并跟踪用户的动作及手势
	Vicon 光学高精度运动跟踪系统		
	游戏体验问卷（GEQ）	Marcos Cordeiro d'Ornellas[9]	评估游戏过程用户沉浸感、压力程度和用户能力
触屏交互	用户体验问卷（UEQ）	Uebbing-Rumke[10]	评估多点触控的界面用户体验
语言交互	直接观察	Thiago Rocha Silva[11]	评估根据用户所说内容执行搜索的正确率

续表

交互方式	评估工具	研究者	评估方法
眼神交互	实验的视频记录	Dingyun Zhu[12]	分析凝视控制系统控制光标的可用性
	系统可用性量表（SUS）	Deng[13]	评估使用凝视将立方体移动到目标位置的用户满意度

虽然现在已有一部分自然交互评估的研究，但是对智能网联汽车用户体验评估中的自然性评估方法的探索还需要努力。我们认为，未来这样的评估方法应该结合人机交互和驾驶任务综合考量。然而，目前的人机自然交互技术还需要跨越一些障碍，如脑车界面和三维人机界面技术尚未成熟，未得到大规模应用，在自然准确地理解用户意图等方面还存在不足。未来还需要在车载交互系统的传感器、执行单元和叙事智能等方面进行深入研究。

7.3.3 人车协同性评估

在人车协同这一评估维度下，交互质量的高低很大程度上与驾驶过程中的接管与干预相关。当前，在有条件的自动化中，自主控制和手动控制的相互转换是重要问题。人车协同的高效接管和移交依赖于对人为因素问题进行系统研究，涵盖了用户的注意力、态势感知和驾驶习惯等方面。所考虑的影响因素与评估指标如表 7-4 所示。

表 7-4 接管性能影响因素及评估指标

影响因素	评估指标	研究者
与驾驶无关的视觉、听觉或认知任务分散注意力	接管时间（TOT）、车道保持性能、最小碰撞时间、减速频率、急动度和转向平稳性；用户凝视；用户接管请求和操纵前后情绪状态	Jonas Radlmayr；Franck Techer[14]；Louw 和 Merat[15]；
工作负荷、困倦和疲劳程度等认知干扰		
交通环境的 TOR 设计策略	接管时间（TOT）；准备接管的时间、刹车次数	Bo Zhang；Christian Gold[16]
驾驶习惯和具有自主性的协作经验（知识）	多步职权范围	Sandra Epple[17]；Fabienne Roche[18]；S. Stefan Brandenburg[19]

接管 / 移交控制系统对当前的自动驾驶而言是一个很大的挑战，智能网联汽车的发展不仅仅是单纯地用汽车自主取代人类用户，为了实现人车协调，还需要对接管性能及质量进行综合分析，以实现系统上的人车协同[11]。

7.3.4 态势感知评估

智能网联汽车的态势感知评估是确保车辆能够准确理解周围环境并作出适当反应的关键。态势感知是智能网联汽车与周围环境互动的基础，它包括对环境的感知、对情况的理解、对未来可能发展的预测以及对这些信息的适当反应。智能网联汽车的态势感知评估不仅关乎车辆自身对环境的理解和反应，也涉及与行人的交互和沟通。这种交互确保了行人安全和提升了交通系统的整体效率。如图 7-7 所示，研究基于用户在不同态势感知阶段的需求分析，提出了与态势感知各阶段相对应的体验评估指标。行人的态势感知可以划分为感知、理解、预测及整体态势感知，外部人机界面的设计因素对这些不同阶段的态势感知产生影响。为了评估这种影响，我们采用了易感知性、感知负荷、可理解性、直观度、一致性、安全性和满意度这 7 个具体指标。

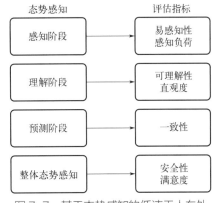

图 7-7　基于态势感知的低速无人车外部人机界面可用性评估指标

① 感知阶段的评估指标：易感知性、感知负荷。个体在感知阶段收集的信息为后续的理解和预测提供了基础。易感知性指标用于衡量信息被个体感知的容易程度，而感知负荷指标则评估信息感知对个体注意力资源的占用情况，目的是防止信息过载，确保个体在后续的理解和预测阶段能够保持良好表现。为了增强行人的信息感知能力，接下来需要考虑调节与人机界面相关的易感知性和感知负荷影响因素。

② 理解阶段的评估指标：可理解性、直观度。在理解阶段，个体基于心智模型对感知阶段收集到的信息进行加工处理，这对预测阶段的准确性具有重要影响，其评估指标包括可理解性和直观度。可理解性指标衡量行人对信息的理解程度和接纳程度，而直观度指标则关注信息的直观性，确保信息能够清晰、易懂地传达给行人。

③ 预测阶段的评估指标：一致性。在预测阶段，个体会将感知和理解到的信息与自身的心智模型相结合，进行对智能网联汽车未来动作的预测。因此，确保车辆运动轨迹信息与界面提示信息的一致性可以防止，这可以防止显示信息与车辆实际运动状态不符，从而避免干扰行人对车辆行为的预判。

④ 整体态势感知的评估指标：安全性、满意度。整体态势感知质量体现在感知、理解、预测这 3 个连续阶段的态势感知情况上，这一质量最终将影响用户在与智能网联汽车交互时所做的决策和采取的行动。安全性是评估结果的一项重要综合指标，它涉及行人对交互风险的评估，并据此做出决策。同时，满意度也是衡量用户态势感知体验的一项重要综合指标，它反映了行人与智能网联汽车交互时的整体态势感知质量。

目前存在超过 30 种不同的态势感知评估方法，常见的如表 7-5 所示。

表 7-5　态势感知评估方法示例

评估方法	评估内容	方法特点	研究者
冻结探针技术	基于冻结模拟，要求研究人员在任务执行过程中暂停和干预，以查询有关局势中的要素	最大程度地减小注意力偏差，因为受试者无法预测查询。但具有干扰性，因为它需要在任务参与的关键时刻暂停任务	Debra G. Jones 和 Mica R. Endsley[20]
实时探测技术	空中交通管制员的 SA（态势感知）	在模拟过程中在线向参与者提问而不会停止模拟	
自我评估技术	通过注意力资源需求、注意力资源供应和对情境的理解这三者来整体测量态势感知	由参与者进行，他们通常在试验后对自己进行评估	

续表

评估方法	评估内容	方法特点	研究者
观察者评级技术	在任务执行期间观察参与者并评估他们的态势感知	不干扰参与者的任务执行，减少了观察者的偏见	Debra G. Jones &Mica R. Endsley[20]
绩效指标	在任务执行期间记录一些数量来间接测量态势感知	通过定量化的方法评估用户在使用系统或产品时的效率、准确性和满意度等关键绩效指标，从而客观地反映交互设计的有效性和用户体验的质量	Kristin Moore[21]
过程指数	记录与参与者态势感知相关的某些功能和行为	通过对参与者在交互过程中的功能和行为进行详细记录和量化分析，评估其情境感知水平和交互效率，从而提供对用户体验和系统性能深入理解的关键指标	Paul Salmon[22]

态势感知的质量评估方法主要分为两大类：直接测量和间接测量。

直接测量方法包括客观和主观两种方式。客观测量技术，如全局态势感知评估技术（situation awareness global assessment technique，SAGAT）和工作负荷容忍测试，能够在不干扰驾驶任务的情况下收集数据，特别适合在用户认知负荷较高时使用，因为它们既不干扰用户也不增加用户的认知负担。这种测量通过比较用户对当前态势的感知与实际情况，来评估某一时间点的准确性。而主观测量则通过工具，如参与者态势感知问卷（participant situation awareness questionnaire，PSAQ）和态势感知评分技术（situation awareness rating technique，SART），评估个人的自我效能感等心理维度。

在间接测量方面，绩效衡量是常用的方法。通常，良好的绩效表现意味着用户具有较高的态势感知能力，并能更顺利地完成驾驶任务。因此，可以通过用户响应指示的准确性或完成指定任务的准确率等任务绩效结果，间接评估态势感知的质量。

7.4 实践案例——基于态势感知的交互界面设计

本节将介绍一项关于智能网联公交车的人机交互界面（人机界面）设计研究。随着近年来自动驾驶技术的迅速发展，在公交车中实现自动化已经成为可能。智能网联公交车的普及可以降低公共交通机构运营的劳动力成本，并对排放和能耗产生积极影响。这项研究基于态势感知理论，旨在深入理解用户在动态环境中的态势感知，并借此加深对主观数据的理解。在评估中，特别关注乘客与智能网联公交车交互时的动态元素，因为这些元素在形成态势感知的不同阶段起着重要的作用，并对整体的态势感知产生影响。这项研究致力于分析乘客如何不断更新和分析他们对态势的感知并做出交互决策。通过深入理解用户的态势感知需求，评估并优化人机界面设计，以提升交互效率和安全性，从而更好地适应用户。

我们将详细阐释基于交互态势感知理论的人机交互模型构建，讨论基于态势感知的智能网联公交车人机界面设计需求，以及智能网联公交车人机界面的设计实践和交互质量评估。

7.4.1 基于态势感知的人机交互模型

(1) 影响态势感知的多维特征分析

智能网联公交车人机交互中乘客的态势感知是指乘客在乘坐智能网联公交车时，通过车内人机界面或直接从环境中感知信息，以了解当前情况并作出下一步行为的决策的意识。在此过程中，乘客在不同场景下会因不同任务导致认知和理解的差异化，这进一步影响他们的预判、决策与使用体验。因此，要优化交互过程，首先需要清楚哪些特征对态势感知产生了影响。智能网联汽车人机交互中影响态势感知的主要维度包括用户、任务与环境。

① 用户特征。用户特征包括生理因素、心理因素、行为因素、以往经验、对任务的理解和期望等，均可作为用户特征维度下的态势感知影响因素，如图 7-8 所示。综合研究这些用户特征有助于深入理解用户，揭示态势感知与用户体验之间的关系。这有助于设计出满足用户需求与期望的界面，从而提升用户在智能网联公交车中的乘坐体验。除了考虑用户特征，用户控制也是良好态势感知的一个重要影响因素。采用以用户为中心的设计方法不仅可以让用户保持控制感，还能增强他们的态势感知能力。

生理因素	心理因素		行为因素		以往经验		任务理解与期望	
五感能力	心情	性格	站立	乘坐	有	无	内部动机	外部动机

图 7-8 影响态势感知的用户特征

② 任务特征。任务特征的研究分析可以从用户任务和设备两个方面进行。用户任务包括任务类型、任务复杂性与任务时长 [23]，这些相关的影响因素如图 7-9 所示。在乘客乘坐智能网联公交车并与人机界面交互的过程中，通常主要是乘客单向地阅读界面信息，而交互界面并不因乘客的主动行为而产生变化。任务类型主要分为乘车时到达目的地和保障个人乘车安全等主要任务，以及查看时间、天气、温度和车内娱乐视频等次要任务 [24]。尽管乘坐智能网联公交车的核心任务是简单的点到点移动，但实际过程中会受到道路状况复杂性和自动驾驶系统操作不确定性的影响。例如，糟糕的道路条件或意外拥堵可能延长乘车时间，影响乘客的后续安排，增加了任务的时间紧迫性。自动驾驶系统若途中出现故障，也会增加安全紧迫性，给乘客带来风险。在这些不确定情况下，乘客的主要任务性质可能发生变化，他们想要和能够得到的信息也会随之改变，进而影响次要任务的执行。这展示了任务特征如何影响交互和态势感知。

用户任务因素					设备因素			
任务类型			任务复杂性	任务时长	界面尺寸	可视化颜色	信息布局	提供功能
到站下车	安全乘车	非乘坐信息（次要任务）						

图 7-9 影响态势感知的任务特征

③ 环境特征。环境特征可以从不同的角度进行分类定义。如图 7-10 所示，影响态势

感知的环境特征主要分为两类：实际存在的环境和社会环境。实际存在的环境指的是车辆内外的物理环境及智能网联公交车的使用环境。而社会环境涵盖了社会和文化因素[25]。在汽车人机交互中，环境特征的描述涉及交互发生的具体位置、状态、路况、环境、天气和社会条件等[26]。这些条件复杂多变，构成了人机交互的大背景。因此，环境特征对人机交互中态势感知的影响是显而易见的。鉴于此，在分析环境特征时，需要在不同类型的环境特征中寻找共性，并据此提出相应的设计策略，以优化人机交互设计。

使用环境			物理环境					
公交行驶状态			车外复杂环境				车内稳定环境	社会环境
平稳行驶	车速突变	转向	道路交通状况	路面平整度	道路共享者	天气		

图 7-10　影响态势感知的环境特征

(2) 态势感知理论模型构建

总的来说，智能网联公交车的行驶场景以及乘客与车辆的交互具有多样性、动态性和复杂性。乘客在完成下车和安全乘坐任务时，受到个人特征、所承担的任务以及环境特征的影响。他们通过车内人机界面的视觉和听觉提示及时感知和获取信息。一方面，这有助于规避乘车过程中可能遇到的风险；另一方面，通过结合对环境的观察来感知当前态势，有利于乘客对乘车任务做出决策和采取行动，从而提升用户体验和信任感。

基于通用的态势感知理论，将乘坐智能网联公交车的交互过程明确划分为 3 个连续的阶段：态势感知、决策和行动。进一步地，考虑用户特征、任务特征和环境特征等影响因素，构建了一个如图 7-11 所示的智能网联公交车人机交互态势感知理论模型。

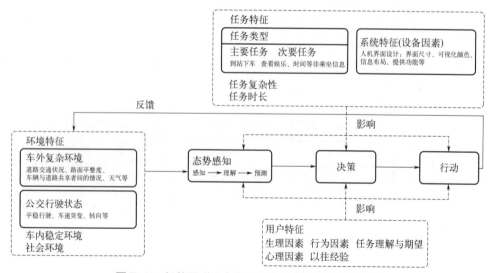

图 7-11　智能网联公交车人机交互态势感知理论模型

7.4.2 实地研究与需求分析

在智能网联公交车人机交互态势感知理论模型的基础上，为了深入研究用户的态势感知和体验，可进一步开展实车实验，以挖掘用户交互的需求和真实场景下影响智能网联公交车人机交互界面态势感知的因素。

(1) 实地研究

研究团队在长沙智能网联汽车测试区开展实地研究，深入洞察智能网联公交车（智慧公交）乘坐和交互的真实情况，并结合用户访谈，进一步理解用户的异常行为及未表现的内在心理活动。

本次实地研究招募了 10 名对智能网联公交车持有中立态度的公交车乘客，教育水平从硕士到博士不等。在性别构成上，7 位是女性，3 位是男性。9 名用户处于 18～25 岁年龄组，而 1 名属于 26～30 岁年龄组。他们都有日常乘坐公交车的习惯，其中约 30% 的用户每周至少 5 次乘坐特定线路的公交车。在自动化车辆乘坐经验方面，20% 的用户曾有过类似经历，但只有 1 人曾乘坐过智能网联公交车。值得注意的是，所有参与者对测试道路均不熟悉。

在实验过程中，智能网联公交车沿着封闭测试区内的一条环形预定路线行驶，速度控制在 10 到 30km/h 之间。这辆公交车具备 L4 级别的自动驾驶能力，在直行时速度较快，而在转弯时则会降低速度。在行驶过程中，车辆将经过多个红绿灯和转弯路口，驾驶位上始终有安全员进行监管和必要时的操作。车内装备了 2 个面向乘客的人机界面：第一个界面提供车辆与路况的基础信息，包括车速、站点信息、自动或人工驾驶模式，以及一张显示车辆位置和周围区域的地图；第二个界面则显示车辆前方的实时回传录像。这些车辆内部界面的样式如图 7-12 所示。

图 7-12　车内部界面样式

在实验结束后，参与者需按照表 7-6 所示的访谈大纲接受访谈。

表 7-6　用户访谈大纲

特征维度	访谈主题	问题	备注
任务特征	乘坐体验	1. 您刚刚乘坐智慧公交的体验感受如何？	了解用户觉得体验不好的原因以及信息有用的原因
		2. 您觉得智慧公交与普通公交相比有哪些区别？	
	现阶段 HMI 显示信息	3. 现在车上的显示信息能满足您的乘坐需求吗？ 不能：请描述详细原因 能：您觉得现在车上哪些显示信息比较好？为什么？	
		4. 您还想在车上看到哪些显示信息？	

特征维度	访谈主题	问题	备注
环境特征	场景划分	5. 能否按顺序描述从上车到下车之间的车辆行为 / 场景？	用户回答是后再询问具体变化，不做引导性提问
		6. 哪些行为 / 场景对你的体验感受有影响？有影响的原因是什么？	
		7. 这些行为 / 场景过后，您后续的乘坐心态是否有变化？若有，变化是什么？	
	需求挖掘	8. 现有车上显示屏有没有对以上行为 / 场景向您提供相关信息来解释车辆行为？ 有：是怎样向您解释的？ 无：您是否希望有所解释？	尽量对应每个场景进行挖掘
		9. 您希望车辆显示什么信息来对该意外行为进行解释？	

(2) 需求分析

在实地研究结束后，对用户的实验数据和访谈记录进行整理，并通过聚类编码对数据进行分类。从多个角度对这些信息进行综合分析和归纳，最终识别出了基于任务特征和环境特征的智能网联公交车人机交互影响因素，这些因素分别如图 7-13 和图 7-14 所示。

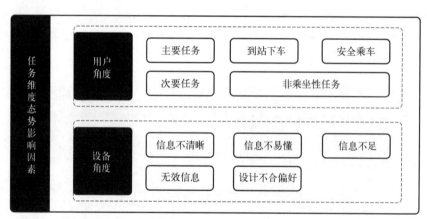

图 7-13 基于任务特征的智能网联公交车人机交互影响因素

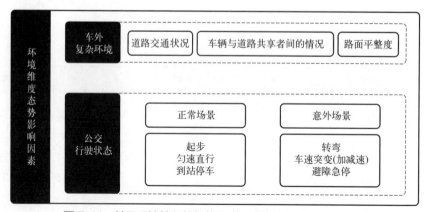

图 7-14 基于环境特征的智能网联公交车人机交互影响因素

最终，研究归纳出用户在不同场景下对于智能网联公交车人机交互界面信息的相关需求如表 7-7 所示。

表 7-7 不同场景下用户的信息需求

场景分类	细化场景	信息需求分类	细化信息需求
正常	起步 匀速直行 到站停车	路面情况	道路拥堵状况
			前方道路状况
			车周路况
		车辆行为	减速/转弯/刹车
		时间规划	预计到站时间
		行程管理	换乘信息
		人员情况	车内安全员状态
			车内人流量
			下一站预计上车乘客
		天气/温度	天气
			室内温度
意外	转弯 车速突变（加减速） 避障急停	深层解释	告知判断 如"检测到障碍物"
			拥堵状况分类
		实时传输	交通信号灯
		解决措施	道路共同使用者采取措施

7.4.3 基于态势感知的智能网联公交车人机交互界面设计策略与实践

（1）设计策略

基于态势感知影响因素和需求的提炼，研究进一步归纳出以下两条设计策略，并应用在设计实践中。

① 设计不同类别信息的多通道提示，提高用户感知效率。信息的有效传达是构建用户高效的态势感知的重要影响因素。用户必须首先感知到相关信息，才能进一步进行理解、预测，并做出行为决策。然而，用户感知能力可能因年龄、感官和行动能力等因素而异，因此在设计人机交互时，应采用多种通道组合来传递信息。这种设计策略不仅提高了普通用户的信息感知效率，也为特殊人群提供了接收信息的途径。用户访谈和参与式设计的结果表明，用户更倾向于通过多种通道接收不同信息。在智能网联汽车领域，交互设计已经采用了多通道反馈机制，以增强用户的态势感知、交互效率和体验。智能网联公交车的前沿研究中，也出现了基于 VR、AR、多屏联动和投影的创新设计。本研究专注于智能网联公交车车内界面设计，并考虑了技术的可推广性。结合视觉和听觉通道，为不同类别的信息寻找最适合的输出组合，旨在有效提醒用户同时减少打扰。例如，对于需要用户立即处

理的潜在信息，语音提示通常比视觉提示更易被感知。而直观信息则可以通过视觉提示来呈现，以平衡不同通道的注意力。此外，视觉显示的信息应清晰明了，字号和图标尺寸应足以让所有乘客，包括后排乘客，容易识别和获取。对于非持久性信息，应控制其显示时间或闪烁频率，确保即使注意力不在屏幕上的乘客也能注意到，从而防止信息遗漏。

② 针对性表达不同用户频率需求的信息。通过用户访谈和参与式设计，可以发现用户的信息需求存在差异。接受度较高的用户通常对大多数意外场景和特定信息不太在意，他们主要关注一般乘坐场景下的基本信息，显示出较低的信息需求度。相反，接受度较低的用户除了需要普通乘坐信息外，还寻求额外的特定信息来解释车辆的意外行为。具体地，这些信息可以根据提及频率分为高频、中频、低频三种类型，并据此为用户提供选择性的设计。低频信息指的是那些被提及频率和次数都较低的信息，这通常也是现有普通公交车因技术限制难以提供的信息，并且超出了大多数乘客的认知范围。例如，车内安全员状态、车内人流量、下一站预计上客量等运营信息，以及娱乐信息（如数字电视和快速上网二维码）和天气/温度信息（如天气预报、车内空调设置、室内外温度等）。这些信息由于需求较低，可能在设计中被省略，导致有特定需求的用户感到失望。针对这部分信息进行设计和探索，可以满足这部分用户的期待，提升他们的乘坐体验。中频信息通常与特定场景相关，适用于那些对智能网联公交车接受度和信任感处于中等水平的用户。由于这部分用户群体较大，信息需求种类多样，设计时应不断优化迭代，以满足他们的需求，同时避免对其他用户造成干扰。高频信息则是用户乘坐公交车时不可或缺的，如站点信息。缺少这些基本信息将严重影响用户的使用体验，甚至使智能网联公交车失去其基本的乘坐功能。因此，提供高频信息是设计智能网联公交车人机界面时的首要任务。

(2) 设计实践

① 信息构架与界面布局。根据对当前试点运营的智能网联公交车界面的调研，我们发现智能网联公交车的交互界面主要包括车内的正前方屏幕、侧方屏幕以及扶手处的竖屏。其主要人机交互界面信息构架如图 7-15 所示，该信息架构包括普通常驻信息与特定出现信息两部分。

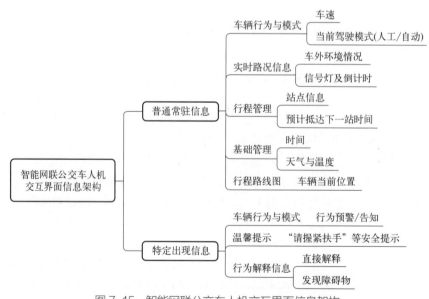

图 7-15　智能网联公交车人机交互界面信息架构

界面布局则主要采用左、中、右的三视图布局形式。结合典型乘坐场景、信息类型、布局要素以及一级信息架构等方面的内容，我们构建了正常场景和意外场景下的两种界面布局形式，如图 7-16 所示。

(a) 正常场景　　　　　　　　　　　　　(b) 意外场景

图 7-16　正常和意外场景下的界面布局

② 界面设计。在架构与布局基础上，分别基于用户特征、任务特征以及环境特征的影响因素对智能网联公交车的交互界面进行设计，如图 7-17 ～ 图 7-19 所示。

图 7-17　基于用户特征的界面设计

图 7-18　基于任务特征的界面设计

图 7-19　基于环境特征的界面设计

7.4.4　交互质量的评估：用户体验与系统效能

　　本案例最终进行的评估包括可用性、自然性、人车协同效率以及态势感知的评估，这里以界面设计的可用性评估为例，阐述如何结合启发式评估流程进行可用性评估。启发式评估流程见表 7-8。

表 7-8　启发式评估流程

步骤	描述	细节
1. 选择启发式原则	确定用于评估的设计原则	选择一组适合项目目标和用户需求的启发式原则
2. 组建评估团队	选择评估者	组建由最少 3 名具有人机交互设计背景的专家组成的团队
3. 评估培训	确保评估者理解启发式原则	对团队进行培训，确保他们熟悉评估流程和原则
4. 独立评估	评估者独立检查界面	每位评估者单独使用启发式原则来识别问题
5. 记录问题	详细记录发现的问题	包括问题描述、相关原则、严重程度和改进建议
6. 问题分类	将问题进行分类	确定问题的性质和它们对用户体验的影响
7. 团队讨论	讨论各自的发现	解决分歧，达成共识
8. 问题优先级排序	根据严重性和影响排序	确定哪些问题需要首先解决
9. 制订改进建议	基于评估结果提出改进措施	提供具体的设计改进建议
10. 报告结果	准备评估报告	包括问题列表、改进建议和优先级排序
11. 实施改进	根据报告进行设计调整	设计团队实施改进措施
12. 迭代评估	进行后续评估以验证改进	在设计改进后，进行新一轮评估以确保问题得到解决

（1）评估准备

　　在进行智能网联公交车人机交互界面的启发式评估之前，首先确定了评估的几个关键场景：车辆正常行驶、遇到红灯停车、重新启动并继续行驶，以及遇到行人避障时的急停。这些场景被选中是因为它们代表了用户与界面互动的典型情境。

　　对两类布局的人机交互界面进行评估，其设计面向用户、任务和环境特征的不同需求。为了确保评估的全面性，选择尼尔森可用性原则中的"状态可视化""现实匹配性""系统一致性"和"简洁美观"作为评估的维度。每个维度下设置了具体的问题，以便于评估者进行详细的检查（具体问题参见表 7-9）。

表 7-9　启发式评估的评价维度和具体问题

评估维度	具体问题
1. 状态可视化	1-1 界面信息提示直观且易被用户获取 1-2 用户能通过界面了解公交车当前行为与状态 1-3 用户能通过界面了解公交车下一步的行为 1-4 用户能通过界面了解车外环境状态 1-5 用户能通过界面了解相关道路交通情况

评估维度	具体问题
2. 现实匹配性	2-1 界面文字信息易于用户理解 2-2 界面图标所表达含义易于用户理解 2-3 界面中信息的组织和排序合乎常规用户逻辑 2-4 相关联的内容被放在一起显示给用户
3. 系统一致性	3-1 本界面中图标的风格一致
4. 简洁美观	4-1 每个场景下的相关必要信息都显示在界面中 4-2 信息和背景能轻松区分开

(2) 评估过程

8位相关领域的专家，包括交互界面设计师和用户研究员，组建成评估团队，使用上述启发式原则对设计进行评估。在评估过程开始之前，评估专家熟悉了解了智能网联公交车的相关技术和交互界面设计方案，以及乘坐智能网联公交车时可能经历的关键场景。这一步骤至关重要，因为它确保了专家们对评估对象有一个全面的了解。随后，专家们进行了独立的走查和打分。他们根据交互场景和任务，对不同维度下的问题进行了细致的评估，并记录下了自己的建议和反馈。

(3) 评估结果

评估结果显示，专家们对设计的总体感受是合理、易用且较为智能的。然而，也提出了一些改进建议，以便在迭代版本中进行优化（具体评分参见表7-10）：

表7-10 启发式评估的评分结果

评估维度	具体问题指标	均分	总均分
状态可视化	1-1	4.5	4.275
	1-2	4.25	
	1-3	4.125	
	1-4	4.5	
	1-5	4	
现实匹配性	2-1	4.5	4.531
	2-2	4.375	
	2-3	4.625	
	2-4	4.625	
系统一致性	3-1	4.75	4.75
简洁美观	4-1	4.125	4.313
	4-2	4.5	

① 专家们在"状态可视化"方面提出了重要建议。他们强调了在紧急避障场景中提供

更多车辆行为状态信息的重要性，以帮助用户更好地理解当前情境并做出适当的反应。建议包括增加车辆下一步行动的明确指示和更详尽的外部环境状态信息。此外，专家们还建议在避障急停场景中提高车辆解决方案信息的直观性和易获取性，以及增加更细致的道路交通信息，从而提高用户对系统后续操作的了解。

② 在"现实匹配性"方面，专家们对界面图标的易于理解性评分稍低，并建议在避障急停场景中使用黄色或更中性的颜色进行障碍物标识。这样的改进可以减少用户的焦虑和不安全感，同时也有助于提高图标的普遍识别性。

③ 专家们普遍对"系统一致性"维度的评分较高，当前的设计已经很好地满足了一致性原则，没有提出需要改进的地方。这表明该设计方案在这一维度上已经相当成熟，用户在使用过程中能够体验到高度的一致性。

④ 对于"简洁美观"维度，专家们建议在不同场景下提供更加丰富但必要的信息。他们认为，虽然当前的设计已经能够突出显示关键信息，但在正常行驶场景下，可以考虑展示更多车辆周边的环境信息，以增强用户的情境感知，并使信息展示更加全面。

(4) 优化建议

根据评估结果，建议设计方案优化方向如下：

① 对界面设计中的信息展示进行优化，确保状态可视化更加直观和全面。

② 调整障碍物标识的颜色方案，以提升用户的安全感和界面的友好度。

③ 继续监控和评估系统一致性，确保随着新功能的加入，设计的一致性不会受到影响。

④ 增强界面的简洁美观性，通过精心设计的信息层次和布局，提升用户的视觉体验。

此外，团队还将根据专家建议，对评估方法本身进行反思和改进，以确保持续捕捉到用户的真实体验和需求。通过这种持续的迭代过程，不断提升智能网联公交车的交互界面设计，最终实现更高效、更安全、更愉悦的用户体验。

参考文献

[1] NIELSEN J. Usability Engineering [M]. San Francisco: Morgan Kaufmann Publishers Inc., 1995.

[2] 王建民, 刘雨佳, 李阳, 等. 基于态势感知的汽车人机界面设计研究 [J]. 包装工程, 2021, 42 (6): 29-36.

[3] HU Z, XIN X, XU W, et al. A Literature Review of the Research on Interaction Mode of Self-driving Cars [C] //Marcus A, Wang W. Design, User Experience, and Usability. Application Domains. Cham: Springer International Publishing, 2019: 29-40.

[4] ZHENHAI G. The Driver's Steering Feel Assessment Using EEG and EMG signals [J]. NeuroQuantology, 2018, 16 (2): 6-13.

[5] NACPIL E J C, WANG Z, ZHENG R, et al. Design and Evaluation of a Surface Electromyography-Controlled Steering Assistance Interface [J]. Sensors, 2019, 19 (6): 1308.

[6] NACPIL E J C, NAKANO K. Surface Electromyography-Controlled Automobile Steering Assistance [J]. Sensors, 2020, 20 (3): 809.

[7] GROENEWALD C, ANSLOW C, ISLAM J, et al. Understanding 3D mid-air hand gestures with interactive surfaces and displays: A systematic literature review [C] //Proceedings of the 30th International BCS Human Computer Interaction Conference: Fusion! Swindon, BCS Learning & Development Ltd., 2016: 1-13.

[8] SHIMAZAKI K, ITO T, FUJII A, et al. Improving drivers' eye fixation using accident scenes of the HazardTouch driver-training tool [J]. Transportation Research Part F: Traffic Psychology and Behaviour,

2017, 51: 81-87.

[9] CORDEIRO D'ORNELLAS M, CARGNIN D J, CERVI PRADO A L. Evaluating the Impact of Player Experience in the Design of a Serious Game for Upper Extremity Stroke Rehabilitation [J]. Studies in Health Technology and Informatics, 2015, 216: 363-367.

[10] UEBBING-RUMKE M, GÜRLÜK H, JAUER M L, et al. Usability Evaluation of Multi-Touch-Displays for TMA Controller Working Positions [C] //Fourth SESAR Innovation Days 2014. Madrid, 2014.

[11] ROCHA SILVA T. Towards a Domain-Specific Language to Specify Interaction Scenarios for Web-Based Graphical User Interfaces [C] //Companion of the 2022 ACM SIGCHI Symposium on Engineering Interactive Computing Systems. New York: Association for Computing Machinery, 2022: 48-53.

[12] ZHU D, GEDEON T, TAYLOR K. "Moving to the centre": A gaze-driven remote camera control for teleoperation [J]. Interacting with Computers, 2011, 23 (1): 85-95.

[13] DENG S, JIANG N, CHANG J, et al. Understanding the impact of multimodal interaction using gaze informed mid-air gesture control in 3D virtual objects manipulation [J]. International Journal of Human-Computer Studies, 2017, 105: 68-80.

[14] TECHER F, OJEDA L, BARAT D, et al. Anger and highly automated driving in urban areas: The role of time pressure [J]. Transportation Research Part F: Traffic Psychology and Behaviour, 2019, 64: 353-360.

[15] LOUW T, MERAT N, JAMSON H. Engaging with Highly Automated Driving: To be or Not to be in the Loop? [C] //8th International Driving Symposium on Human Factors in Driver Assessment, Training and Vehicle Design. Salt Lake City, 2015.

[16] GOLD C, DAMBÖCK D, LORENZ L, et al. "Take over!" How long does it take to get the driver back into the loop? [J]. Proceedings of the Human Factors and Ergonomics Society Annual Meeting, 2013, 57 (1): 1938-1942.

[17] EPPLE S, ROCHE F, BRANDENBURG S. The Sooner the Better: Drivers' Reactions to Two-Step Take-Over Requests in Highly Automated Driving [J]. Proceedings of the Human Factors and Ergonomics Society Annual Meeting, 2018, 62 (1): 1883-1887.

[18] ROCHE F, BECKER S, THÜRING M. What happens when drivers of automated vehicles take over control in critical lane change situations? [J]. Transportation Research Part F: Traffic Psychology and Behaviour, 2022, 84: 407-422.

[19] BRANDENBURG S, CHUANG L. Take-over requests during highly automated driving: How should they be presented and under what conditions? [J]. Transportation Research Part F: Traffic Psychology and Behaviour, 2019, 66: 214-225.

[20] JONES D G, ENDSLEY M R. Use of Real-Time Probes for Measuring Situation Awareness [J]. The International Journal of Aviation Psychology, 2004, 14 (4): 343-367.

[21] MOORE K, GUGERTY L. Development of a Novel Measure of Situation Awareness: The Case for Eye Movement Analysis [J]. Proceedings of the Human Factors and Ergonomics Society Annual Meeting, 2010, 54 (19): 1650-1654.

[22] SALMON P, STANTON N, WALKER G, et al. Situation awareness measurement: A review of applicability for C4i environments [J]. Applied Ergonomics, 2006, 37 (2): 225-238.

[23] XIE I. Dimensions of tasks: influences on information-seeking and retrieving process [J]. Journal of Documentation, 2009, 65 (3): 339-366.

[24] 刘梦玉. 基于情境意识的视障人群出行伴护产品设计研究 [D]. 广州: 华南理工大学, 2021.

[25] 罗仕鉴, 朱上上, 应放天, 等. 手机界面中基于情境的用户体验设计 [J]. 计算机集成制造系统, 2010, 16 (02): 239-248.

[26] 杨文灵. 基于情境意识的智能汽车人机交互设计研究 [D]. 长沙: 湖南大学, 2018.

第8章
智能网联汽车
人机界面技术的
研究与应用

车内交互技术是推动智能网联汽车人机界面发展的关键因素。其相关的技术成果主要来源于车联网、自动驾驶以及智能网联汽车领域的相关研究。如图 8-1 所示为人机界面技术在智能网联汽车中的研究与应用。

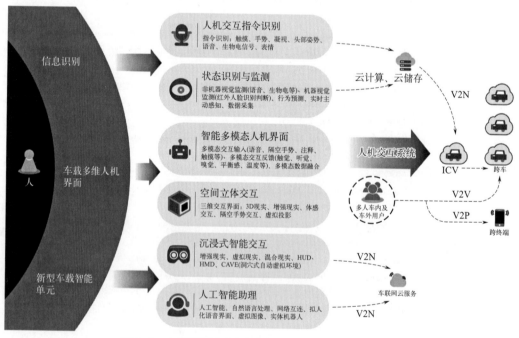

图 8-1　人机界面技术在智能网联汽车中的研究与应用

在对智能网联汽车人机界面技术的探讨中，我们发现，不同技术与不同级别的自动驾驶相匹配，并对应到不同的应用场景。如图 8-2 所示为人机界面技术与智能网联汽车自动化水平的对应关系，可以看到，随着自动化水平的提高，用户对沉浸式交互的体验的需求也逐步提升。

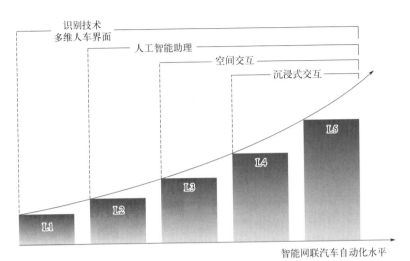

图 8-2　不同自动化水平的智能交通工具中应用的人机界面技术

8.1　信息识别

识别技术（recognition technology，RT）的快速发展极大地提升了车辆的感知、理解和与人类或环境交流的能力。作为智能网联汽车的核心组成部分，这项技术利用车辆的固有联网能力和计算性能，为人机界面的研究和应用提供了广阔的发展空间。识别技术不仅已成为推动智能网联汽车人机界面发展的关键因素，而且构成了实现人车通信的基础。正因如此，当前众多技术研究都聚焦于这一领域，力图通过创新性的突破来进一步优化车辆的交互能力。

8.1.1　人机交互指令识别

目前，指令识别技术主要分为两大类，即手势识别和语音识别，它们已经在多个领域得到广泛应用。与此同时，一些新兴的识别技术，如凝视跟踪、生物电识别和表情识别等，也开始崭露头角。这些技术的进步为指令识别领域注入了新的活力，并开辟了新的可能性。

(1)　手势识别（gesture recognition，GR）

手势识别作为智能网联汽车人机交互的关键技术之一，主要分为接触手势和非接触手势两大类。接触手势技术依赖于直接的物理交互，如触摸屏操作。相对地，非接触手势技术则允许用户在一定距离内通过静态或动态手势动作来执行指令，无需任何物理接触。如图 8-3 所示，Groupe PSA 的 DS Aero Sport Lounge 概念车采用了 Ultralea 的手部追踪和空中触觉技术。这项技术使驾驶员和乘客能够仅用自然手势轻松控制车辆的娱乐和导航系统。随着手势识别技术的进步，在线手势识别技术提供即时反馈和交互，通过实时分析视频数据检测和解释手势，相较于需要事后处理的离线手势识别，它能够更快速地响应用户动作，提供更流畅的交互体验。目前，在线手势识别技术在分类准确率、响应时间和用户友好性等方面已经显著优化，其应用变得越来越广泛。同时，深度学习技术，尤其是递归神经网络（recurrent neural network，RNN），在处理复杂的手势交互方面展现出巨大潜力。

图 8-3　概念车效果图（左）及概念体验舱中的手部追踪和空中触觉技术（右）

(2) 语音识别

语音识别技术在提升智能网联汽车自动导航、语音搜索和指令输入等用户体验方面发挥着重要作用。随着深度学习和递归神经网络技术的进步，系统的记忆力得到了显著增强，使其能够更准确地理解和响应口语指令。降噪算法，包括线性预测编码、频谱减法以及基于梯度的增强技术能有效提高车内语音信号的质量。这些技术旨在改善在嘈杂环境中的语音识别效果，但自动语音识别的准确性仍存在一定的挑战。针对这一问题，研究人员设计了一种创新系统，该系统通过自动化的前端语音增强处理，优化了特定自动语音识别（ASR）引擎的性能，显著提升了其准确性[1]。此外，系统延迟在车内语音识别应用中也是一个关键因素。例如，在车载通信系统中，为了实现面对面交流的无缝体验，对语音识别的延迟有着严格的要求，通常不得超过 10ms。这类延迟问题，可通过一种 wave-U-net 模型的低延迟在线扩展版本，专门针对单通道语音增强任务来解决。该模型在实验中显示出了在维持低延迟的同时，能够以高效率执行实时语音识别的能力[2]。这些研究成果不仅推动了车内语音识别技术的发展，也为提高智能网联汽车的交互体验提供了有力的技术支持。

(3) 其他新兴的识别方法

在汽车交互中，视线跟踪技术允许用户通过视线指向和选择操作，这一技术结合头部动作信息可以显著提高交互的准确性。同时，基于生物电信号的识别技术，如脑电图（electroencephalogram，EEG）、肌电图（electromyogram，EMG）和心电图（electrocardiogram，ECG），也在车内逐步得以发展和应用，这些技术通过分析生物电信号来捕捉用户的交互意图。如图 8-4 所示，某车企提出的"脑车"（brain-to-vehicle，B2V）技术（大脑解码技术），能够预测人类驾驶员的行为，从而提前执行转向或制动操作。该技术还能基于人类情感进行指令识别，并通过识别用户的情感和视觉来处理智能车辆中的信息娱乐交互内容。此外，还有研究表明，面部表情识别技术已被应用于判断驾驶员的情绪、行为和意图[3]。国内智能网联汽车领域，华为的专利技术先行一

图 8-4　使用大脑解码技术来
预测驾驶员的行为

步，通过车内摄像头分析驾驶员的表情和手势。例如，如果系统检测到驾驶员显示出酒驾的特征，AI 将自动评估风险，可能发出警报或限制车辆控制，以提升道路安全。同样，比亚迪的部分车型也实施了面部表情识别技术，用以增强驾驶安全。安装在 A 柱附近的摄像头能够捕捉驾驶员的眼部、嘴部和头部动作，识别疲劳或分心的迹象，并在必要时发出警示。此外，为保护隐私，这些摄像头还具备物理滑盖功能，允许用户关闭摄像头。

表 8-1 总结了当前的指令识别技术的方法、数据集和量化指标。

表 8-1 车载人机界面指令识别技术

分类	数据集	方法	量化指标
手势识别	超过 2800 个连续手指手势的数据集； 未编辑的视频实例； 孤立和连续的手势； IsoGD 和 ConGD 数据集； VIVA 数据集； nvGesture（NVIDIA）； IPN Hand	定向梯度直方图 光流直方图 随机森林（RF） 卷积神经网络（CNN） 3D-CNN 循环神经网络（RNN） Softmax 分类 LSTM（长短期记忆）网络 GRU（门控循环单元） 贝叶斯优化	时序检测评价函数 识别精度 推理时间（ms） 平均召回率
语音识别	CHiME-4 语料库； WSJO SI-84 训练集； LibriSpeech； CMU 北极数据库； JEI-NOISE 数据库； Aurora-4； TIMIT	梯度法 遗传算法（GA） CNN Deep Speech2（DS2） wave-U-net 线性预测编码（LPC） 语音谱减法 说话者分离语音活动检测（SS-VAD） 带线性回归解码器模型的降噪自编码器 师生学习 交叉熵导向测量（CEGM）	错误率 词歧管 语音清晰度指数 字符错误率（CER） 信噪比（SNR） 处理时间 系统延迟 语音接收阈值（SRT） 语音质量的感性评价（PESQ） 短期目标 可理解性

未来，识别技术需要克服的一大挑战是提高其对极端环境的适应性，尤其是在昏暗照明或恶劣天气条件下的性能表现，通过深度学习方法可进一步提升识别技术的实时性和准确性。例如，Benitez-Garcia 提出的框架，通过三重损失函数训练深度神经网络，实现了基于边界帧和相似性以及散斑帧集特征的时间归一化，这不仅提高了连续手势分割的实时性，也加快了识别速度[4]。此外，ToF（Time-of-Flight）传感器数据的新处理方法，以及通过网络泛化性能的增强来提升生物电信号识别技术的准确率，也是提升极端环境应对能力的重要方法。这些技术的研究不仅展示了生物电信号识别技术的巨大潜力，而且在智能网联汽车人机交互的应用中也验证了这些技术在实际应用中的有效性。目前，研究的重点正转向利用高精度传感器、先进模式识别算法和人体特征感知技术，以进一步提升识别技术的性能[5]。这些研究方向有望帮助识别技术更好地适应极端环境，提高其在各种条件下的可靠性和准确性。

8.1.2　状态识别与监测

状态识别与监测是一种先进的智能技术，它通过多传感器系统主动感知并分析用户的实时状态。在智能网联汽车的人机交互中，引入这种状态识别与监测技术，结合智能计算平台，可以建立起一个主动感知的多传感器计算系统[6]。具体而言，系统能够识别人的状态，如认知负荷、次要活动、情绪和疲劳等，从而有助于提高智能网联汽车的安全性和可靠性。同时，深度学习和计算机视觉领域的研究在监测人类行为和活动方面展现出巨大潜力。目前，状态识别与监测技术主要应用于识别驾驶条件下的危险行为，并辅助设计自动驾驶系统下的接管策略。

（1）异常驾驶监测

智能网联汽车配备的监控系统能够实时观察驾驶员的行为，旨在发出关键警告并在紧急情况下采取干预措施，如异常驾驶监测可以通过驾驶员监控系统（driver monitoring system，DMS）来实现。该类系统可以在人脸区域进行感兴趣区域的划分，并在这些区域内进行行为监测，如图 8-5 所示。通过利用样本数据进行深度学习训练，系统能够学习并识别驾驶员分心的行为，如抽烟、打电话或发短信，并在必要时触发提示与报警。此外，车载图像传感器和可穿戴设备，分别用于监测车辆的偏离程度和跟踪驾驶员的头部运动，来构建一个驾驶员行为监测和警告框架，也可实现对危险驾驶行为的监测[7]。而基于危险水平分析构建线性模型，可用于解决多目标追踪问题[8]。

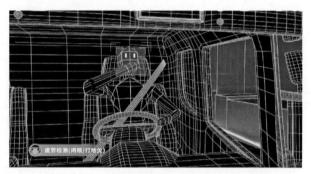

图 8-5　Arcsoft 平台 DMS 驾驶员行为监测

（2）协助接管控制权

智能网联汽车通过实时监测驾驶员的生理和行为状态，结合人工智能算法分析和风险评估，智能地辅助或接管控制权，以确保在驾驶员状态不佳时车辆的安全性。其中，通过监控司机的状态，以确定他们是否准备好在某些情况下接管控制权，是协助接管控制权的主要方法。如图 8-6 所示，小鹏现有的城市导航辅助、车辆居中辅助等系统，在遇到监控系统判定驾驶员精神不集中，或者未按系统提醒扶好方向盘时，采取的策略是退出当前的辅助驾驶状态，强制驾驶员接管以保证驾乘人员的安全。

目前，尽管大多数监控系统和算法在受控环境下运行良好，但自然驾驶条件引入了一系列新的挑战，如光照变化、遮挡以及驾驶员的极端头部姿势。为了应对这些挑战，构建更高质量的域内数据集的工作仍在进行中，其中包括多模式驾驶员监控数据集[9]。然而，目前缺乏有效的方法来收集更广泛和多样化的数据，这限制了基于先进生物信号的人 - 车交互技术的实际应用。此外，当前采用多个生物传感器收集生物信号的做法可能会对用户造成不便，影响驾驶体验。因此，越来越多的研究开始关注使用非侵入性和低成本的状态识别技术来评估驾驶员的状态，这些技术与主动性车辆安全紧密相关。随着状态监测数据的不断积累，预计智能网联汽车中的交互系统将整合网络服务，以支持车载系统的主动学习和自适应能力。这将实现动态的、个性化的人车交互，从而提升驾驶体验和安全性。

图 8-6　小鹏 DMS 及接管控制提示

8.2　多维人车界面技术

人机（人车）界面技术作为人与智能网联汽车交互的核心媒介，受到工业界、学术界和研究界的广泛关注。这些领域共同推动界面的研究与开发，以实现信息的有效接收、存储、处理和输出[10]。设计一个高效的多维人机交互系统，要求设计者具备跨学科的专业知识，涵盖：心理学和认知科学，以理解用户的感知与认知过程；社会学，以洞察更广阔的交互环境；人机工程学，以适应用户的身体特征；图形设计，以创造直观有效的界面；计算机科学与工程，以掌握实现技术。这种跨学科的综合能力对于构建能够满足用户需求并保持技术先进的智能网联汽车交互系统至关重要。

8.2.1　多模态人机界面

随着汽车内部环境变得更加复杂以及数字化操作日益普及，更自然和直观的交互方式成为提升用户体验的重要支持。这种交互方式不仅整合了多种输入技术，如语音、手势、视线追踪和触摸屏，还融入了用户的行为和生理信号，如面部表情、眼球运动和身体姿态，从而实现多模态的交互输入。此外，通过触觉、听觉，甚至嗅觉等多种感官的反馈，多模态交互为用户带来了全面而丰富的交互体验。这种综合方式的优势在于能够结合不同交互方式的优点，同时弥补它们的不足，满足汽车内部交互的多样化需求。例如，在用户的视线或头部姿态受限时，听觉和触觉的交互可以作为有效的补充，帮助用户完成任务。多模态交互模式以车内用户为中心，整合了多种感官和交互技术，适应不同用户的需求和能力，提供更自然、直观和个性化的人机交互体验[11]。这种模式的优势在于其跨文化信息传输的潜力，基于生理电信号的接口可以促进不同背景用户间的沟通。如图 8-7 所示，这种以人为中心的多模态交互模式展示了如何通过融合视觉、听觉、触觉等多种感官输入和反馈，创造出一个更加直观和自然的人机交互环境。如图 8-8 所示为一项创新的车载多模态人机界面设计案例，利用语音、触觉和视觉反馈的协同作用，提升用户的驾驶体验，并通过这种多模态交互方法增强驾驶过程中的安全性和提高效率。

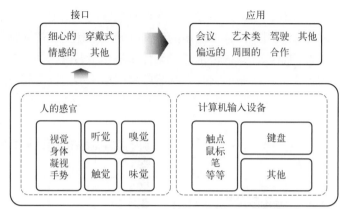

图 8-7　以人为中心的多模态交互模式

图 8-8　车载语音与可触控设备联动设计 [12]

目前具有创新前景的多模态人机界面研究与应用场景有如下几类：

① 协助弱势群体：多模态人机界面，基于丰富的交互输入和反馈输出方法，能够满足不同类型弱势群体对于信息无障碍交互的需求，并帮助弥补弱势群体在生理和认知能力方面的不足。例如，通过方向盘和安全带提供的触觉反馈可以显著增强老年人对视野盲点警告的响应效果 [13]。视障人群对多模态交互原型系统的感知评价实验，也验证了空间语音、情感计算和自然语言处理等技术融合在交互设计中的应用前景和价值 [14]。

② 人车协同控制：多模态人机界面被视为自动驾驶汽车在传达控制权接管请求时的首选方案，这种界面能够满足自动驾驶汽车中控制权转换和人车意图交流的新需求。例如，集成视觉、听觉和触觉的多模态 HMI（人机界面），能够在不干扰驾驶员进行非驾驶活动的情况下，有效传达车辆的意图信息，从而提升驾驶员的态势感知并加强人车协同性 [15]。

③ 多角色交互和多任务处理：多模态人机界面通过整合视觉、听觉和触觉等多种感官，简化了驾驶员和乘客的多任务处理，并增强了交互的自然性和驾驶安全性。多模态交互模型可进一步提升驾驶员与乘客之间的互动，这种模型便于驾驶员在执行多项任务时进行切换，从而提高了汽车内部的社交互动、信息流通和决策效率 [16]。

多模态人机界面在智能网联汽车中的应用前景广阔，但底层技术仍需克服诸多挑战。随着用户类型、交互任务和使用场景的不断扩展，多模态交互系统必须能够处理日益复杂的操作和多样化的交互意图。这增加了信息融合的难度，因为系统需要准确捕捉用户特征并有效地整合来自不同模态的信息。因此，如何实现用户特征的准确捕捉和高性能的信息融合，成为未来研究中需要重点解决的关键问题。

8.2.2　空间立体交互

人机交互是一个涉及人类层和计算层的循环过程，如图8-9所示。在人类层，用户首先定义任务目标，并通过身体动作或语音输入与系统交互。这些输入信息随后被传递到计算层。计算层接收到输入信号后，对这些信息进行处理，并将处理结果通过显示器、头戴式显示器（HMD）或音频等输出设备呈现给用户，完成一次交互循环。

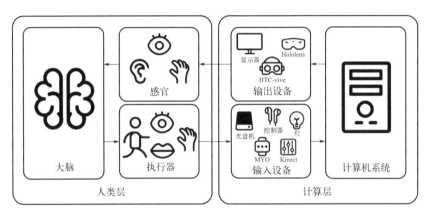

图 8-9　人机交互循环

智能网联汽车中的人机交互依赖于车载系统，涉及空间立体交互（简称空间交互）的特定需求。空间交互通常分为二维和三维两种形式。在二维空间交互中，用户主要与车内的显示屏进行交互。这种交互界面是实体的，由控制器、控制面板、显示屏、触摸屏以及软件界面等构成。交互方式多样，包括数据输入输出、图形图像交互、语音交互和智能交互等。对于二维交互界面的设计，主要可以分为结构设计、交互设计和视觉设计3个关键方面。随着技术的进步，人车系统的交互在空间尺度上得到了显著提升，使用户能够在三维空间中进行更自然的交互。如图8-10所示，这一发展过程为从传统的键盘输入演变到了利用三维设备进行输入。

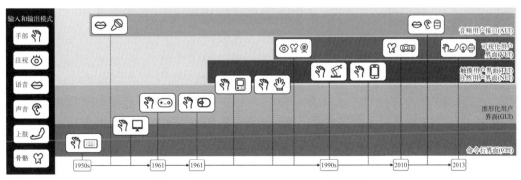

图 8-10　键盘到三维设备输入的时间发展

163

　　三维用户界面（3D UI）是智能网联汽车中实现用户与智能系统沟通的关键技术，它允许用户在三维空间中与界面元素自然互动，从而增强了交互的直观性和自然性。随着技术的发展，车载 3D 显示器、增强现实（AR）、体感交互、空中手势交互和虚拟投影等技术的应用，不仅显著扩展了交互的空间范围，也极大丰富了用户的交互体验。AR 技术在这一发展中扮演着尤其重要的角色，它通过"无缝"融合现实世界的车辆信息和虚拟世界的信息，为用户提供了一种超越现实的感官体验。AR 技术已成为空间交互中最常用的视觉技术之一。以 FIC 公司的 3D AR 抬头显示（head-up display，HUD）技术为例，该技术通过高对比度和亮度的 LBS 技术实现出色的视觉显示，在提升驾驶安全和丰富驾驶体验方面得以应用，如图 8-11 所示。随着自动驾驶时代的到来，3D AR-HUD 有望成为实现车辆元宇宙体验的关键系统，进一步推动智能网联汽车交互方式的革新。

图 8-11　FIC 公司的 3D AR-HUD 技术

　　图 8-12 所示案例展示了基于 AR 技术的一项创新设计，该方案通过在挡风玻璃上展示自定义的车辆形象，以及实时捕捉车外美景并自动生成旅行记录，极大丰富了驾驶体验并创新了旅行记录的方式。此外，AR 技术还可通过车窗作为取景框的功能，增强车辆间的社交互动，为传统的社交方式带来了变革。

图 8-12　AR 与车和屏[17]

　　目前，AR 技术已被应用于 HUD 和整个挡风玻璃显示器（windshield display，WSD），展示关键的车辆和交通信息，如地形、导航、环境、弱势道路用户和实时路况等。通过开发一种无标记 AR 交通标志识别系统，能够识别车辆和非车辆类别[18]，以及开发基于深度学习的快速目标检测方法，专门用于识别和确定道路障碍物的类型[19]，都能有效增强 AR 交通信息系统的准确性并改善用户体验。这些研究成果推动了 AR-HUD 技术的发展，使得新的 AR-HUD 方法能够创建实时互动的交通动画，这包括了对障碍物类型、位置、可见度的精确展示，以及这些障碍物在车辆显示屏上的投影。在实际应用中，AR-HUD 支持空间交互，通过在挡风玻璃上投影关键驾驶信息和增强现实元素，创造出一个与现实世界无缝融合的三维交互空间，如图 8-13 所示。这种设计旨在优化驾驶员的视觉注意力分配，并增强驾驶情境感知，以显著提升智能网联汽车的交互体验和安全性。

图 8-13　智能座舱 AR-HUD 语音交互设计 [20]

华为公司在智能汽车技术领域取得突破，其推出的增强现实抬头显示（AR-HUD）技术首次应用于问界 M9 车型，如图 8-14 所示。该技术成功地将车辆前挡风玻璃转变为一个全画幅显示界面，与智能驾驶辅助系统及导航系统集成，提供了深度融合的增强现实交互体验。这不仅为驾驶者提供了沉浸式的导航辅助信息，还集成了先进的安全警示与娱乐功能。奔驰公司也发布了一款 AR-HUD 产品，该产品能够通过挡风玻璃显示器（WSD）向驾驶员展示与导航提示和车辆信息相关的增强现实内容，如图 8-15 所示。这表明 AR-HUD 技术正逐渐成为智能汽车领域的一个重要趋势，为驾驶员提供更加丰富和直观的交互方式。

图 8-14　华为的 AR-HUD技术

图 8-15　奔驰 MBUX 于 2020 年发布的向驾驶员展示导航提示和车辆相关信息的 HUD

　　此外，智能网联汽车中的 AR-HUD 技术不仅限于提升驾驶体验，它还集成了语音交互功能，能够根据驾驶员的需求设计智能推荐系统。例如，系统可以为驾驶员推荐前方道路上的餐厅或其他美食方案，增强了驾驶的便捷性和个性化体验。

　　目前，AR-HUD 在车辆中的应用面临着光学设计研究的瓶颈以及人类视觉系统的复杂性所带来的限制。这些挑战使得设计过程中必须综合考虑构件数量、类别和发光像素等多个因素，增加了设计的复杂性。随着系统中额外信息的数量和内容的增加，如何有效避免增加驾驶员的理解负担成为了一项重要挑战。为了应对这一挑战，信息的合理布局变得至关重要。良好的布局可以帮助驾驶员快速理解信息并及时作出反应，从而减少驾驶员的认知负荷。然而，AR-HUD 系统也可能诱发与高工作量相关的视觉分心，这在辅助驾驶系统设计中需要特别关注。因此，在设计 AR-HUD 辅助驾驶系统时，必须充分考虑驾驶员注意力分散的风险，并制订相应的缓解措施。这确保了系统在提供必要的辅助信息的同时，不会干扰驾驶员的正常驾驶任务，从而提高了驾驶的安全性和交互体验。

8.3　新兴的车载智能单元技术

　　智能网联汽车中的人机界面成为尖端技术应用的典型场景，它通过新兴的车载智能单元，如沉浸式交互系统和人工智能助理，不断演进以提供更加舒适和便捷的驾驶体验。这些智能单元的发展，不仅能帮助驾驶者更有效地掌握车辆信息，还能显著提高驾驶的安全性。

8.3.1　沉浸式智能交互

　　沉浸式智能交互（简称沉浸式交互）技术，包括虚拟现实（virtual reality，VR）和增强现实（augmented reality，AR），其通过创造更加真实的环境和提供更人性化的交互方式，改变我们的体验。这些技术能够使驾驶者沉浸在虚拟环境中，更有效地掌握车辆信息，从而提升驾驶体验和安全性。随着自动驾驶技术的发展，特别是 SAE 3 级（L3）自动驾驶车辆或更高级别的车辆逐步投入商用，学术界和工业界开始积极探索新的界面概念。这一趋势表明，汽车人机交互设计正从传统的 2D 屏幕转向利用增强现实和虚拟现实技术，以适应汽车领域的快速发展。沉浸式交互技术可以根据为用户提供的沉浸程度进行分类，有：

非沉浸式，例如桌面显示器的使用，提供了一种成本较低且易于实施的解决方案，它不受环境和地理因素的限制；

半沉浸式，如 AR-HUD，通过数字信息层增强现实世界，为用户提供了一定程度的沉浸体验；

高度沉浸式，如使用 VR 技术的头戴式显示器和洞穴式自动虚拟环境（CAVE）系统，通过模拟更加真实的环境背景，为用户提供了更高程度的沉浸感。

沉浸式交互是提升自动驾驶的信任和接受度的重要技术支撑。在智能网联汽车中，随着传统司机逐渐转变为被动乘客，VR 技术可通过新的交互范例，有效传达自动驾驶车辆的态势信息，从而帮助驾驶员、乘客、行人和其他道路使用者，理解车辆和行人之间的意图。此外，VR-HMD 在车内沉浸式媒体的应用能极大丰富智能网联汽车内的娱乐活动，使车内的娱乐从传统的驾驶员体验扩展到所有乘客。随着自动驾驶技术的发展，车内娱乐不再局限于个人，而是有潜力实现跨车多人互动娱乐。例如，乘客可以通过"跨车"联机多人游戏，不仅享受娱乐内容，还能满足社交需求，获得一种全新的互动体验。

(1) 驾驶环境模拟

VR 技术广泛应用于交通场景的生成与分析。它能够创建交通拥堵和十字路口吞吐量等模拟场景，实现从不同角度以身临其境的方式实时可视化虚拟道路和交通环境。这项技术的应用不仅限于常规交通状况的模拟，还特别有助于分析和预测由恶劣天气或复杂地形引起的交通事故。例如，VR 可以模拟多云和结冰等受天气影响的道路交通条件，为研究和预防此类事故提供实验平台。此外，VR 技术还能够对驾驶行为进行细致的建模，如变道行为，进而模拟交通中的超车行为。这种模拟对于理解驾驶员在复杂交通情况下的反应和决策过程具有重要价值，同时也为交通规划和道路安全教育提供了有效的工具。

(2) 沉浸式技术支持的驾驶体验

智能网联汽车的未来发展将侧重于创新用户界面的设计，这意味着超越传统的物理控制方式，采用触摸、语音、手势等更现代的交互方式。AR 技术的普及和在车内应用的增多，为乘客提供了与导航系统等新应用程序更紧密互动的可能性。目前，在该应用领域进行的研究主要考虑低水平的自动化车辆，旨在增加驾驶者对道路、交通、环境等信息的感知。具体地，为了提高驾驶员的态势感知能力并保持视线始终注视道路，利用 AR 技术进行了 HUD 和 WSD 的开发。这些技术不仅可以提高驾驶安全性，还可以通过显示与工作或娱乐相关的内容，允许驾驶员在保证安全的前提下执行非驾驶相关任务。这些技术的应用，提高了用户对智能系统的接受度，并提升了整体的舒适性体验。通过解决空间感知、深度线索传递和空间信息展示等难题，可进一步优化用户的交互体验。

(3) 沉浸式非驾驶任务

自动驾驶技术的进步为车辆内部的辅助任务提供了强大支持，允许在自动驾驶模式下进行车内办公、娱乐等活动，将车辆转变为移动的娱乐或办公平台。VR 和 AR 技术为智能网联汽车中的舒适性、情绪管理、娱乐性和工作效率的提升提供了技术基础，也提供了更多交互体验创新的可能性。例如，通过在侧窗上展示娱乐和游戏内容，增加了乘客在长途旅行中的乐趣 [21]。如图 8-16 所示，奥迪支持的 Holoride 公司开发的车载 VR 娱乐眼镜，通过蓝牙与手机连接，并利用车辆的运动数据实现内容的实时同步，减少晕车现象。此外，无线头戴式显示器还能在通勤时为用户提供沉浸式工作环境，研究表明这种沉浸式体验有助于提升乘客的兴趣和专注度，因为它们能减少外界干扰，为用户提供一个更加集中的工作环境。随着沉浸式交互技术在便携性、性能和成本效益方面的提升，未来的车内体验有望实现将数字对象叠加到现实世界中，为乘客提供更加沉浸式的娱乐或工作体验。然而，设计这些系统时，必须谨慎考虑车内的物理空间限制，确保使用者在享受虚拟体验的同时，能够有效避免与车辆内部结构或其他乘客发生碰撞。

图 8-16　Holoride 推出车载 VR 娱乐眼镜

(4) 沉浸式运动体验

沉浸式交互技术在自动驾驶汽车领域的应用是一个前景广阔但充满挑战的方向。汽车作为运动平台具有天然的优势，这使得车内娱乐体验得以创新。利用车辆的运动平台和执行器，可以实现与视觉图像、动作和环境同步的运动感，随着车辆产生的物理运动感，加强了环境反馈输出，营造出逼真的沉浸式运动体验。

沉浸式交互技术在自动驾驶汽车中的应用，尽管前景广阔，但也面临技术挑战。汽车的运动，如转弯，可能会干扰 HMD 的传感器，导致惯性测量单元（inertial measurement unit，IMU）和跟踪传感器数据发生冲突。为了提供无缝的沉浸式体验，Haeling 等[22] 通过将 HMD 与车辆感知相结合，采用先进的定位算法和 IMU 传感器数据融合技术，创造出与车辆运动同步的虚拟现实环境，以减少感知冲突。

此外，不协调的视觉和前庭系统信息可能导致晕车等不适感。举例来说，汽车的运动可能会干扰头戴式显示器（HMD）的传感器，进而影响用户的舒适感。为了减轻这种影响，研究者们致力于通过精确的运动匹配和传感器数据融合技术，创造出与车辆运动同步的虚拟现实环境，以进一步增强用户体验并避免晕动症的出现。如图 8-17 所示的案例中开发了一个后座防晕车信息可视化交互系统，该案例深入探讨了 2025 年 L3 自动驾驶时代下人们的出行交互体验。为了应对 L3 自动驾驶条件下车内交互可能导致的乘客晕车问题，项目团队通过系统分析现有汽车交互并对未来出行进行了推测，设计并制作了一个原型系统。该系统旨在评估防晕车可视化交互系统的可用性，以减小乘客晕车的概率并提升出行的舒适度。在设计上，该系统将可视化信息分为路面信息和速度信息两大类，并采用点线面的排列方式进行呈现。路面信息通过蓝紫色的暗流来表示，而速度信息则通过彗星群展示，这些彗星群的速度和颜色会根据实际情况进行调整。这样的设计利用了乘客的余光感知能力，使他们能够在不直接观看的情况下捕捉到重要信息变化，从而起到有效的提醒作用。

尽管目前沉浸式交互设计在智能网联汽车中面临许多技术难题，且大多数解决方案还处于早期阶段，但随着技术的持续进步，预计未来能够应对这些挑战，实现更加自由和沉浸的用户体验。为了在自动驾驶环境下提供既安全又引人入胜的交互体验，需要在感知标定、传感器融合以及用户界面设计等方面进行深入研究。

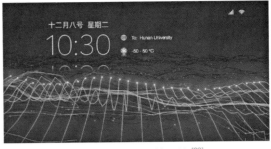

图 8-17　自动驾驶条件下，防晕车的可视化交互系统设计 [23]

8.3.2　人工智能助理

车载人工智能个人助理（intelligent personal assistants，IPAs）简称人工智能助理，是嵌入在汽车智能辅助系统中的软件，它基于自然语言处理（natural language processing，NLP）技术，主要通过语音交互与用户进行沟通。这种助理展现了高度的智能化特征，包括自主性、敏感性、快速反应、目标导向、沟通能力和上下文理解，它们可以以语音界面、虚拟图像或实体机器人的形式存在，与用户进行互动。随着技术的发展，市场上已经出现了多种车载人工智能助理产品，如辅助驾驶伙伴、虚拟车载助手、车载智能机器人和车载信息娱乐助手等。汽车制造商正在积极研发这些系统，利用城市物联网连接，整合多种数据源，包括位置、地标和日历信息，旨在为用户提供全面的交通和生活服务。

自然语言处理是一个跨学科子领域，位于语言学、计算机科学和人工智能的交汇处，专注于实现计算机与人类语言之间的有效交互。这一领域的研究致力于使计算机能够高效地处理和分析大量的自然语言数据。基于 NLP 技术，自然语言交互能够分析用户的语音或手势，将人类的意图转化为可执行的指令，这标志着一种新兴的交互范式。这种交互范式的出现得益于人工智能、专家系统、语音识别、语义网、对话系统等领域的显著进步，进而催生了智能个人助理的概念。在这一背景下，汽车行业也开始探索将智能个人助理集成到车辆中。车载语音助手正成为中国智能汽车的标配，蔚来汽车的"NOMI"（图 8-18）和"小鹏汽车"的"XPILOT"语音助手就是两个显著的例子。NOMI 利用其先进的自然语言处理技术和人性化交互设计，为用户提供了直观且富有情感的驾驶辅助体验。与此同时，小鹏的 XPILOT 语音助手以其强大的语音控制功能和持续的系统升级，展现了智能汽车在提升驾驶便利性和安全性方面的潜力。此外，三星的"数字座舱 2020"配备了名为"比克斯比"的 AI 助手，当"比克斯比"被激活时，屏幕会显示相关动画并等待用户的指令。这几个系统不仅极大地增强了用户的驾驶体验，也代表了车载语音技术在智能汽车应用中的前沿发展。随着汽车与移动终端的互联，移动终端的功能得以迁移到车载交互系统中，如信息娱乐和交通服务。展望未来，智能网联汽车将通过与智能助理系统的互联进一步扩展其服务范围。

图 8-18　蔚来推出的语音助手 NOMI

如图 8-19 所示为长安汽车和湖南大学设计艺术学院联合开发的智能辅助驾驶交互系统，特别为 L3 级自动驾驶设计，集成了关键音效、语音提示、交互灯光以及小安智慧体和智能驾驶建议系统，以增强用户信任并减少意外感。该系统通过文献研究和用户观察，针对体验痛点进行了创新设计，旨在提供更安全、更直观的驾驶辅助。同时，它还考虑了娱乐需求，设计了连续可用的语音输入接口和高效的车载信息娱乐助手，以满足用户的多样化需求。

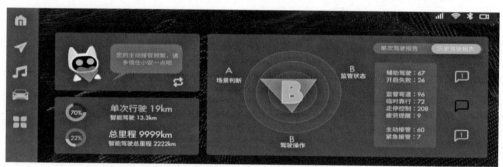

图 8-19　基于"信任"的长安智能辅助驾驶交互系统设计[24]

在智能网联汽车中，人工智能助理（IPAs）的设计和引入需要应对多项关键技术挑战。为了提升用户体验并确保隐私保护，IPAs 必须具备快速响应和高稳定性。同时，设计时应谨慎，以避免不恰当的设计增加驾驶员的工作量，因为这可能导致分心和增加事故风险。用户对 IPAs 的信赖和信心取决于它们的可用性、安全性和隐私保护措施。因此，设计 IPAs 时，应尽量减少对驾驶员的视觉和生物力学干扰，从而降低认知负荷。随着技术的发展，未来的 IPAs 需要能够理解用户需求，主动采取行动，并与其他应用程序实时交互。在嘈杂的车内环境中，提高语音识别的准确性对于提升 IPAs 的可用性和减少认知干扰尤为重要。虽然相关的语音增强技术已有文献详细讨论，但 IPAs 如何与可穿戴计算设备有效互动，以支持日常使用，仍是一个待解决的问题。

8.4　智能网联汽车的云技术

从车联网的角度来看，云技术的快速发展正在重塑汽车行业的未来。云技术的优势在于它能够实现高效的资源管理与优化，以及灵活的资源扩展与缩减。这些特性不仅提升了车辆智能网联性能和用户体验，而且为汽车行业的数字化和智能化转型提供了重要动力。预计在接下来的 5 至 10 年里，基于云技术构建的车联网将引领汽车行业的技术革命。这将助力行业实现之前几十年都未能达成的巨大变革，推动车联网向新的发展高度迈进。

8.4.1　云计算与云存储

云计算和云存储技术在"人 - 车"交互过程中扮演了重要角色。

云计算平台，根据功能不同，可以分为专注于数据存储、数据处理以及同时进行数据处理和数据存储的三种类型。这些平台通过大数据分析，不仅提高了智能网联汽车决策系统的稳定性，还为安全驾驶提供了有力支持。在物联网的基础上，云计算平台能够挖掘并综合分析海量数据，使车辆能够获得更丰富的信息，提高路线规划的灵活性和风险预估的准确性，从而增强自动驾驶的安全性。云计算技术通过应用程序将网络中的各种设备连接起来，实现协同工作和资源共享。

云存储作为基于云计算而建立的网络存储技术，通过集群应用、网格或分布式文件系统等功能，集合网络中各种不同类型的存储设备，为用户提供数据存储和业务访问功能。云存储系统是云计算系统中的核心组成部分，它提供可靠的存储解决方案，支持数据的扩展性和灵活性，并通过冗余和备份机制确保数据的安全性和可恢复性。此外，云存储系统还提供数据管理功能，如备份、恢复、归档，为大规模数据存储和管理提供了必要的支持 [25]。在智能网联汽车系统中，云存储使得实时监控信息的存储和系统决策变得更加方便和高效，为用户提供了便捷的存储和访问方式。

8.4.2　云服务

云服务，包括云服务器、云主机、云存储和云数据库，已成为车联网的核心技术之一。这些服务通过整合广域网或局域网内的硬件、软件和网络资源，为车联网提供了数据的计算、存储、处理和共享的强有力支持。云服务的广泛应用不仅提供了强大的数据处理能力，还通过降低硬件成本和维护复杂性，使得设计师能够专注于创造个性化和灵活的用户交互体验。随着"一切皆服务"（X as a service，XaaS）的趋势，设计师现在可以更侧重于提供用户定制化服务和增强交互体验。同时，车联网（vehicle-to-network，V2N）技术的进步为汽车交互设计带来了新的机遇。通过与路边单元（road side unit，RSU）的通信，汽车能够获取实时交通信息和地图更新，这为交互设计提供了更高层次的情境感知和响应能力。例如，在大型交通拥堵情况下，V2N 可以辅助用户在交通拥堵发生前检测其概率，并在智能交通系统和 5G 技术的共同作用下，保证安全、高效的出行体验。

在智能网联汽车系统中，云服务为多种交互行为提供了重要支持。它不仅使得空中手势、语音、眼动识别等交互方式得以实现，还确保了人工智能助理能够接收并执行用户的指令。这种灵活性得益于云服务合理的功能模块和逻辑结构划分，使其能够根据不同的应用场景和用户需求进行拆分和组合。进一步地，结合北斗和 GPS 卫星定位系统、5G 网络技术以及云计算平台服务，智能车载终端及后台服务平台的设计为智能网联汽车厂商提供了全面的支持。这些技术的整合，为用户提供了一系列增值服务，包括智能查询充电桩位置、精确导航服务、电池的实时监测、充电站内的导引、紧急救援服务以及远程诊断等。这些服务不仅极大地提升了用户的便利性，也增强了驾驶的安全性。

8.5　万物互联技术在智能网联汽车中的应用

8.5.1　V2X 技术的概念

V2X，即"汽车与万物互联"（vehicle-to-everything），是支撑智能汽车和智能交通的关键技术之一。这项技术作为智能网联汽车中的信息交互核心技术，不仅实现了车间信息共享，还为协同控制的通信提供了保障。V2X 技术通过赋予汽车突破视觉死角和跨越视觉遮挡的能力，使其能够获取并分享视线外的行驶信息给其他车辆和路侧设施，进而减少交通事故、缓解交通拥堵、提高交通效率，并减少汽车尾气排放。根据美国交通部的研究，如果美国所有车辆都配备了 V2V 通信，每年可以在道路交叉口和左转等场景避免 40 万至 60 万起碰撞事故，减少 19 万至 27 万人的伤亡，挽救 780 至 1080 条生命。此外，配合其他 V2V 和 V2I 应用，甚至可以减少除酒驾外 80% 的交通事故，显示出 V2X 技术在提升道路安全方面的潜力。此外，V2X 技术使得车辆能够在不停车的情况下顺利通过信号交叉口，有效减少油耗和排放量，同时提高整体行驶效率。具体是利用车联网技术使车辆智能体形成队列，摒弃传统交通信号，通过消除车辆轨迹重叠确保安全通行，并为单车设计了生态驾驶策略和轨迹优化算法，显著提升了交叉路口性能，将停车延误和总行驶时间分别降低了 99% 和 33%。

目前，世界上主流的 V2X 通信技术有两种：一种是专用短程通信（dedicated short-range communication，DSRC），另一种是 LTE-V（long-term evolution for vehicle，车辆长期演进）通信。DSRC 标准支持美国等国家的 V2X 技术，1999 年，美国联邦通信委员会（FCC）为车辆环境下的 DSRC 分配了 75MHz 带宽（从 5.850GHz 到 5.925GHz）。据美国交通部（DOT）估计，基于 DSRC 的车辆对车辆（V2V）通信可以解决美国 82% 的交通事故，这可能会挽救数千人的生命并节省数十亿美元。LTE-V 则是由 CATT、华为、高通在 3GPP（第三代合作伙伴计划）中提出的另一种技术，它基于蜂窝网络体系结构，可以重用现有的蜂窝基础设施和频谱。LTE-V 还通过设备到设备（device to device，D2D）通信等技术支持基础设施网络覆盖之外的操作。相关企业正在积极推动 LTE-V 标准的学术研究和行业实现，以促进 V2X 技术的进一步发展和应用。

车路协同技术的出现极大地增强了车辆获取自身及周边环境信息的能力，并通过车辆与道路基础设施之间的实时通信，提供智能导航和驾驶引导服务。车路协同技术正逐步由概念走向实际部署。例如，奥迪车辆通过与交通基础设施的通信实现了数据交换，使得驾驶员能够实时接收交通信号灯状态和停车位信息。这种实时数据的获取，增强了驾驶员对当前交通状况的认知，有助于减少因信号灯等待导致的停车延误，提升了交通流畅性。华为所提出的车路协同解决方案，依托 V2X 技术，实现了车辆与交通基础设施之间的智能通信。该方案与国家层面推动的智能网联汽车发展战略相一致，并通过华为云平台进行高效的设备管理和运维。它支持多种应用场景，包括城市交通和高速公路，如信号灯车速引导和行人预警等，以提高道路安全和交通效率。该解决方案采用了端云协同架构，利用 AI 芯片和边缘计算技术，对交通事件进行快速而准确的感知和处理。此外，华为与汽车制造商和其他行业伙伴的合作，如与上汽通用五菱的合作项目，展示了车路协同技术在实际智能交通系统中的商业化潜力和技术创新。总体而言，华为的车路协同解决方案体现了 V2X 技术在提升交通管理智能化和道路使用效率方面的应用潜力，为智能交通系统的发展提供了实证研究和实践案例。此外，福特中国正式宣布其车路协同系统（图 8-20）已在长春落地。截至 2023 年底，福特车路协同系统已在无锡、长沙、广州、西安、武汉、南京和长春 7 座城市实现覆盖，并累计搭载超 33 万台量产车型。

图 8-20　福特车路协同系统的绿波车速引导能够有效提升通行效率

8.5.2　V2X 的应用场景

V2X 是一个综合性的通信框架，它包括车辆间通信（vehicle-to-vehicle，V2V）、车辆与基础设施通信（vehicle-to-infrastructure，V2I）、车辆与行人通信（vehicle-to-pedestrian，V2P）以及车辆与外部网络通信（vehicle-to-network，V2N，即车联网），其架构体系如图 8-21 所示。这些通信方式为车辆提供了多样化的功能和服务，从而增强了智能交通系统的能力和范围，如图 8-22 所示。

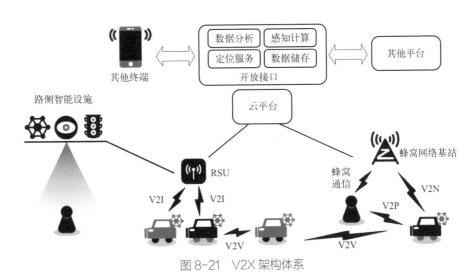

图 8-21　V2X 架构体系

具体来说，车辆间通信（V2V）技术能够实现碰撞预警、转向辅助、变道辅助和协同式自适应巡航控制等功能，旨在提高车辆之间的互动和安全。车辆与基础设施通信（V2I）技术允许车辆与交通基础设施进行数据交换，使车辆能够获取速度建议、路况预警、闯红灯预警、交通优先权、天气影响预警，以及停车位和充电桩寻位等信息服务。车辆与行人通信（V2P）技术通过预警，帮助保护行人等弱势道路使用者的安全。而车辆与外部网络通信（V2N）则为车辆提供实时交通路线规划、地图更新等网络服务。

图 8-22　V2X 应用场景

在这些通信方式中，V2P、V2N、V2V 和 V2I 均支持双向通信，允许车辆与对应实体进行更丰富的数据交换和互动。这种全方位的连接能力，使得车辆网络能够实现智能交通服务系统，通过向驾驶员发出各种危险警告和交通通知，进一步提升了交通的安全性和行驶效率。

(1) V2P 技术在智能出行中的重要性

车辆与行人通信（V2P）技术是智能网联汽车人机交互设计的关键组成部分，它通过行人与车辆之间的实时通信，增强了双方的互动并显著提升了交通安全性和效率。行人可利用手机、笔记本电脑等个人设备与车载系统进行交流，实现紧密的互动。

V2P 技术在智能钥匙、信息服务和交通安全等多个领域提供便捷的车辆操控、实时数据更新和警示信息提示。例如，当行人准备穿越马路时，通过 V2P 技术，行人的智能设备（如智能手机或可穿戴设备）向附近车辆发送信号，这些信号包含了行人的位置和移动数据。车辆接收到这些数据后，车载系统会分析并预测行人的行动轨迹，及时向驾驶员发出警告，提醒他们注意即将穿越马路的行人，从而降低碰撞风险。这种技术不仅提高了行人的安全，也为驾驶员提供了额外的安全保障。V2P 技术与 V2I 技术类似，都可采用广播通信方案，但为了更好地服务于弱势交通群体，可能需要在弱势交通群体的设备中加装专用通信芯片，这无疑增加了成本。为了降低成本并普及技术应用，V2P 技术常采用间接通信方式，即行人将位置信息等发送至蜂窝网络基站等通信设施，然后由这些设施转发给周围的车辆。

V2P 技术在提高道路安全性和交通效率方面展现出巨大潜力，但实际应用中仍面临挑战，包括安装专用通信芯片的成本问题，以及确保通信的安全性、网络稳定性和数据隐私保护等关键问题。为保障信息传输的安全性，必须采取有效措施防止数据非法获取或篡改。同时，用户隐私也应得到充分保护，以防止个人信息的滥用或泄露。推动 V2P 技术的可持续发展需要跨领域合作，加强技术研究、标准制定和政策推广，并解决通信成本、安全性和隐私保护等问题，从而为提升交通系统的安全性和效率作出贡献。

(2) V2N 技术在智能出行中的实际应用

V2N 通过互联网连接车辆与云平台，为驾驶员提供了远程监控、实时导航、紧急救援服务以及丰富的娱乐内容，如音乐和新闻，从而极大地丰富了驾驶体验。尽管 V2N 技术带来了显著优势，但它在实时性方面存在传输延迟的问题，且依赖于移动网络的稳定性。为了解决这些问题并提升用户体验，移动边缘计算（mobile edge computing，MEC）技术被引入智能网联汽车人机交互设计中。MEC 通过将云服务部署在网络边缘，降低了通信延迟，提高了数据传输的速度和稳定性，从而提升了交互的流畅性和响应性。

此外，云平台的数据共享能力促进了交通管理平台、娱乐平台等不同系统间的互联互通。这种跨平台的数据整合不仅加强了各领域间的协同效应，还使得智能网联汽车能够根据用户在不同场景下的具体需求提供定制化服务，进一步提升了用户的满意度和体验。综合来看，V2N 和 MEC 技术的结合为智能网联汽车人机交互设计提供了强大的支持，使得车辆能够提供更加安全、便捷、个性化的驾乘体验。未来，随着技术的不断进步和优化，智能网联汽车将能够更好地满足用户的需求，为人们的日常生活带来更大的便利和创新。

(3) 从 V2I 技术看智能出行的便捷与高效

车辆与基础设施通信（V2I）技术是提升驾驶安全性和效率的关键。通过与路边基础设施的无缝连接，V2I 技术为驾驶员提供了实时数据，这些数据不仅增强了对周围环境的感知，还通过提供关键信息，如天气更新和交通状况，优化了驾驶决策过程。V2I 技术通过实时交通信息的传递，使得导航系统能够提供更准确的路线规划，减少了因拥堵造成的延误。同时，V2I 技术在车辆监控管理方面也有应用，通过实时监测车辆状态，为驾驶员提供了预防性维护的提示，这有助于减少潜在的机械故障和事故风险。此外，V2I 技术应用在无人停车收费系统中，通过自动识别车辆信息并处理收费，简化了支付流程，提高了通行效率，减少了因停车收费导致的交通拥堵。这种无缝的交互体验不仅提升了驾驶员的便利性，还有助于改善城市交通的整体流动性。综合来看，V2I 技术在智能网联汽车人机交互设计中的应用，不仅提高了交通管理的智能化水平，还为实现更加安全、高效、环保的交通环境提供了支持。随着技术的不断进步，V2I 技术有望在未来的城市交通系统中发挥更加核心的作用，为驾驶者带来更加丰富和便捷的交互体验。

参考文献

[1] Thimmaraja Y G, Nagaraja B, Jayanna H S. Speech enhancement and encoding by combining SS-VAD and LPC [J]. International Journal of Speech Technology, 2021, 24: 165-172.

[2] Kawase T, Okamoto M, Fukutomi T, et al. Speech enhancement parameter adjustment to maximize accuracy of automatic speech recognition [J]. IEEE Transactions on Consumer Electronics, 2020, 66 (2): 125-133.

[3] Wang X, Guo Y, Bai C, et al. Driver's intention identification with the involvement of emotional factors in two-lane roads [J]. IEEE Transactions on Intelligent Transportation Systems, 2020, 22 (11): 6866-6874.

[4] Rahim M A, Miah A S M, Sayeed A, et al. Hand gesture recognition based on optimal segmentation in human-computer interaction [C] //2020 3rd IEEE International Conference on Knowledge Innovation and Invention (ICKII), 2020: 163-166.

[5] Sachara F, Kopinski T, Gepperth A, et al. Free-hand gesture recognition with 3D-CNNs for in-car infotainment control in real-time [C] //2017 IEEE 20th International Conference on Intelligent Transportation Systems (ITSC), 2017: 959-964.

［6］López-González M. Today is to see and know: An argument and proposal for integrating human cognitive intelligence into autonomous vehicle perception ［J］. Electronic Imaging, 2019, 2019 (15): 54.

［7］Chen L W, Chen H M. Driver behavior monitoring and warning with dangerous driving detection based on the internet of vehicles ［J］. IEEE Transactions on Intelligent Transportation Systems, 2020, 22 (11): 7232-7241.

［8］Yin J L, Chen B H, Lai K-H R. Driver danger-level monitoring system using multi-sourced big driving data ［J］. IEEE Transactions on Intelligent Transportation Systems, 2019, 21 (12): 5271-5282.

［9］Jha S, Marzban M F, Hu T, et al. The multimodal driver monitoring database: A naturalistic corpus to study driver attention ［J］. IEEE Transactions on Intelligent Transportation Systems, 2021, 23 (8): 10736-10752.

［10］Kun A L. Human-machine interaction for vehicles: Review and outlook ［J］. Foundations and Trends® in Human–Computer Interaction, 2018, 11 (4): 201-293.

［11］Nacpil E J, Kaizuka T, Nakano K. Driving simulator validation of surface electromyography controlled driving assistance for bilateral transhumeral amputees ［C］ //Advances in Human Factors and Simulation: Proceedings of the AHFE 2019 International Conference on Human Factors and Simulation. Washington, 2020: 166-175.

［12］高翔, 雷雨甜, 张耀丰. 车载语音与可触控设备联动设计 ［EB/OL］. (2022-01-09) ［2024-08-13］. https://pinwall.cn/project/40781.

［13］Chun J, Lee I, Park G, et al. Efficacy of haptic blind spot warnings applied through a steering wheel or a seatbelt ［J］. Transportation Research Part F: Traffic Psychology and Behaviour, 2013, 21: 231-241.

［14］Brinkley J, Posadas B, Sherman I, et al. An open road evaluation of a self-driving vehicle human–machine interface designed for visually impaired users ［J］. International Journal of Human–Computer Interaction, 2019, 35 (11): 1018-1032.

［15］Clark J R, Stanton N A, Revell K M. Vocal guidance of visual gaze during an automated vehicle handover task ［C］ //Advances in Human Factors of Transportation: Proceedings of the AHFE 2019 International Conference on Human Factors in Transportation. Washington, 2020: 27-35.

［16］Jiang N, Fu Z. Parallel orientation assistant, a vehicle system based on voice interaction and multi-screen interaction ［C］ //Cross-Cultural Design. Culture and Society: 11th International Conference. Orlando, 2019: 150-158.

［17］李沐一, 曹硕. AR 与车与屏 ［EB/OL］. (2022-07-01) ［2024-08-13］. https://pinwall.cn/project/43518.

［18］Abdi L, Abdallah F B, Meddeb A. In-vehicle augmented reality traffic information system: a new type of communication between driver and vehicle ［J］. Procedia Computer Science, 2015, 73: 242-249.

［19］Abdi L, Meddeb A. Driver information system: a combination of augmented reality, deep learning and vehicular Ad-hoc networks ［J］. Multimedia Tools and Applications, 2018, 77: 14673-14703.

［20］陈廷书. 智能座舱 AR-HUD 语音交互设计 ［EB/OL］. (2022-01-07) ［2024-08-13］. https://pinwall.cn/project/40621.

［21］Wang S, Charissis V, Campbell J, et al. An investigation into the use of virtual reality technology for passenger infotainment in a vehicular environment ［C］ // 2016 International Conference on Advanced Materials for Science and Engineering (ICAMSE), 2016: 404-407.

［22］Haeling J, Winkler C, Leenders S, et al. In-car 6-DoF mixed reality for rear-seat and co-driver entertainment ［C］ //2018 IEEE Conference on Virtual Reality and 3D User Interfaces (VR), 2018: 757-758.

［23］梁卓尔. 基于其他汽车交互下的后座防晕车信息可视化系统 ［EB/OL］. (2021-05-13) ［2024-08-13］. https://pinwall.cn/project/37480.

［24］陈家荟. 基于"信任"的长安智能辅助驾驶交互系统设计 ［EB/OL］. (2022-05-18) ［2024-08-13］. https://pinwall.cn/project/42125.

［25］王意洁, 孙伟东, 周松, 等. 云计算环境下的分布存储关键技术 ［J］. 软件学报, 2012, 23 (04): 962-986.

第9章
智能网联汽车
人机界面研究
的挑战与机遇

9.1 人机界面技术在智能网联汽车中的研究挑战

9.1.1 挑战一：识别性能有待提高

在驾驶过程中信息的识别和驾驶的控制面临诸多挑战，主要可以概括为两个方面：极端条件的复杂性和自然驾驶条件的混杂因素。大多数系统和算法在受控环境中工作良好，但在极端环境中（照明条件差、道路拥挤和噪声环境等）不稳定。例如，在夜间驾驶条件下，背景照明和手形不利于手势分割和识别，导致手势识别失败。命令识别也受到自然驾驶条件下的因素干扰，如光线变化、遮挡、极端头部姿势和噪声。这些挑战限制了智能网联汽车中指令识别的性能，导致车内交互体验下降，甚至危及驾驶安全。

特斯拉列举出以下几种不宜开启主动巡航控制的情境：

① 道路有急转弯；

② 能见度差（因大雨、大雪、浓雾等造成）；

③ 光源（比如迎面而来的灯光或直射的阳光）妨碍了摄像头视野范围时；

④ 雷达传感器被遮挡（灰尘、遮盖等）；

⑤ 挡风玻璃阻挡摄像头的视野。

对于自动驾驶汽车，一方面需要智能化地在主动驾驶和自动巡航之间安全切换，提升用户对智能驾驶的信任感和安全感；另一方面也要保障网络通道以及网络、定位设备的安全，恶意干预会导致自动驾驶汽车算法错误，造成不必要的损失。一般而言，自动驾驶汽车会受到以下几个方面的影响：

(1) 能见度

雨雾是常见的不良天气之一，它经常导致交通事故的发生。当降雨和大雾来袭时，路面附着系数会急剧下降，能见度也会降低，因此驾驶员的视野变得模糊不清。这种情况下，驾驶员需要更加细心，才能保证行车安全。此外，由于大雾和降雨天气的原因，行车速度通常会变慢，行车时间也会变长，给司机带来更多的不便和疲劳。

为了减轻恶劣天气对驾驶造成的负面影响，有学者进行了大量的实测、理论分析和模拟实验，旨在深入研究降雨和大雾对能见度的影响机理，并对相关影响因子进行了量化标定[1,2]。这些研究成果构建了雨、雾环境下的能见度计算模型，为气象学和环境科学领域的研究和实践提供了有力的支持和指导。特别是对于交通运输、航空航天等领域，这些成果的应用可以帮助人们更好地预测和应对恶劣天气对交通和出行的影响。在高速公路上，不良天气条件下的行车安全是一个非常重要的问题。研究人员结合了道路交通气象检测、交通运行检测和 ITS 技术，构建了一系列集信息实时采集、处理、预测、决策、发布于一体的不良天气条件下的高速公路行车安全预警系统[3]。该系统的设计研究重点针对低能见度状态的监测及安全管理，以确保行车安全。在该系统中，可以实时采集和处理交通和气象数据，预测不良天气的发生，并发布预警信息，让司机和交通管理者及时了解道路情况，做出适当的行车和管理决策，从而最大程度地减小不良天气条件下的交通事故发生率。并且，该技术已投入实地应用，取得了较好的效果。

在研究雨雾天气对驾驶安全影响的过程中，大多数的研究停留在问卷调查和定性分析阶段。研究人员指出，有约 70% 的驾驶者在进入雾区时会觉得紧张，约 85% 的驾驶者认为在雾天中驾驶会更感到疲惫，约 87% 的驾驶者的开车姿态也会有所调整[4]。这表明，低能见度的环境对驾驶员的身心状态有着明显的影响。所以在恶劣天气下提升人车交互体验性，保障乘客高效安全地出行显得尤为重要。

(2) 面部识别

在驾驶过程中需要针对驾驶员的面部表情和特征进行识别，主动地识别他们驾驶状态，判断驾驶员是否处于疲惫状态或带有焦躁的情绪，进而对驾驶环境进行调整优化，提升驾驶的体验感。

因此许多研究者对复杂条件下的人脸定位算法展开研究。人脸识别首要一步就是对人脸进行定位，主要是对输入的图像或者视频进行分析，判断其中是否存在人脸，并确定其位置与大小。定位效果好坏将直接影响后续的特征点定位效果，因此对后续眼睛定位和人脸识别也将产生很大影响。实际驾驶环境下的人脸定位系统存在的难题有：①人脸是非刚性的，有相貌、脸型、表情、肤色等方面的变化；②人脸上经常会存在一些不同的遮挡，如眼镜、头发和头饰等；③姿态变化，如俯仰、旋转角度等；④外界环境的光照变化、采集设备间的差异等[5]。

(3) 雷达环境识别

车载传感器技术不断发展，提高了安全性和信任度。在 ADAS 中，毫米波雷达和双摄像头传感器都是最常见的位置感知传感器。毫米波雷达在测距测速方面具有较高的精度，不容易受到天气环境的影响。然而，在横向识别方面，它存在较大的误差，且对目标误判概率与目标跟踪资料丢失比率高。双摄像头传感器技术门槛和成本较低，可以获取对障碍物信息完整的观测。然而，它容易受到天气、环境的影响，并且在测距测速方面可能存在较大的误差。

(4) 驾驶行为识别

驾驶行为包含了左转弯、右转弯、加速、减速等单一驾驶动作。获取驾驶数据用于分析驾驶行为对安全行驶十分重要。对交通事故产生原因及驾驶员在行车过程中的驾驶行为进行研究和实例分析，可以帮助我们更好地了解驾驶行为对交通安全的影响，从而提出相应的改进措施。研究表明，驾驶员的不良驾驶行为很容易导致交通事故发生，主要表现为急加速、急减速、急转弯等。这些不良驾驶行为会增加车辆的惯性力和惯性耗能，从而影响车辆的稳定性和操控性，使驾驶员在紧急情况下难以掌控车辆，增加交通事故的发生风险。因此，及时获取驾驶过程中的数据，并从中提取能够表征驾驶行为特征的参数并进行识别，提出针对性的改善意见，能够有效提升驾驶安全性。

目前，主流的驾驶行为研究可分为两种：基于视觉图像和基于多传感器数据。前者易受到自然环境和实时处理性能等影响，主要是针对外部车辆行为的识别；而后者通过各种传感器信息进行驾驶行为识别，帮助驾驶员了解自身驾驶习惯，并进行改善。

在现代交通领域，驾驶行为识别一直是研究的热点。由于车辆自带传感器的数据传输通过行车电脑的 CAN（控制器局域网）协议进行，因此驾驶员很难获取。同时，给车加装便携式传感器过程繁琐，且成本较高，这也限制了驾驶行为数据的获取。随着智能移动终端的发展与普及，利用搭载了丰富传感器的移动智能终端进行驾驶行为识别成为了一种新的解决方案。Diaz 等利用智能手机内置的传感器获取车辆状态信息，并对比从车辆自身传感器获取的状态信息，证实两者获取的数据相似度较高。即前者获取的数据能用来表示车辆的速度等状态，说明基于移动智能终端的驾驶行为识别方法是具有可行性的。根据传感器数目的不同，驾驶行为识别分为两种主流方案：第一种方案考虑到当时智能移动终端性能以及电池容量有限，因此只使用单一传感器来进行驾驶行为识别；第二种方案是随着近几年智能移动终端的迭代升级，许多学者开始利用多种传感器的组合来精确识别车辆的驾驶行为。

针对上述算法的不足，学者们转而想到在语音识别领域进行拓展。宋雅清[6]对于采集到的驾驶数据，首先通过端点检测识别不同驾驶行为的切换点，然后在其基础上提取出的不同驾驶行为数据片段，最后再进行驾驶行为识别，从而有效提高了驾驶行为识别性能。

(5) 驾驶模式识别

驾驶模式是指一系列驾驶行为的特定次序组合，驾驶员的驾驶模式随其状态的不同而异。例如，有些驾驶员倾向于先加速转弯再减速，而有些驾驶员则倾向于减速过弯再加速。

目前主流的研究方法是直接基于驾驶数据的底层特征进行驾驶模式的识别，例如通过加速或转弯等行为的持续时间、剧烈程度来判断驾驶模式。Aljaafreh 等[7]提出了一种基于加速度传感器采集车辆加速度信息的方法，将其分成低、中、高 3 种级别，并建立加速度级别信息与驾驶模式类别的关系。根据这种方法，驾驶模式被分为 4 类：普通水平以下的谨慎型驾驶模式、驾驶行为无威胁性的普通驾驶模式、具有一定威胁性的激进驾驶模式和具有极大威胁性的十分激进驾驶模式。

在转弯驾驶行为中，宗长富等[8]依据转弯时速度以及角速度的不同，将驾驶人的驾驶模式分为谨慎型、一般型和激进型 3 类。这种分类方法能够帮助我们更好地了解不同驾驶模式之间的差异，进而从中提出一些有效的驾驶行为管理和监控方法。

然而，随着对驾驶模式的深入研究，发现若只依据驾驶数据中的单一驾驶行为来识别驾驶模式，而没有考虑到驾驶数据中不同驾驶行为序列的特定组合，就会导致对于不同道路情况以及不同时段的适用性不佳。因此，研究人员的研究重点需要转向先依靠驾驶数据的底层特征进行单个驾驶行为识别，再基于驾驶行为序列的理解来判断驾驶模式，最终实现驾驶模式识别。

(6) 疲劳分心检测与情感状态识别

在高级驾驶辅助系统（ADAS）的研发中，情感状态识别和疲劳分心检测是两个关键领域。情感状态识别技术通过分析驾驶员的生理和行为数据，如面部表情、语音、心率和大脑活动，来预测驾驶员的情绪和压力水平。这些数据可以帮助系统调整控制性能，以适应驾驶员的当前状态，提高驾驶安全性。例如，本田的"本田自动助手"（HANA）项目和捷豹路虎的"第六感"项目，它们通过测量驾驶员的生理特征来调整车辆控制性能和检测驾驶员的压力及警觉性。

疲劳分心检测则侧重于识别驾驶员的注意力不集中情况，包括分心和疲劳状态。这些状态可以通过以下技术来检测：视觉测量技术，如眨眼持续时间、点头频率和头部姿势分析，尽管对光线条件敏感，但能有效识别异常驾驶行为；车辆动态测量，包括转向角、车辆速度、纵向加速度和横向加速度等，提供了更可靠的数据，尤其是在明亮条件下；个性化监测系统，如心电图和球量心电图数据的实时收集，结合眨眼数据，可以减少疲劳检测的误报[9]。

尽管情感状态识别和疲劳分心检测在数据收集和应用上有所重叠，但它们的目标不同。情感状态识别更侧重于驾驶员的情绪和压力水平，而疲劳分心检测侧重于驾驶员的注意力和警觉性。两者的结合为驾驶员监控系统（DMS）提供了更全面的驾驶员状态评估，有助于提高道路安全和驾驶体验。

(7) 驾驶风格识别

驾驶风格与里程预测和燃油管理密切相关。此外，驾驶风格识别在驾驶安全和车辆安全方面也起着重要作用。有研究者开发了一种个性化的多模态传感和分析系统，该系统可以有效地提取用户特定的驾驶风格和混合动力汽车操作配置文件的信息。通过纳入一些用户特定的驾驶风格信息（如速度、加速度、道路和交通状况），处理分析后能获得准确的车辆运动信息。驾驶员个人的风格预测是可以通过使用参与式感知数据来实现的。尤其是在接近交通信号灯时，不必要的制动和急剧加速会导致不必要的燃油消耗。为了避免这种不必要的油耗，引入了基于情景树的随机模型来适应特定的驾驶员，这样可以减少车辆不必要的加速和制动。神经网络也会用来构建定制的驾驶员模型，用于识别异常驾驶，如酒驾或醉驾监测。

9.1.2 挑战二：数据集的缺乏

领域数据集的缺乏也进一步限制了目标模型和系统的发展。虽然数据收集是技术识别的基础，但在车辆中安装多个生物传感器进行数据收集并不现实。在进行数据收集时许多研究问题设置得用户友好、非侵入性、低成本和隐私安全中立，这样更利于用户作答和后台的收集。

建立无人驾驶数据库需要 3 个部分：数据采集平台、数据分析处理系统和数据存储调用平台。数据采集平台的建立必须针对不同的任务目标选用恰当的传感器组成。一般来说，所使用的设备类型可以分为两种：车载 GPS 和行车记录仪等已有的采集设备以及专用设备。数据采集后对原始数据进行计算机或人工方式的分析和处理，以产生出新的有用信息，并根据术语、规范和方法加以综合、总结和分类。按照所收集类型的不同，无人驾驶数据库包括交通场景数据库与司机行为数据库两类，前者注重汽车环境，后者注重司机行为，两者涵盖各种行车相关数据。

交通场景是无人驾驶技术研究与应用的核心，也是数据落地使用的具体场景。典型的交通场景主要包含了政策法规、驾驶经验和驾驶环境等。密歇根州立大学的 Zhao 等[10] 将自然驾驶分成了自由行驶、跟驰、变道等不同的关键驾驶状况。然而，目前的分类方式没有考虑到城乡环境、交通信号和交通状况等其他的场景信息。刘生[11] 认为自动驾驶的场景数据收集和分类需要考虑到不同国家的道路交通差异情况，他提供了一个划分方法：根据其他道路交通参与者、道路交通状况和气候、城区等环境情况这 4 个基本要素加以划分。

在不同的交通场景下，驾驶员对汽车的操纵也会不同。为研究更适合于驾驶员开车习惯的驾驶决策与控制算法，需要收集在日常状况下驾驶员应对各种交通场景时对汽车的操纵行为数据。Barnard 等[12] 把在没有试验控制的前提下，用不容易被人发现的方法记录关于驾驶员、交通工具以及环境的信息，并对它们进行科学研究的方法，称为自然驾驶研究（naturalistic driving study，NDS）。为了估计驾驶员动作所需要的数据量，Stavrakaki 等[13] 提出了一个方法学框架。分析表明，攻击性、波动性和旅程的总时间会影响数据需求。为了准确描述和理解驾驶员的行为，需要进行大量的驾驶行为数据采集和分析，包括交通场景数据采集、数据分析和驾驶行为采集。通过采集和分析驾驶行为数据，可以深入了解驾驶员的行为和习惯，如驾驶速度、加速和刹车习惯、车道变更和转弯习惯等，并提供个性化的驾驶建议和指导，以提高驾驶安全性和舒适性。这将有利于交通场景理解技术的发展，对无人驾驶的开发、优化和个性化定制起到至关重要的作用。

9.1.3　挑战三：人类意图的复杂性

多模态交互在底层技术中仍然存在许多挑战。车内交互向复杂性发展：多角色用户、多种类型的交互任务和多样的使用场景。未来的研究可能会着重于处理和解码复杂的多通道交互输入，以识别用户的真实操作意图。目前的深度算法已经开展进一步的研究，旨在提供对直觉意图和隐含情感的洞察，将被动的人 - 车交互转化为主动的车 - 人服务。

（1）涉及群体的多样化

首先是研究群体的多样化，可以分为：对驾驶员的研究，如不同地区的驾驶员对自动驾驶汽车的潜在接受意愿；对特殊群体的研究，如残障人士和老年群体，从情感角度探索对自动驾驶救护车的看法和对自动驾驶汽车的感知能力；对学生家长的研究，了解家长对于让孩子乘坐自动驾驶校车的态度以及相关的影响因素。

自动驾驶技术是一项先进技术，其影响不仅限于驾驶员，还涉及行人。Karsch 等[14] 发现约 60% 的行人不相信当面对司机时，司机会进行安全适当操作。许多研究通过行人过马路的情景来探索行人对于自动驾驶汽车的接受和感知，并且在此过程中考虑信任等心理变量的影响。

尽管国内已经进行了自动驾驶汽车接受度的研究，但需要进一步细化研究范围。例如，国内老年人当前出行机动性、便捷性和可达性仍存在不足，自动驾驶汽车的出现可以很好地弥补这一点，但是对于收益较高的老年群体而言，自动驾驶接受度的研究仍存在不足[15]。

驾驶员作为操作者，无疑是最为重要的角色。驾驶员的行为特征可以分为两种：长期和短期。长期的驾驶习惯较为稳定，由其个人特质决定，如年龄、驾龄、性别和风格等。

而短期的驾驶行为则受实时天气、心情以及路况等因素的影响，具有显著的变化性。在涉及这一群体时，分类研究具有重要意义。

(2) 群体特征的复杂性

目前国内关于驾驶习性方面的研究较少，主要集中在驾驶意图和驾驶状态方面。清华大学屈肖蕾等[16]利用驾驶模拟器采集驾驶员头部视频信息，根据评估方法将驾驶员状态分为非常疲劳、疲劳和清醒3个等级，并从驾驶员行为中提取客观指标表征驾驶状态，最后基于支持向量机（SVM）的方法进行驾驶状态的在线检测。吉林大学宗长富[17]提出了"车适应人"的概念，通过聚类算法将驾驶员操纵行为分为谨慎型、一般型和激进型，并基于神经网络算法对不同类型驾驶员对应的理想特性进行建模。浙江大学胡杰[18]等通过真实车辆数据和机器学习技术构建了个性化的驾驶员模式，并提供了基于相空间重构的驾驶员风格定量分析技术，最后使用神经网络实现了对异常驾驶员行为的分析。

现阶段产品化的汽车纵向智能辅助驾驶系统一般基于驾驶员整体特性和车辆运动学关系，建立跟车模型和预警算法，很少考虑不同类型驾驶员的长期驾驶习性，导致驾驶辅助系统的整体使用率较低，适应性较差，驾驶员的接受度也不高。对驾驶员特性进行分类与辨识的算法中，普遍采用的是神经网络、模糊理论、隐马尔可夫等方法，但因为运算量较大，算法复杂，所以实时性不强，辨识准确率也不够高。大多数学者采用的数据采集平台多为驾驶模拟器，但受驾驶员沉浸感、车辆动力学模型实时运算效率等影响，其与实车数据的吻合度有待验证[19]。

9.1.4 挑战四：技术与人类感知的冲突

人类视觉系统（HVS）的脆弱性限制了交互式技术（如 AR-HUD）在车辆中的实际应用，这里仍然存在重大的研究缺口。光学、材料技术和数字建模等当代领域的成果可能有助于进一步推动这类研究发展。突破这种限制可采用的方法是通过调整外部单位和车辆运动，避免知觉冲突，并利用车辆运动来提升体验。然而，这仍然不足以支持在 ICV 中大规模使用新兴交互技术。

在过去几年中，车载中控多媒体系统的人机交互模式也越来越倾向于传统智能手机方式，并出现了越来越多的应用程序、互联网连接技术和服务，以及对传统机械操作方式的数字化。而在智能汽车控制的界面设计中，通过 ADAS 技术的信息输出，自动适应控制、变道辅助、盲点报警以及汽车周围的环境信息，都构成了当前人机接口设计的关键内容。但是，其存在的问题也不少，比如当 ACC+LKA（LCA❶）系统启动后，一旦与前面的物体保持距离较远，汽车就开始加速，直至接近安全距离后再进行刹车动作。而在日常运用中，由于车道保持辅助（LKA）系统在汽车加速时影响方向盘的正常转动，所以许多人都说有一种"神秘力量"总是想要争夺方向盘。其实，这些都是许多量产操作系统的主要问题所在。除操作系统自身的智能逻辑设计、感知技术上的不灵敏等问题的解决之外，人机交互的友好度也是改善使用感受的关键之一。

智能汽车通过环境认知技术确定目标位置，并模拟人类使用感官（如眼睛和耳朵）来理解驾驶环境参数。环境认知系统和态势感知旨在提高对驾驶场景的理解，包括驾驶行为意图、未来环境变化的评估和预测，以及判断其他道路使用者的决策机制。然而，这些技术在模拟人类感知方面存在显著差异和挑战。

❶ LCA 全称 lane change assist，即变道辅助。

首先，环境认知技术虽然利用传感器、计算机视觉、机器学习等技术对汽车周围环境进行感知与认知，但它们在应用场景的多样性、对不确定性的处理以及对车辆间相互影响的考虑上存在不足。例如，预测事故时间法在单车跟车场景中有效，但在复杂交通场景中可能失灵，引发紧急制动或事故。此外，车辆对周围环境的认知具有不确定性，而现有系统往往未能充分考虑这种风险。

其次，态势感知研究中，尽管三维点云获取和建模分析技术取得了进展，但感知环境的复杂性仍然有限。复杂场景中的交通要素密集化、同种目标的形状差异大、运动形式多样等问题，大大增加了感知难度。此外，当前研究多集中于动态目标的识别和监测，较少深入目标对象的内在特征，限制了"驾驶脑"环境感知水平的提升[20]。

综上所述，尽管智能汽车的环境认知技术在模拟人类感知方面取得了一定进展，但与人类感知的自然能力和灵活性相比，仍存在显著的技术挑战和局限性。这些挑战需要通过进一步的研究和技术创新来克服，以提高智能汽车的环境感知能力和安全性。

9.2 以人为本视角下的研究机遇

9.2.1 效用优化

人机界面的效用是影响 ICV 验收的直接因素。先进技术对 ICV 本身的发展起着至关重要的作用。随着 5G、AI、大数据和云计算等技术的发展，ICV 的基础技术性能、系统可靠性和交互质量将全面提高，同时整合用户的一般需求。因此，人机界面在 ICV 中的实用性也将增加。

测试评价技术的完善有利于及时发现可用性问题，进而及时进行优化。对眼动追踪、绩效度量、表情识别测试评价技术进行深入研究，根据现有研究发现这些度量之间存在相互关系，因此需要进一步深入研究各度量原理，并对各种度量进行全方位的分析评价。同时增加对脑电、心电、皮肤电阻等客观度量的研究，使得可量化的测试结果得到相互验证，让最终结果更加客观科学。另外，利用大量样本训练现有模型，提高预测精度。

9.2.2 体验重构

人机界面的另一种视角在智能网联汽车中，是体验重构。它源于整合了智能网联汽车接受和体验的直观情感元素。短期内，如何以需求为驱动是一个重要的课题。在开发技术时，更多地考虑功能和服务的个性化至关重要。在智能网联汽车中给人机界面赋予一些易学、易用、美观、愉悦等体验品质也是很有必要的。从长远来看，重新定义智能网联汽车中人机界面的感官美学和体验是有意义的，以创造积极的情感态度和引人入胜的旅程体验。换句话说，需进一步研发车载沉浸式交互、情感计算和多模态界面等技术。这些技术将有助于在消费者和他们的车辆之间建立情感联系和伙伴关系，进一步促进消费者对智能网联汽车的使用和对自动驾驶技术的接受。

(1) 信息场景虚拟表达

未来自主驾驶车辆将通过 AR、V2X、HUD、网络流媒体等技术手段，将现实环境和驾驶所需数据融合，采用投影等手段展示给驾驶员或乘员。这些空间交互的体验可以使人身临其境，却又不会置身于危险境地。驾驶员能够从上帝角度观察全局数据，以更好地了解实际驾驶环境，并作出正确的决策。同时，对虚拟环境还能够实现编辑与调整，以更好地弥补在现实环境中所不能包含的数据。而除了驾驶数据，HUD还能够承载部分娱乐系统，并配合方向盘的手势控制功能，让驾驶员更为专注，如图9-1所示。

图9-1　AR-HUD图示

在未来，随着自主驾驶车辆的发展，消费者对车辆的要求将会由实用性向情感性的满足过渡，智能机器人也可能是未来的消费焦点。新科技的汽车全息投影技术可根据使用者的习惯和偏好，塑造成具有个性化的汽车助手，从而实现车内全方位的人性化功能，如图9-2所示。这样的汽车助手系统能够与使用者形成良好的情感连接，并进行沟通与交互，就如同朋友一般在车上陪伴出行。同时，通过视觉识别技术，汽车助手系统能够自动识别使用者的情感感受，而且还可以自主学习、分类、评估和进化情感，同时可以打通所有的车内设施，包括氛围灯光、音乐等，带来更亲切舒适的情感关怀。

未来的设计潮流之一，就是使用虚拟操控。新科技让信息毫无束缚，人类能够和各种可能在自然界中发生的情景展开交互，控制周围随处可见的虚拟信息。它可能是仅一人能看见的，也可能是多人一起看见的，而设计者必须在创造更加好玩的交互过程的同时，充分考虑到更多伦理道德方面的可能性，从而减少他人的不适。

图9-2　车内人性化功能

(2)　信息显示沉浸感

随着全息投影技术的不断升级，信息显示将变得越来越普遍。尽管车内的所有表面都能够作为信息屏幕，但车内仍然需要一个不受影响的相对固定的信息展示窗口。所以，多屏交互也将是日后的发展趋势。不管在车内的什么地方，我们都可以获得信息的传递。显示屏将能够支持所有车上需要的控制类按钮、信息产品、娱乐阅读资讯等功能性应用。同时，显示屏内部的主动或被动交互也是必不可少的，既可以智能处理与车内人物角色之间的联系，也具备整体与全方位的协同功能，立体地打造同一空间。通过智能穿戴系统、手机显示屏和车外显示器、投影，多屏交互的优点将越来越突出，能够不受距离和环境的影响，实时切换信息与空间。多屏间的交互性与舒适感尤为重要，如果说多屏都是各自经营，那多屏也就没有了存在的价值。

一种新的趋势是将多个屏幕（显示器）整合为一个，提供更加一体化的功能和更强的科技感。在这种设计下，车辆信息可以分区显示在一个大屏幕上。屏幕的左侧可以显示仪表相关信息，中央可以用来显示正常的行车数据，而右边则可以用来显示娱乐及辅助行车数据，如图9-3所示。这样一来，两位乘员能够分别通过一个显示器进行多任务操控，互不影响。关键的是，在将不同显示器连接后，就能够形成比较整体的视觉效果，从而查看更加丰富的流程化内容。而无缝衔接的显示器也能够增强光感功能，从而提升了驾驶舱的科技感。

图9-3　车辆屏幕显示

另外一种新趋势称为"浑然一体"。它融合了"多屏互联"和"一体化"两种方式的长处，让显示屏与内饰间的区别更加模糊不清。这种方式大量地采用异形屏和曲面屏，实现随地都有可控制的活动区域。而在不需要操作的地方，屏幕就可以完全地融入内饰之中。这种方式的优点是不受设备与硬件的约束，一切的信息都在可以接触的地方，用最真实的形式实现人机交互。

(3) 信息表达可视化

信息表达（数据）可视化并不是一种趋势，它是功能需求的产物。当信息不再依赖于环境固有物体存在时，需要进行可视化处理以便人们更快地理解。在自动驾驶技术日益完善的今天，驾驶员对汽车的控制权也逐步减弱，而可视化技术将有助于弥补汽车和环境间的相互作用，防止成为控制的黑盒子。随着大数据分析趋势的进展，人类所有的心理活动模式都将会分解为大数据。因此，尽管大数据分析本身是可以隐形的，可视化技术也能够把隐形的大数据分析结果展示出来，以方便大家了解。

(4) 信息内容多样化

自动驾驶的发展将重新界定车辆的定义，将车辆变成拥有活动空间的场所。随着驾驶不再是核心工作，乘员们能够在车上开展更多的社会活动，包括玩游戏、看影片、读书、会客等。在不同的环境中，主题化的设置会使资讯中更加充满情感。乘客们可以自主地享受自动驾驶带来的舒适体验，并逐渐感到安全、放松、信任。他们甚至会感到愉悦，并开始欣赏、装扮和感受这一特殊的空间。

(5) 信息传达自然性

在自动驾驶场景中，交流不仅限于人与车之间，还包括车与车、车与行人之间的交流。设计师们致力于探究人们对表达反馈的规律，并还原交流的复杂性和丰富性，将车辆的语言拟人化，打造出亲切、可爱的属性，增加人们的好感度，使交流更加轻松自然，这是交流最快捷的方式之一。许多自动驾驶车辆外形圆润可爱，驾驶风格也很少有激进的表现。车辆主要以表情与行人交流，如微笑、眨眼，辅以精确的文字提示，这些特点使车辆显得友善可亲，具有强烈的服务感。

许多厂商不断把新产品的价值赋予传统产品。LED科技的运用，使传统车灯区域能够承载更多的动态效果以及品牌标识内容，如图9-4所示。在未来，传统车灯与显示屏之间的界限也将会越来越模糊，而矩阵式的车灯则能够与屏幕点阵发挥同样的功能，能够实现对各种色彩的组合、图案的拼接和动态效果。此外，崭新的交互方式也已出现，可以更多地展示车辆当前的状态和行为，例如，加速、减速、避让以及手动与自动行驶系统的区分。而且，创造自动驾驶系统的全新编程语言也将变成可能。根据5G时代的车路协同和智能城市设计，全新的编程语言将更容易让人机的交互体系更加统一与自然。

一些新的尝试中，人们通常会通过添加屏幕或将信息投影到路面上来提供信息。然而，这种设计易受灯光、速度和距离等各种因素的影响，使得阅读成本较高。一些新的情感表达方式也正在尝试，比如直观地反馈可能会对自动驾驶产生影响的事物，或间接地表示即将出现的情况。但将来时和虚拟语气在语言学中比较复杂，要在移动环境下迅速表达并进行识别也比较麻烦。

图 9-4　LED 在车灯区域的运用

(6) 交互形式多场景

在自动行驶过程中，司机的注意力和双手均得以解放。但在此过程中，乘客会面临不同的情景。各个情景的内容表达能否统一、互动模式能否相应改变，这都是目前研究者所面临的问题。

自动驾驶汽车是一个移动的空间，需要适应各种不同场景下的需求。在独自驾车时，自动驾驶体验注重个人感受，为乘客提供可以休息、娱乐、工作等的空间。而在多人乘坐的场景下，自动驾驶体验将会更加注重人与人之间的交流和互动。在这一场景中，我们可以享受到更加丰富的互动方式，例如乘客之间可以通过屏幕分享兴趣爱好，或者利用车内环境进行多人游戏。这样的设计将会为乘客提供一个更加融洽的社交环境，让人们在旅途中可以有更多的交流和互动。未来的内饰设计师将会利用车内布局和屏幕为不同场景提供匹配的交互方式，并能够随意切换。这样的设计方向不仅可以提高自动驾驶汽车的乘坐体验，还可以为车内的乘客带来更多有趣的互动体验。因此，我们相信这将是一个非常有潜力的设计方向。

(7) 交互过程安全高效

随着自动驾驶技术的发展，车辆与外界的交互变得越来越关键。而车路协同，则是一个利用无线通信技术和下一代网络等现代信息技术的全新交互模式。借助汽车内部的全方位动态数据技术，汽车不但可以实现安全控制和道路协调控制，提升道路交通安全和行车质量，而且可以和人类驾驶者进行有效协作，从而建立一种安全、高效的道路体系。就自动驾驶汽车而言，车路协同控制系统可以即时收集整个路网的数据，实现信息共享与互动，从而即时地改变行车方式，提升自主行车的高效性与安全。

除了个性化系统本身的技术质量之外，驾驶员和车辆之间交互的实现将为个性化系统的成功发挥决定性作用，因为意外的可用性问题可能会严重影响使用感受。存在的问题例如需要新手指引系统和及时的反馈时间、用户存在学习的需求等这些可用性的问题需要从系统设计一开始就考虑到。

驾驶员体验优化的一个重要目标是保障驾驶员安全。为了进行风险分析以解决自动化系统组件的故障，ISO 26262（是史上第一个用于大批量量产产品的功能安全标准）提供了一个框架，用于评估安装在车辆上的电气或电子安全相关系统的汽车安全完整性等级（ASIL）。随着驱动数据采集技术向生产质量方向发展，开发人员可以考虑各种评估 ASIL 的方法。此外，自动驾驶车辆的改进导致无障碍性的潜在增强，这需要进一步研究以支持残疾驾驶员的生理传感系统的安全实施。

驾驶员体验优化的另一个重要目标是有用性。评估有用性的一个参数是可用性，在 ISO 9241 中，可用性的特征包含了人车交互的有效性、效率和驾驶员满意度。由于生理传感系统的未来实施也可以满足乘客的需求和偏好，因此进一步的研究可以考虑既有利于乘客又有利于驾驶员的标准。

实现个性化、自动化的安全性对于驾驶员和乘客接受自动驾驶技术至关重要。愿意接受被认为是在自动化和人类之间建立信任关系的前提。因此，应考虑符合车辆驾驶员和乘客偏好的个性化，还可以通过表面肌电信号、脑电波信号来监测驾驶员的行为，如驾驶员的压力水平或兴奋程度，目标是得到车辆驾驶员和乘客的接受，最终建立信任。

9.2.3 价值增益

为了实现全方位的价值获取，覆盖产品、服务、体验 3 个方面，需要进一步推动多个领域的融合。通过产业关联和学科交叉，形成服务创造和生态扩张的产业全景。为了满足智能交通及其细分市场不同的价值需求，"工业 4.0" 提出了创新的理念。它融合了物联网、大数据、用户偏好建模、硬件和软件定制以及车辆生命周期管理等概念，最终目标是最大化智能交通系统的价值。

随着交通出行的转型，城市发展正朝着生态持续化、管理动态化、服务智慧化的方向快速升级。作为城市交通出行体系的重要一环，汽车共享出行为促进绿色出行、发展可持续交通、建设智慧城市提供了重要支持 [21]。未来智慧城市汽车共享出行将呈现以下 3 个生态特征：低碳绿色化、智能网联化、移动共享化，如图 9-5 所示。

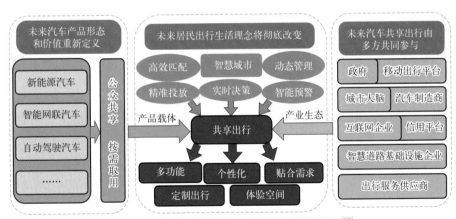

图 9-5　未来智慧城市汽车共享出行生态模型 [21]

① 对未来汽车的产品形态与价值，将会有一种崭新的概念。人力行驶的传统车辆将会被自动驾驶车辆所代替，无人的自动驾驶车辆将成为人类出行中自动化水平最高的车辆，常用汽车生产的传统形式也将会被新材料、新技术和新智能汽车的广泛应用所打破。共享出行的目标就是将公共出行变得简单轻松，因为车辆将不再是单一的出行工具，而是与万

物交互的重要连接节点。如此一来，车辆的价值也会由私人的享有重新界定为公共的。

②未来智慧城市汽车共享出行不仅需要政府、移动出行平台和汽车制造商等主要角色的参与，并要求信用平台、出行服务供应商和智慧道路基础设施企业等各方联合参与形成智能共享交通集成化系统。

③未来，市民的出行与生活理念都将革新。车辆将不再仅仅作为日常的代步工具而出现，它也将转化为具备多用途的活动空间，并提供更多样化的服务；日常出行也将需要与有体验性的定制出行服务有机融合；而传统的私家独享生活与资源浪费也将逐步被更为市民化、按需取用的全新车辆与社会文明所替代；车辆对共享出行的服务质量的提升将促使城市建设去中心化，市民也将居住于更加惬意的日常生活体验空间。

参考文献

[1] 吴建军，袁成松，周曾奎，等. 短时强降雨对能见度的影响 [J]. 气象科学，2010，30 (02)：274-278.

[2] 高建平，张续光. 雾天对高速公路驾驶员视觉影响研究 [J]. 武汉理工大学学报，2014，36 (09)：68-72.

[3] Martí I, Tomás V R, García L A, et al. A multi-agent system for managing adverse weather situations on the road network [J]. Integrated Computer-Aided Engineering, 2010, 17 (2)：145-155.

[4] 许先锋. 不良天气条件下高速公路安全控制研究 [D]. 青岛：山东科技大学，2007.

[5] 詹红梅. 基于复杂驾驶环境下面部特征识别技术的防疲劳驾驶系统 [J]. 电子测试，2016 (17)：84-85.

[6] 宋雅清. 基于Android 传感器的驾驶事件识别关键技术研究 [D]. 青岛：中国海洋大学，2014.

[7] Aljaafreh A, Alshabatat N, Al-Din M S N. Driving style recognition using fuzzy logic [C] // 2012 IEEE International Conference on Vehicular Electronics and Safety (ICVES 2012)，2012：460-463.

[8] 宗长富，王畅，何磊，等. 基于双层隐式马尔科夫模型的驾驶意图辨识 [J]. 汽车工程，2011，33 (08)：701-706.

[9] Li Z, Bao S, Kolmanovsky I V, et al. Visual-manual distraction detection using driving performance indicators with naturalistic driving data [J]. IEEE Transactions on Intelligent Transportation Systems, 2017, 19 (8)：2528-2535.

[10] Zhao D, Guo Y, Jia Y J. Trafficnet: An open naturalistic driving scenario library [C] //2017 IEEE 20th international conference on intelligent transportation systems (ITSC)，2017：1-8.

[11] 刘生. 智能网联汽车驾驶场景数据采集的研究及应用 [J]. 汽车纵横，2018 (08)：74-75.

[12] Barnard Y, Utesch F, Van Nes N, et al. The study design of UDRIVE: the naturalistic driving study across Europe for cars, trucks and scooters [J]. European Transport Research Review, 2016, 8：1-10.

[13] Stavrakaki A-M, Tselentis D I, Barmpounakis E, et al. Estimating the necessary amount of driving data for assessing driving behavior [J]. Sensors, 2020, 20 (9)：2600.

[14] Karsch H, Hedlund J, Tison J, et al. Review of studies on pedestrian and bicyclist safety, 1991-2007 1 [J]. Annals of Emergency Medicine, 2012, 60 (4)：495-496.

[15] 王伟. 行人和使用者角度下老年群体对自动驾驶汽车的接受度研究 [D]. 镇江：江苏大学，2020.

[16] 屈肖蕾，成波，林庆峰，等. 基于驾驶员转向操作特性的疲劳驾驶检测 [J]. 汽车工程，2013，35 (09)：803-807，831.

[17] 宗长富，林娜，李刚，等. "车适应人"线控汽车理想特性参考模型神经网络建模 [J]. 吉林大学学报（工学版），2013，43 (S1)：514-520.

[18] 胡杰，许力，孟武强，等. 基于相空间重构的驾驶风格定量评估 [J]. 仪器仪表学报，2017，38 (03)：635-642.

[19] 苏琛. 考虑驾驶员驾驶习性的汽车纵向智能辅助驾驶系统研究 [D]. 长春：吉林大学，2018.

[20] 谢国涛. 不确定性条件下智能车辆动态环境认知方法研究 [D]. 合肥：合肥工业大学，2018.

[21] 陈轶嵩，赵俊玮，刘永涛. 面向未来智慧城市的汽车共享出行发展战略 [J]. 中国工程科学，2019，21 (03)：114-121.